2021 苏州服务贸易发展报告

苏州市商务局 编

苏州大学出版社
Soochow University Press

图书在版编目（CIP）数据

2021 苏州服务贸易发展报告 / 苏州市商务局编. —
苏州：苏州大学出版社，2022.5
 ISBN 978-7-5672-3911-1

Ⅰ.①2… Ⅱ.①苏… Ⅲ.①服务贸易－贸易发展－
研究报告－苏州－2021 Ⅳ.①F752.68

中国版本图书馆 CIP 数据核字（2022）第 087221 号

书　　名：	2021 苏州服务贸易发展报告
编　　者：	苏州市商务局
责任编辑：	肖　荣
装帧设计：	刘　俊
出版发行：	苏州大学出版社（Soochow University Press）
社　　址：	苏州市十梓街 1 号　邮编：215006
印　　装：	江苏凤凰数码印务有限公司
网　　址：	http://www.sudapress.com
邮购热线：	0512-67480030
销售热线：	0512-67481020
开　　本：	889 mm×1 194 mm　1/16
印　　张：	13.5
字　　数：	381 千
版　　次：	2022 年 5 月第 1 版
印　　次：	2022 年 5 月第 1 次印刷
书　　号：	ISBN 978-7-5672-3911-1
定　　价：	60.00 元

图书若有印装错误，本社负责调换
苏州大学出版社邮箱　sdcbs@suda.edu.cn

《2021 苏州服务贸易发展报告》编委会

编　委：赵佑宏　陆伟民　顾　溪

　　　　冯俊龙　吴　洁　贝振华

　　　　王　涛　陈　奇　盛韵雅

前　言

党中央、国务院高度重视服务贸易发展。国家主席习近平在 2021 年中国国际服务贸易交易会全球服务贸易峰会上发表视频致辞。习近平强调，中国将提高开放水平，在全国推进实施跨境服务贸易负面清单，探索建设国家服务贸易创新发展示范区；扩大合作空间，加大对共建"一带一路"国家服务业发展的支持，同世界共享中国技术发展成果；加强服务领域规则建设，支持北京等地开展国际高水平自由贸易协定规则对接先行先试，打造数字贸易示范区；继续支持中小企业创新发展，深化"新三板"改革，设立北京证券交易所，打造服务创新型中小企业主阵地。习近平主席在致辞中指出，坚持用和平、发展、合作、共赢的"金钥匙"，破解当前世界经济、国际贸易和投资面临的问题。这是对世界的郑重承诺，也是对有创新基因的本土企业的殷切期盼。

为全面分析和评估苏州服务贸易发展面临的最新形势，使全社会更加充分地认识服务贸易的自身特点和独特优势，在连续三年发布《苏州服务贸易发展报告》的基础上，苏州市商务局继续组织有关专家、学者撰写了《2021 苏州服务贸易发展报告》。本发展报告以 2020 年度苏州服务贸易发展为研究对象，着眼于一系列重点、热点产业，通过研究相关政策文件及整理相关数据，对全国、全省、全市的服务贸易发展情况进行分析并提出对策建言，全方位多角度地展示苏州地区服务贸易的发展概况，希望能为未来苏州及其他地区服务贸易的发展提供参考。

目 录

第一部分 总报告

2020年苏州服务贸易发展总报告 ………………………………………………………… 3

第二部分 专题报告

苏州服务贸易发展状况研究 ……………………………………………………………… 15
苏州深化服务贸易创新发展试点工作总结 ……………………………………………… 26

第三部分 服务贸易相关文件汇编

江苏省商务厅关于确认首批江苏省服务贸易基地和重点企业的通知 ………………… 47
商务部关于印发全面深化服务贸易创新发展试点总体方案的通知 …………………… 51
国务院关于同意全面深化服务贸易创新发展试点的批复 ……………………………… 69
省政府关于南京市苏州市全面深化服务贸易创新发展试点实施方案的批复 ………… 70
苏州各区（市）全面深化服务贸易创新发展试点实施方案 …………………………… 71

附 录

附录1 深化服务贸易创新发展试点第一批最佳实践报告 …………………………… 123
附录2 深化服务贸易创新发展试点第二批最佳实践报告 …………………………… 167

第一部分　总　报　告

2020 年苏州服务贸易发展总报告

一、服务贸易发展情况

（一）2020 年我国服务贸易发展情况

根据商务部统计，2020 年，受新冠肺炎疫情等多种因素的影响，我国服务贸易进出口总额 45 642.7 亿元，同比下降 15.7%。在党中央、国务院坚强领导和各方共同努力下，服务贸易进出口增速降幅逐季收窄趋稳，服务贸易出口明显好于进口，贸易逆差减少，知识密集型服务贸易占比提高。其中，出口总额 19 356.7 亿元，同比下降 1.1%；进口总额 26 286 亿元，同比下降 24%；逆差 6 929.3 亿元，同比下降 53.9%。知识密集型服务贸易进出口总额 20 331.2 亿元，同比增长 8.3%，占服务贸易出口总额的比例达到 55.3%，提升了 4.6 个百分点。图 1 为 2020 年中国分行业服务进出口额及增速。

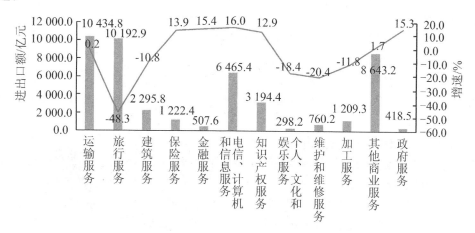

图 1　2020 年中国分行业服务进出口额及增速

1. 12 月服务出口增速创年内最高

2020 年 12 月我国服务出口 2 316.2 亿元，同比增长 6.9%，是 2020 年出口额增速最高的月份。其中，知识产权服务出口额 79.4 亿元，同比增长 76.6%；个人文化娱乐服务出口额 13.5 亿元，同比增长 46.5%；运输出口 509.7 亿元，同比增长 56.9%。

2. 服务贸易逆差大幅减少

2020 年我国服务贸易出口额 19 356.7 亿元，同比下降 1.1%；服务贸易进口额 26 286 亿元，同比下降 24%。服务贸易出口额降幅比进口额降幅少 22.9 个百分点，带动服务贸易逆差下降 53.9%至 6 929.3 亿元，同比减少 8 095.6 亿元。

3. 知识密集型服务贸易占比提高

2020 年，我国知识密集型服务贸易进出口额 20 331.2 亿元，同比增长 8.3%，占服务贸易进出口总额的比例达到 44.5%，提升 9.9 个百分点。其中，知识密集型服务贸易出口额 10 701.4 亿元，同比增长7.9%,占服务贸易出口总额的比例达到55.3%,提升4.6个百分点。出口增长较快的领域是知识产权服务,电信、计算机和信息服务,保险服务,分别增长30.5%、12.8%和12.5%。知识密集型服务贸易进口额9 629.8亿元,同比增长8.7%,占服务贸易进口总额的比例达到36.6%,提升11个百分点。进口增长较快的领域是金融服务,电信、计算机和信息服务,分别增长28.5%、22.5%。

4. 旅行服务进出口大幅下降

全球新冠肺炎疫情形势严峻,世界范围内旅行服务进出口受到很大影响。2020年,我国旅行服务贸易进出口额10 192.9亿元,同比下降48.3%,其中出口额下降52.1%,进口额下降47.7%。旅行服务进出口大幅下降是导致服务贸易下降的主要因素。剔除旅行服务,2020年我国服务贸易进出口增长2.9%,其中出口增长6%,进口基本持平。

(二) 2020年江苏服务贸易发展情况

根据江苏省统计数据,2020年全省服务贸易进出口额778.4亿美元,同比下降5.6%。其中,出口额382.6亿美元,同比下降2.3%;进口额395.8亿美元,同比下降8.7%。服务贸易占全省对外贸易的比例为10.8%,较2019年同期下降1.1个百分点。旅行服务进出口下降为全省服务贸易下降的主要因素,全年降幅扩大至35.4%,占全省服务贸易的比例从2019年的28.6%下降至18.1%。剔除旅行服务,全省服务贸易进出口增长5.0%。总的来看,2020年全省服务贸易逐季回稳向好,结构持续优化。

1. 出口好于进口

全省服务贸易出口额下降2.3%,服务贸易进口额下降6.4%。全年服务贸易逆差13.1亿美元,较2019年减少28.8亿美元。

2. 知识密集型服务贸易保持逆势增长

2020年,知识密集型服务贸易进出口额383.3亿美元,逆势增长6.8%,占全省服务贸易的比例提高5.7个百分点,达49.2%。知识密集型服务贸易出口额增长明显,同比增长10.9%。

3. 江苏省服务贸易总量下降,苏南地区依然为领头羊

2020年全省服务贸易进出口额778.4亿美元,同比下降5.6%。无锡、南京、镇江、苏州、淮安、连云港等6个城市同比下降。从地域看,苏南服务贸易进出口额占全省的比例为83.3%。苏州、南京、无锡分列全省前三位。苏州服务贸易在全省依然独占鳌头,进出口额301.45亿美元,同比下降5.6%,占全省的比例为38.7%。

4. 出口市场更趋多元化

全省出口市场集中度较高,但市场多元化趋势明显。美国、中国香港、日本等前十大市场出口占比达80.5%,同比下降3个百分点。但对东盟市场的出口增长15.2%,占比提高1.1个百分点,达到11.6%。从进口看,前十大服务贸易市场在全省服务贸易进口中的占比上升2.4个百分点,达到54.0%,集中度进一步提高。

5. 省级基地和重点企业带动作用明显

据不完全统计,全省首批服务贸易重点企业及省级服务贸易基地出口额占全省的比例近20%,出口增速普遍好于全省平均水平。

(三) 2020年苏州服务贸易发展情况

2020年,受新冠肺炎疫情等因素的影响,苏州服务贸易规模缩小,但呈现趋稳态势,服务贸易出口的表现明显好于进口,贸易逆差减少,知识密集型服务贸易占比提高。1—12月,苏州服务贸

易进出口总额212.15亿美元（以企业直报数据为基础，不含个人旅游，下同），同比下降3.12%。表1为2020年苏州服务贸易企业直报统计表（分地区）。

表1 2020年苏州服务贸易企业直报统计表（分地区）

地区	进出口额			出口额			进口额		
	12月/亿美元	环比增长/%	当年累计/亿美元	同比增长/%	12月/亿美元	当年累计/亿美元	同比增长/%	12月/亿美元	当年累计/亿美元	同比增长/%
张家港	0.86	-13.33	10.04	-32.32	0.36	4.88	-9.59	0.50	5.17	-45.30
常　熟	3.64	119.19	27.66	29.71	2.87	17.81	60.99	0.77	9.85	-4.01
太　仓	5.12	291.22	17.85	6.47	0.67	7.95	-11.46	4.45	9.90	27.15
昆　山	3.04	2.00	32.11	-17.93	2.19	20.90	-13.65	0.85	11.21	-24.87
吴江区	1.49	178.60	7.64	-17.39	1.30	4.99	-2.33	0.19	2.65	-35.98
吴中区	0.21	-67.03	4.22	-1.02	0.19	3.44	33.10	0.02	0.78	-53.37
相城区	0.11	-18.72	1.96	1.44	0.09	1.54	-0.14	0.02	0.42	7.64
姑苏区	0.02	69.13	0.97	-28.78	0.01	0.80	-25.88	0.01	0.17	-39.89
工业园区	11.92	64.39	84.98	1.35	9.24	51.20	-1.73	2.68	33.78	6.42
高新区	3.26	14.49	24.72	-5.95	2.90	19.39	-1.81	0.36	5.33	-18.45
苏州市	29.67	61.66	212.15	-3.12	19.82	132.88	0.83	9.85	79.27	-9.09

数据来源：苏州市商务局。

注：表中有关数据经过修约处理，可能存在误差，不影响统计结果，后同。

1. 服务贸易运营的主要特点

（1）服务贸易出口保持平稳，进口下跌。1—12月，苏州服务贸易出口额132.88亿美元，增长0.83%；进口额79.27亿美元，下降9.09%。服务贸易出口额增幅高于进口额增幅9.92个百分点，带动服务贸易顺差增加至53.61亿美元，同比增加9.02亿美元。

（2）知识密集型服务贸易进出口逆势增长。2020年，全市知识密集型服务贸易进出口额151.81亿美元，同比增长1.45%，占服务贸易进出口总额的比例达到71.56%，提升3.23个百分点。其中，知识密集型服务贸易出口额87.23亿美元，同比增长1.70%，占服务贸易出口总额的比例达到65.65%，提升0.57个百分点。出口增长较快的领域是知识产权服务、文化服务、专业管理和咨询服务，增幅分别为54.32%、39.8%和14.92%。知识密集型服务贸易进口额64.57亿美元，同比增长1.1%。

（3）旅行服务进出口明显下降。2020年，苏州企业直报的旅行服务进出口额为1.3亿美元，下降75.41%。其中，出口下降84.82%，进口下降65.26%。2020年新冠肺炎疫情持续蔓延，世界范围内旅行服务继续受到严重影响，苏州全年旅游服务进出口总额（含个人）为18.97亿美元，比上年减少了29.54亿美元，同比下降60.89%。表2为2020年苏州服务贸易企业直报统计表（分行业）。

表2 2020年苏州服务贸易企业直报统计表（分行业）

分行业	进出口额				出口额			进口额		
	12月/亿美元	环比增长/%	当年累计/亿美元	同比增长/%	12月/亿美元	当年累计/亿美元	同比增长/%	12月/亿美元	当年累计/亿美元	同比增长/%
旅行服务	0.07	−35.96	1.30	−75.41	0.02	0.42	−84.82	0.05	0.88	−65.26
运输服务	1.47	41.68	12.85	−26.24	0.99	7.85	−14.42	0.48	5.00	−39.38
专业管理和咨询服务	4.50	89.02	28.71	−8.38	2.40	13.03	14.92	2.10	15.68	−21.59
电信、计算机和信息服务	1.04	36.35	9.61	−44.97	0.81	6.34	−50.40	0.24	3.27	−30.18
文化服务	0.28	286.92	1.47	39.10	0.16	0.64	39.80	0.12	0.83	38.56
建筑服务	1.46	609.24	5.50	−14.40	1.37	4.83	−8.20	0.09	0.67	−42.36
加工服务	2.63	36.35	31.33	−13.17	1.95	24.23	−8.38	0.68	7.10	−26.34
知识产权服务	8.49	49.68	59.00	35.08	2.53	15.14	54.32	5.96	43.86	29.51
金融服务	0.08	−29.06	1.48	−74.74	0.04	0.55	−51.35	0.04	0.93	−80.36
维护和维修服务	0.98	45.50	9.38	126.21	0.90	8.33	245.95	0.08	1.04	−39.91
服务外包	8.66	60.70	51.53	2.55	8.66	51.53	2.55	—	—	—
汇总	29.67	61.66	212.15	−3.12	19.82	132.88	0.83	9.85	79.27	−9.09

数据来源：苏州市商务局。
注：旅行服务不含个人旅行相关数据。

（4）外包业态高端发展，产业结构向高端攀升。苏州服务外包产业已形成软件研发、信息技术服务、工业设计、生物医药研发等四大服务外包优势业态。2020年，苏州离岸信息技术外包（ITO）、业务流程外包（BPO）和知识流程外包（KPO）占总量的比例分别为32.29%、17.86%和49.85%，KPO的比例比全省高12.83个百分点。根据商务部发布的《服务外包产业重点发展领域指导目录》，苏州服务外包离岸业务中有76%属于重点领域，服务外包高端业务比例持续位居全国前列。表3为2020年苏州服务外包情况。

表3 2020年苏州服务外包情况表

地区	累计新增企业数/家	接包合同额			离岸接包执行额			新增受训人数/人	
		12月/万美元	当年累计/万美元	同比增长/%	12月/万美元	当年累计/万美元	同比增长/%	12月	当年累计
姑苏区	1	1 207	2 023	—	33	99	—	0	47
工业园区	25	89 671	507 947	5.23	50 313	215 396	0.44	44	863
高新区	40	80 260	354 509	1.86	26 301	157 982	6.20	86	1 402
吴中区	1	3 898	34 905	0.79	4	11 675	5.17	0	60
相城区	2	657	6 920	21.08	219	5 489	7.30	0	0
吴江区	4	3 225	7 468	241.77	2 509	2 928	54.36	6	15 778
常熟	4	4 420	39 534	23.64	1 085	24 845	13.36	0	70
张家港	5	1 651	27 060	24.63	397	2 801	56.54	50	177

续表

地区	累计新增企业数/家	接包合同额			离岸接包执行额			新增受训人数/人	
		12月/万美元	当年累计/万美元	同比增长/%	12月/万美元	当年累计/万美元	同比增长/%	12月	当年累计
昆山	7	47 580	246 761	26.92	5 099	52 752	-8.69	0	392
太仓	3	3 965	110 224	7.14	675	41 335	4.34	0	153
苏州市	92	236 534	1 337 351	8.93	86 635	515 302	2.55	186	18 942

2. 苏州中国附属机构服务贸易情况

苏州中国附属机构服务贸易是指在境外投资（中方股权占50%以上）的苏州企业或代理机构为所在国和其他成员的服务消费者提供的服务。2020年苏州共有1 135家企业在境外开展经营，共完成销售（营业）收入232.24亿美元，年末从业人数59 176人，其中中方人员12 467人。

（1）按投资国别或地区分析（表4），亚洲是苏州企业开展境外投资最多的地区，共有636家企业在亚洲进行投资，实现183.19亿美元的销售（营业）收入。中国香港、美国、新加坡和开曼群岛等是苏州企业开展境外投资最青睐的10个国家或地区，共有801家苏州企业在这些国家或地区进行投资，占企业总数的70.57%，共实现销售（营业）收入212.30亿美元，占全部收入总额的91.41%（表4）。

表4 2020年苏州中国附属机构服务贸易按国别或地区发展情况（前十位）表

排名	投资企业数量排名		实现销售（营业）收入排名	
	所在国家或地区	企业数/家	所在国家或地区	销售（营业）收入总额/万美元
1	中国香港	299	中国香港	1 204 456.10
2	美国	178	新加坡	377 481.25
3	开曼群岛	62	开曼群岛	218 004.78
4	新加坡	55	泰国	99 952.85
5	越南	39	美国	92 735.24
6	澳大利亚	36	德国	41 315.49
7	日本	36	越南	28 564.57
8	德国	34	南非	22 070.49
9	中国台湾	33	日本	19 763.85
10	埃塞俄比亚	29	中国台湾	18 611.19
合计		801		2 122 955.81

（2）按所属产业分析（表5），第三产业是企业对外投资的重点，有704家企业在海外或境外进行服务业投资，占全部投资企业数量的62.03%，完成销售（营业）收入185.95亿美元，贡献了80.07%的销售（营业）收入份额。

表5 2020年苏州中国附属机构服务贸易分产业投资情况表

产业	企业数/家	年末从业人员数/人	其中中方人员数/人	销售（营业）收入总额/万美元
第一产业	6	171	25	523
第二产业	425	45 294	3 236	462 330
第三产业	704	13 711	9 206	1 859 545
合计	1 135	59 176	12 467	2 322 398

（3）按第三产业细分行业分析（表6），苏州中国附属机构投资的行业较为集中。批发和零售业，租赁和商务服务业，信息传输、软件和信息技术服务业，科学研究和技术服务业这四大行业的企业数量共为635家，占全部行业企业的55.95%；完成销售（营业）收入184.18亿美元，占全部行业销售（营业）收入的79.31%。

表6 2020年苏州中国附属机构服务贸易第三产业细分行业投资情况（前八位）表

行业类别	企业数/家	年末从业人员数/人	其中中方人员数/人	销售（营业）收入总额/万美元
批发和零售业	341	3 074	648	1 064 000
租赁和商务服务业	112	675	108	465 240
信息传输、软件和信息技术服务业	71	5 349	4 895	242 849
科学研究和技术服务业	111	4 074	3 446	69 712
居民服务、修理和其他服务业	23	117	63	8 122
交通运输、仓储和邮政业	10	159	15	5 796
教育	2	2	2	755
房地产业	13	19	8	414

二、国内外经济形势及苏州服务贸易发展情况

（一）全球经济出现深度衰退

2020年，突如其来的新冠肺炎疫情给世界经济带来严重冲击，全球经济、贸易和投资等遭遇重挫，美国、欧盟、日本以及中国等主要经济体经济增长出现分化，总体上表现出以下八大特点。

一是全球国内生产总值大幅负增长。国际货币基金组织估计，2020年全球国内生产总值增长率按购买力平价（PPP）计算约为-4.4%。这是二战结束以来世界经济最大幅度的产出萎缩。20世纪80年代以来，世界经济经历了6次名义国内生产总值的萎缩，2020年是少有的一次实际国内生产总值大幅萎缩。

二是失业率明显上升。疫情暴发前，世界主要经济体的失业率均处于历史低位。疫情暴发后，很多国家失业率明显上升。秋冬季疫情反弹，全球失业状况进一步恶化。

三是通货膨胀率普遍下降。全球主要经济体通货膨胀率均有所下降，部分经济体出现了通货紧缩。疫情及疫情防控导致各国供给和需求同时减少，但是通货膨胀率普遍下降的现象表明，各国需求受到的负面影响更大一些，全球宏观经济形势总体上表现为总需求不足。

四是国际贸易显著萎缩。受中美两国经贸摩擦以及美国与其他国家的贸易冲突影响，全球国际

贸易在2019年出现了萎缩。2020年受新冠肺炎疫情冲击，国际贸易继续萎缩，且萎缩幅度显著扩大。2020年一季度和二季度，世界货物出口额同比增长率分别为-6.4%和-21.3%，降幅比上年同期分别扩大4.0和18.1个百分点。

五是国际直接投资断崖式下跌。疫情不仅使投资机会减少，而且使已有的国际投资项目不得不推迟甚至取消。2020年上半年，全球对外直接投资（FDI）流入额比上年同期下降49%。联合国贸易发展会议估计，2020年全球国际直接投资流量将比2019年大幅下降40%。

六是全球金融市场大起大落。2020年全球新冠肺炎疫情暴发后，主要经济体资本市场出现大幅震荡，美国股市4次熔断。各主要中央银行实施大力度货币宽松政策，并对金融市场和实体经济进行救助，推动各国股市重新走高，在实体经济衰退过程中制造出了股市繁荣。

七是全球债务水平快速攀升。受大规模经济救助和刺激政策影响，2020年全球政府债务水平大幅度攀升，且发达经济体政府债务水平上升幅度明显高于新兴市场和发展中经济体。发达经济体政府总债务与国内生产总值之比一年之内提高20.2个百分点；新兴市场与中等收入经济体提高约10个百分点，总体上超过国际社会通用的所谓60%的警戒线；低收入发展中国家提高约5.5个百分点。各国企业债务也在2020年快速上升，但全球居民债务水平在疫情暴发后反而有所下降。居民债务水平下降主要是因为疫情限制了居民消费，同时也是因为政府救助缓解了居民收入下降。

八是国际大宗商品价格涨跌不一。2020年全球燃料价格指数下跌了约30%，除燃料以外的其他商品价格上涨了约15%。在燃料以外的其他商品中，食物价格指数上涨10%；农业原料价格指数上涨3%；矿物与金属类商品价格指数上涨20%，其中贵金属价格指数上涨约30%，矿物与非贵金属价格指数上涨13%。

（二）2020年我国经济运行情况

2020年，我国经济运行持续稳定恢复，在世界主要经济体中率先实现正增长，经济总量迈上百万亿元新台阶。

1. 经济运行持续稳定恢复，综合国力进一步提升

2020年，我国国内生产总值迈上百万亿元新台阶。分季度看，一至四季度国内生产总值增速分别为-6.8%、3.2%、4.9%和6.5%，经济显现出持续恢复势头，展现出我国经济发展的强大韧性。

四季度，我国国内生产总值为296 298亿元，按不变价格计算，比上年同期增长6.5%，增速比三季度加快1.6个百分点，整体保持稳步回升态势。

2. 各行各业有序恢复，信息行业支撑作用显著

2020年，除批发和零售业、住宿和餐饮业、租赁和商务服务业外，其他行业均实现正增长。其中，信息传输、软件和信息技术服务业增加值增速为16.9%，实现两位数增长；金融业增加值增速为7.0%，比2019年提高0.4个百分点。这两个行业对经济增长的贡献率合计达到54.1%，有力支撑了经济较快恢复。

四季度，全部行业增加值实现正增长，受新冠肺炎疫情影响较大的住宿和餐饮业、租赁和商务服务业增加值增速分别由三季度的-5.1%和-6.9%转为增长2.7%和2.2%，年内首次实现由负转正。

3. 投资保持增长，消费稳步复苏

投资对稳定经济发挥重要作用。稳投资政策持续发力，投资成为拉动经济增长的主要动力。2020年，资本投资总额拉动国内生产总值增长2.2个百分点。

消费对经济增长的拉动作用稳步回升。与投资需求相比，消费受疫情影响更加明显，全年最终消费支出向下拉动国内生产总值0.5个百分点。随着疫情防控取得重大战略成果，消费市场逐步复苏，消费对经济增长的拉动作用逐季回升，一至四季度最终消费支出分别拉动国内生产总值增长

-4.3、-2.3、1.4和2.6个百分点。

净出口对经济增长的拉动作用提升。2020年，货物和服务净出口拉动国内生产总值增长0.7个百分点。

4. 新动能引领作用增强，新经济不断发展壮大

新产业、新业态、新商业模式蓬勃发展，新动能保持高速增长。2020年，规模以上工业高技术制造业增加值比上一年增长7.1%，高于全部规模以上工业增加值增速4.3个百分点。以新技术为引领的相关服务业营业收入保持增长。1—11月，规模以上高技术服务业、科技服务业和战略性新兴服务业营业收入增速分别为12.0%、11.0%和8.6%。2020年，网上商品零售额保持较快增长，全国实物商品网上零售额比2019年增长14.8%。

（三）2020年苏州服务贸易工作推进情况

1. 服务贸易发展质量稳步提升

2020年以来，受新冠肺炎疫情、贸易保护主义、逆全球化等因素叠加影响，苏州服务贸易规模下降，服务出口表现明显好于进口，贸易逆差缩小，知识密集型服务贸易占比提高。1—12月，苏州服务贸易进出口总额212.15亿美元（不含个人旅游，下同），同比下降3.12%。2020年苏州服务贸易主要呈现以下特点：一是服务贸易出口保持平稳，进口下跌。1—12月，苏州服务贸易出口132.88亿美元，增长0.83%；进口79.27亿美元，同比下降9.09%。服务贸易出口增幅高于进口9.92个百分点，带动服务贸易顺差增加至53.61亿美元，同比增加9.02亿美元。二是知识密集型服务贸易出口逆势增长。1—12月，知识密集型服务贸易出口87.23亿美元，同比增长1.70%，占服务贸易出口总额的比例达到65.65%，提升0.57个百分点。出口增长较快的领域是知识产权服务、文化服务、专业管理和咨询服务，增幅分别为54.32%、39.8%和14.92%。知识密集型服务贸易进口64.57亿美元，增长1.1%。1—12月全市知识密集型服务贸易进出口151.81亿美元，同比增长1.45%，占服务贸易进出口总额的比例达到71.56%，提升3.23个百分点。三是旅行服务进出口明显下降。2020年新冠肺炎疫情持续蔓延，世界范围内旅行服务继续受到严重影响，苏州全年旅游服务进出口总额（含个人）为18.97亿美元，比上年减少了29.54亿美元，同比下降60.89%。

2. 圆满完成深化服务贸易创新发展试点工作任务

按照国务院的部署和商务部的总体试点方案要求，紧紧围绕制度创新这个试点工作的核心，着力加大服务贸易管理体制创新的突破力度，改革创新取得丰硕成果，构建了督导推进机制、考核促进机制、横向协调机制等一批服务贸易发展促进机制；总结上报了12个创新经验案例，其中"建设全链条、全生态的知识产权运营服务体系""实行进口研发（测试）用未注册医疗器械分级管理""开展技术进出口'不见面'备案""打造智慧物流服务平台"等4个案例作为最佳实践案例，被国务院服务贸易联席会议办公室全面推广。

3. 推动市场主体不断发展壮大

在深化服务贸易创新发展试点推进过程中，始终注重强化横向协调、统筹推进工作，注重推进涵盖金融、文化、旅游、科技、商务等多个领域的服务贸易创新发展促进政策体系的建设，督促推进各部门把服务贸易创新发展列入行业政策体系中，取得了明显效果，相关部门还设立了知识产权运营、文化创意产业投资、信用保证、投贷（保）联动及并购等五大引导基金，为服务贸易企业的发展壮大营造了良好的发展环境，有力促进了市场主体茁壮成长。通过4年试点，苏州新增服务贸易企业3 040家，其中服务贸易额超过1 000万美元的有100家，超亿元的企业有5家。全市服务贸易企业总量接近15 000家。

4. 促进重点行业加速发展

在深化服务贸易创新发展试点推进过程中，始终抓住重点行业促发展、求突破，一批重点行业服务贸易的支撑作用日益凸显，如维护维修、知识产权、服务外包、文化贸易、旅游等领域已逐步成为苏州服务贸易的特色和亮点。经持续推进国际维修和维护发展环境的改善，促进行业竞争力快速提升，2020年企业国际维修和维护服务的贸易额同比增长近130%。在知识产权方面的一系列创新举措，有力促进了知识产权保护，提升了知识产权出口能力，2020年知识产权服务贸易进出口额同比增长超30%，出口增幅达53%。一批文化服务贸易企业加快成长。组织企业申报国家文化贸易重点企业，2020年又新增4家。4年试点期间，苏州有15家企业获评全国文化出口重点企业，属全省最多。

5. 基础工作扎实有序开展

一是持续推进服务贸易统计直报试点工作。通过政府购买服务，动员中标单位加强工作力量、开展统计工作中期验收等多种措施，推进直报统计工作有序进行。2020年以来，数据质量和数量平稳。截至12月底，入库样本企业数累计已达1 696家，2020年新增注册企业数157家，重点企业上报率90%以上，累计上报合同33 828笔，累计金额161亿美元。二是落实商务部服务贸易统计直报工作任务，在商务部系统注册企业436家，2020年新增企业数61家。三是开展跨部门协作。与国家外汇管理局苏州市中心支局（简称外管局苏州支局）沟通协调，推动服务贸易企业直报统计工作正常运行，为各区（市）提供服务贸易数据。组织协调外管局苏州支局、税务局组织3场涵盖1 000家服务贸易企业的统计业务和政策培训。四是编印服务贸易简报12期，动态反映全市服务贸易创新发展试点工作开展情况。五是编印服务贸易发展报告。系统收集整理2019年服务贸易创新发展各方面工作及基础资料，以总报告、业务文件、全口径统计数据等多角度全面反映服务贸易年度工作情况及发展情况。六是创新技术进出口合同备案登记业务。完成苏州技术进出口合同备案登记业务迁驻江苏国际知识产权运营交易中心的各项工作，全面实行"全程网上办、审批不见面"新模式。

6. 新一轮全面深化试点工作有序开展

与苏州大学成立联合课题组，完成了新一轮全面深化服务贸易创新发展试点的方案制定工作，及时经省政府批准报商务部备案。指导各区（市）制定全面深化试点实施方案，制定全面深化试点考核管理办法，完成全面深化服务贸易创新发展试点推进会的筹备工作。

第二部分　专题报告

苏州服务贸易发展状况研究

随着信息技术的发展、制造业服务化的推进以及服务贸易自由化的推行，全球服务贸易规模保持快速增长，在国际贸易中的地位日益突出。加之服务贸易具有比货物贸易更强的韧性，在全球经济不景气的当下，服务贸易扮演着空前重要的角色。近年来，苏州发展服务贸易的意识不断增强。凭借产业基础和外向型经济的发展优势，苏州服务贸易发展水平跻身全国前列。《全球服务贸易发展指数报告（2018）》显示，在选取的19个城市（新区）中，苏州与南京、杭州、武汉、天津、成都、厦门等6个城市处于全国服务贸易发展的第二方阵，但与处于第一方阵的北京、上海存在较大差距。截至目前，苏州已经连续三次进入商务部服务贸易创新发展试点行列。准确把握苏州服务贸易发展状况，是科学、有针对性地编制第三轮试点实施方案的必要前提。为此，课题组探究苏州服务贸易整体、分行业和分区县发展状况，并通过与服务贸易创新发展的引领城市——上海进行对照，认真查摆不足，明确努力方向。

一、苏州服务贸易整体发展情况

（一）服务贸易规模在全国排名较前

2019年，苏州服务贸易进出口额130.42亿美元，出口额61.72亿美元，进口额68.71亿美元，占全国的比例分别为1.74%、2.53%和1.36%。根据《全球服务贸易发展指数报告（2018）》，2017年，苏州服务贸易规模排名全国第六位，位列上海、北京、深圳、广州和天津之后，略高于杭州、南京和成都。

（二）服务贸易竞争力水平较为稳定

2014—2019年，反映苏州服务贸易竞争力的主要指数没有出现趋势性变化（表1）。国际市场占有率维持在0.10%~0.11%，出口额占全国的比例保持在2.50%~2.79%。显示性比较优势指数、贸易竞争力指数分别在0.13、0附近小幅波动。

表1 2014—2019年苏州服务贸易竞争力指数表

竞争力主要指数	2014年	2015年	2016年	2017年	2018年	2019年
国际市场占有率/%	0.10	0.11	0.10	0.11	0.10	0.10
出口额在全国的占比/%	2.50	2.59	2.54	2.79	2.55	2.53
显示性比较优势指数	0.13	0.13	0.13	0.13	0.12	0.13
贸易竞争力指数	-0.09	-0.09	-0.06	0.09	-0.04	-0.05

（三）服务贸易发展潜力巨大

从显示性比较优势指数来看，苏州服务贸易的发展相对于货物贸易明显滞后。在苏州货物贸易规模保持不变的情况下,苏州服务贸易出口额至少要增加9倍(约达到650亿美元),其在对外贸易中的地位才能达到全球平均水平。因此,苏州服务贸易存在很大的发展空间。

(四)贸易收支基本平衡

2014—2019年,苏州服务贸易除了2017年取得10.02亿美元的顺差之外,其余年份均处于贸易逆差状态,但逆差有收窄趋势,而且服务贸易差额的相对规模较小,与进出口额的比值接近于0,介于-0.09至0.09之间。

(五)服务贸易结构明显改善

新兴服务贸易占总体服务贸易的比例显著上升(表2)。新兴服务贸易进出口额占服务贸易进出口总额的比例从2014年的56%增加到2019年的75%,提高了19个百分点。2014年,新兴服务贸易出口额占比为36%,到2019年,该占比提高到57%,增加了21个百分点。新兴服务贸易进口额占比始终处于高位,2014年至2019年增长了19个百分点,后三年保持在91%的水平。

表2 2014—2019年新兴服务贸易占服务贸易的比例表

服务贸易	2014年	2015年	2016年	2017年	2018年	2019年
出口	36%	41%	55%	50%	53%	57%
进口	72%	70%	82%	91%	91%	91%
进出口	56%	57%	69%	60%	73%	75%

(六)优势企业对出口的拉动作用突出

2019年,750家进入直报统计系统的服务贸易企业总出口额为57.37亿美元。其中,出口额超过1亿美元的企业共有12家,合计出口额20.74亿美元,占比36.15%;出口额超过5 000万美元的企业共有30家,合计出口34.25亿美元,占比59.7%,接近六成;94家企业的出口额超过1 000万美元,合计出口48.92亿美元,占比高达85.27%。

二、苏州各服务行业的贸易发展状况

2019年苏州各服务行业的出口额、进口额及贸易差额如表3所示。

表3 2019年苏州各服务行业的出口额、进口额和贸易差额表

行业	出口额/亿美元	出口额占比/%	进口额/亿美元	进口额占比/%	贸易差额/亿美元
知识产权服务	0.24	0.39	30.15	43.88	-29.91
电信、计算机和信息服务	5.21	8.43	3.97	5.77	1.24
运输服务	6.35	10.30	1.96	2.85	4.39
旅行服务	0.48	0.78	1.49	2.18	-1.01
加工服务	17.31	28.05	1.44	2.10	15.87
建筑服务	2.22	3.59	1.16	1.69	1.06
维修和维护服务	7.05	11.42	0.69	1.00	6.36

续表

行业	出口额/亿美元	出口额占比/%	进口额/亿美元	进口额占比/%	贸易差额/亿美元
文化和娱乐服务	0.09	0.14	0.19	0.28	-0.11
金融服务	0.00	0.01	0.12	0.17	-0.11
保险服务	0.12	0.20	0.07	0.10	0.05
其他商业服务	22.63	36.67	27.46	39.97	-4.83
政府服务	0.01	0.01	0.01	0.02	0.00

出口方面，前五大出口行业依次是其他商业服务，加工服务，维修和维护服务，运输服务，电信、计算机和信息服务，出口额分别为22.63亿美元、17.31亿美元、7.05亿美元、6.35亿美元和5.21亿美元，累计出口贡献率高达94.87%。除了加工服务之外，其余4个行业均属于新兴服务。建筑服务在苏州的出口贡献率排在第六位，在全国也有一定的地位，并且表现出良好的发展势头。其余行业的出口规模小且竞争力弱，短期内不太可能对苏州服务贸易出口的发展产生重要贡献。

进口方面，前五大进口行业依次是知识产权服务，其他商业服务，电信、计算机和信息服务，运输服务和旅行服务，进口额分别为30.15亿美元、27.46亿美元、3.97亿美元、1.96亿美元、1.49亿美元，占比分别为43.88%、39.97%、5.77%、2.85%和2.18%，合计占比94.65%，其中仅知识产权服务和其他商业服务进口额的占比就达到了83.85%。

贸易差额方面，逆差最大的3个行业依次是知识产权服务、其他商业服务和旅行服务，贸易逆差分别达到29.91亿美元、4.83亿美元、1.01亿美元，三者的逆差合计达到35.75亿美元，是苏州服务贸易逆差的主要来源行业。顺差最大的3个行业依次是加工服务、维修和维护服务及运输服务，贸易顺差分别为15.87亿美元、6.36亿美元、4.39亿美元，合计26.62亿美元，它们在较大程度上抵消了知识产权服务、其他商业服务和旅行服务3个行业逆差的影响。

（一）其他商业服务

2019年，其他商业服务取代加工服务，成为苏州服务贸易第一大出口行业，对苏州服务贸易出口的贡献率超过1/3。如表4所示，2014—2019年，苏州其他商业服务在全球和全国的地位均有所提升。国际市场占有率从0.14%上升到0.16%，出口额在全国的占比从2.30%增加到3.27%。显示性比较优势指数（RCA）从1.31提高到1.61，贸易竞争力指数（TC）从-0.16增加到-0.10，这些都表明6年间苏州其他商业服务的竞争力有所提高。后两年，固定市场份额指数（CMS）和出口优势变差指数（E值）均为正值，可见其他商业服务的国际市场份额、在苏州各行业中的相对地位都呈现上升态势。

表4 2014—2019年苏州其他商业服务贸易的主要发展指标表

年份	国际市场占有率/%	出口额在全国的占比/%	出口贡献率/%	贸易差额/亿美元	显示性比较优势指数（RCA）	贸易竞争力指数（TC）	固定市场份额指数（CMS）	出口优势变差指数（E值）
2014	0.14	2.30	28.89	-5.99	1.31	-0.16	—	—
2015	0.15	2.89	30.03	-2.82	1.36	-0.08	0.06	0.04
2016	0.13	2.63	28.89	-5.76	1.28	-0.16	-0.05	-0.04
2017	0.13	2.76	27.45	-3.32	1.22	-0.12	-0.08	-0.06
2018	0.15	2.96	32.92	-4.13	1.47	-0.10	0.27	0.20
2019	0.16	3.27	36.67	-4.83	1.61	-0.10	0.18	0.12

（二）加工服务

苏州的加工服务虽具有极强的国际竞争力，但无论是在全球、全国还是在苏州，其影响力均呈现明显的下降趋势。如表5所示，2014年，苏州的加工服务贡献了将近一半的服务出口额，但出口贡献率其后出现了持续下滑。到2019年，加工服务出口额在苏州各服务行业中退居第二位，出口贡献率为28.05%，不足三成。苏州加工服务具有较强的规模优势，尽管相对规模有所减小，但其国际市场占有率仍有1.39%，出口额在全国的占比仍然高达11%。从贸易差额的角度来看，加工服务始终是苏州第一大贸易顺差行业，对实现苏州服务贸易基本平衡做出了重要贡献。加工服务的显示性比较优势指数（RCA）远远大于2.5的临界值，贸易竞争力指数（TC）保持在0.8以上，这两项指标都显示苏州加工服务具有极强的竞争优势。但是，从固定市场份额指数（CMS）和出口优势变差指数（E值）来看，苏州加工服务出口在全球加工服务以及苏州各服务行业中的地位均呈现加速下降的现象。

表5 2014—2019年苏州加工服务贸易的主要发展指标表

年份	国际市场占有率/%	出口额在全国的占比/%	出口贡献率/%	贸易差额/亿美元	显示性比较优势指数（RCA）	贸易竞争力指数（TC）	固定市场份额指数（CMS）	出口优势变差指数（E值）
2014	2.72	12.51	48.94	26.51	26.05	0.98	—	—
2015	2.80	12.55	45.62	25.06	24.83	0.96	−0.14	−0.07
2016	2.28	12.69	44.51	23.17	21.97	0.97	−0.04	−0.02
2017	2.07	12.59	38.23	22.15	19.17	0.95	−0.29	−0.16
2018	1.58	11.53	33.74	19.15	15.92	0.91	−0.19	−0.12
2019	1.39	11.00	28.05	15.87	13.76	0.85	−0.26	−0.17

（三）维修和维护服务

维修和维护服务是苏州第三大服务出口行业，贸易顺差在各行业中排名第二位，仅次于加工服务。如表6所示，2016—2019年，苏州维修和维护服务的显示性比较优势指数（RCA）远远大于2.5的临界值，贸易竞争力指数（TC）超过0.8，展现了极强的竞争优势。但是，2014—2019年，维修和维护服务在全球、全国以及苏州的影响力呈现出先上升后下降的现象，需要引起高度重视。

表6 2014—2019年苏州维修和维护服务贸易的主要发展指标表

年份	国际市场占有率/%	出口额在全国的占比/%	出口贡献率/%	贸易差额/亿美元	显示性比较优势指数（RCA）	贸易竞争力指数（TC）	固定市场份额指数（CMS）	出口优势变差指数（E值）
2014	0.10	—	1.32	0.34	0.97	0.31	—	—
2015	0.18	3.85	2.47	0.65	1.64	0.30	0.91	0.89
2016	1.02	15.97	15.73	7.63	9.84	0.85	5.17	5.04
2017	0.98	14.67	14.71	8.17	9.11	0.87	−0.09	−0.07
2018	0.57	8.29	10.00	5.28	5.75	0.80	−0.38	−0.32
2019	0.63	6.93	11.42	6.36	6.27	0.82	0.16	0.15

（四）运输服务

运输服务是苏州第四大服务出口行业，始终保持较大的贸易顺差。苏州运输服务在全球、全国和苏州各服务行业的相对地位基本稳定（表7）。但是，上升乏力，竞争力偏低，其发展程度与苏州作为货物贸易大市的地位明显不相称，需要探寻其新的增长点。

表7 2014—2019 年苏州运输服务贸易的主要发展指标表

年份	国际市场占有率/%	出口额在全国的占比/%	出口贡献率/%	贸易差额/亿美元	显示性比较优势指数（RCA）	贸易竞争力指数（TC）	固定市场份额指数（CMS）	出口优势变差指数（E值）
2014	0.05	1.43	10.00	2.18	0.52	0.25	—	—
2015	0.06	1.52	10.43	3.64	0.58	0.45	0.05	0.04
2016	0.06	1.63	10.46	3.59	0.61	0.48	0.00	0.00
2017	0.06	1.53	9.56	3.43	0.55	0.43	-0.11	-0.10
2018	0.06	1.41	10.04	3.58	0.58	0.43	0.06	0.05
2019	0.06	1.38	10.30	4.40	0.61	0.53	0.03	0.03

（五）电信、计算机和信息服务

电信、计算机和信息服务是苏州第五大服务出口行业。如表8所示，2014—2019年，苏州电信、计算机和信息服务对苏州服务出口的贡献率有所上升，国际市场占有率略有提高。但其在全国的影响、显示性比较优势指数（RCA）和贸易竞争力指数（TC）均存在先上升后下降的现象，这表明该行业面临的国内竞争加剧。

表8 2014—2019 年苏州电信、计算机和信息服务贸易的主要发展指标表

年份	国际市场占有率/%	出口额在全国的占比/%	出口贡献率/%	贸易差额/亿美元	显示性比较优势指数（RCA）	贸易竞争力指数（TC）	固定市场份额指数（CMS）	出口优势变差指数（E值）
2014	0.06	1.50	5.52	1.08	0.61	0.22	—	—
2015	0.09	1.74	7.61	1.96	0.79	0.30	0.41	0.39
2016	0.10	1.95	9.37	2.33	0.96	0.31	0.24	0.22
2017	0.08	1.54	6.95	1.97	0.71	0.31	-0.32	-0.29
2018	0.09	1.88	9.49	2.58	0.91	0.30	0.39	0.37
2019	0.08	1.49	8.43	1.24	0.76	0.14	-0.13	-0.12

（六）知识产权服务

知识产权服务是苏州服务贸易逆差最大的行业，对苏州服务出口贡献率很小，在全国的地位有所下降。从显示性比较优势指数（RCA）和贸易竞争力指数（TC）来看，知识产权服务贸易的国际竞争力极低（表9）。考虑到该行业对苏州转变经济发展模式、创造增长新动能具有重要意义，苏州应该高度重视知识产权服务贸易的发展。

表9 2014—2019年苏州知识产权服务贸易的主要发展指标表

年份	国际市场占有率/%	出口额在全国的占比/%	出口贡献率/%	贸易差额/亿美元	显示性比较优势指数（RCA）	贸易竞争力指数（TC）	固定市场份额指数（CMS）	出口优势变差指数（E值）
2014	0.004	2.16	0.27	−22.60	0.04	−0.99	—	—
2015	0.005	1.44	0.28	−24.23	0.04	−0.99	0.04	0.04
2016	0.003	0.75	0.16	−23.69	0.02	−0.99	−0.39	−0.39
2017	0.005	0.39	0.31	−22.21	0.05	−0.98	1.02	1.02
2018	0.004	0.30	0.28	−30.19	0.04	−0.99	−0.09	−0.09
2019	0.006	0.36	0.39	−29.91	0.06	−0.98	0.38	0.38

（七）旅行服务

如表10所示，旅行对苏州服务出口贡献率很低且呈现下降趋势，从2014年的1.34%下降为2019年的0.78%。国际市场占有率极低，2019年只有0.003%。苏州旅行服务出口占全国旅行服务出口的比例从2014年的0.17%减少为2019年的0.13%。显示性比较优势指数（RCA）很低，贸易竞争力指数（TC）明显小于0，表明苏州旅行服务贸易的国际竞争力很弱。

表10 2014—2019年苏州旅行服务贸易的主要发展指标表

年份	国际市场占有率/%	出口额在全国的占比/%	出口贡献率/%	贸易差额/亿美元	显示性比较优势指数（RCA）	贸易竞争力指数（TC）	固定市场份额指数（CMS）	出口优势变差指数（E值）
2014	0.006	0.17	1.34	−12.57	0.06	−0.90	—	—
2015	0.007	0.18	1.48	−16.10	0.06	−0.91	0.10	0.10
2016	0.009	0.24	2.05	0.66	0.08	0.44	0.37	0.36
2017	0.003	0.12	0.76	−0.76	0.03	−0.46	−0.72	−0.71
2018	0.003	0.11	0.73	−1.57	0.03	−0.64	−0.04	−0.04
2019	0.003	0.13	0.78	−1.02	0.03	−0.51	0.06	0.06

三、苏州各区市服务贸易发展状况

（一）苏州十个区市服务贸易发展不平衡现象比较突出

苏州工业园区服务贸易发展水平独占鳌头。2019年，苏州工业园区服务贸易出口额占全市的比例超过40%，进口额和进出口额的比例分别为33.08%、36.94%。昆山位列第二位。除工业园区以外，其他各区市的服务贸易发展规模比较有限，其中姑苏区、相城区排在全市最后两位，其服务贸易进出口额占全市的比例都只有1%左右（表11）。以全球服务贸易占国际贸易的平均比例作为参照，各区县仍有很大的发展潜力。以高新区为例，在货物出口额保持不变的情况下，高新区的服务贸易出口额至少要增加18倍，其在高新区对外贸易中的地位才能达到全球平均水平。

表 11 2019 年苏州各区市服务贸易的主要竞争力指标表

地区	出口额在苏州的占比/%	进口额在苏州的占比/%	进出口额在苏州的占比/%	贸易差额/亿美元	贸易竞争力指数（TC）	显示性比较优势指数（RCA）
张家港	5.67	7.36	6.56	-1.56	-0.18	0.09
常熟	11.99	8.58	10.20	1.51	0.11	0.18
太仓	6.56	22.74	15.08	-11.58	-0.59	0.24
昆山	20.11	12.56	16.13	3.78	0.18	0.09
吴江区	4.38	4.85	4.63	-0.63	-0.10	0.07
吴中区	2.65	1.96	2.28	0.29	0.10	0.11
相城区	0.97	1.11	1.04	-0.17	-0.12	0.06
姑苏区	0.85	0.97	0.91	-0.15	-0.12	0.10
工业园区	41.24	33.08	36.94	2.73	0.06	0.23
高新区	5.58	6.79	6.22	-1.22	-0.15	0.05

（二）各区市的优势领域多寡不一

优势领域的确定跟标准的选择有直接关系。课题组设定"标准1：各区市某行业出口额占苏州全市该行业出口额的比例超过5%且占该区市服务出口额的比例超过5%"和"标准2：两个比例中至少有一个超过10%"，如果满足标准1或标准2，就认为这个行业是相应区市的优势领域。按此标准，课题组确定了各区市的优势领域，如表12所示。苏州工业园区的优势领域最多，达8个。姑苏区和相城区的优势领域最少，都只有1个。加工服务在除了姑苏区以外的其他各区市都属于优势领域，表明苏州加工服务有良好的基础。运输服务是太仓、张家港、工业园区、姑苏区的优势领域，太仓和张家港在运输领域的优势集中在海运，工业园区在虚拟空港方面有一定的竞争力，而姑苏区的运输服务贸易则主要集中在邮政及寄递服务。

表 12 苏州各区市的优势领域表

地区	优势领域
姑苏区	运输（邮政及寄递服务）
工业园区	电信、计算机和信息服务，运输服务，维修和维护服务，专业管理和咨询服务，文化服务，旅行服务，知识产权服务，加工服务
高新区	电信、计算机和信息服务，专业管理和咨询服务，旅行（医疗）服务，金融（保险）服务，加工服务
昆山	电信、计算机和信息服务，运输服务，维修和维护服务，文化服务，建筑服务，加工服务
常熟	专业管理和咨询服务、知识产权服务、加工服务
太仓	运输（海运）服务、专业管理和咨询服务、知识产权服务、加工服务
吴江	维修和维护服务、知识产权服务、建筑服务、加工服务
吴中区	运输服务、知识产权服务、加工服务
相城区	加工服务
张家港	运输（海运）服务、维修和维护服务、加工服务

四、苏州与上海服务贸易竞争力对比分析

（一）上海服务贸易具有明显的规模优势

2019年，上海服务贸易进出口额、出口额和进口额分别为1 843.8亿美元、626.3亿美元、1 217.5亿美元，分别是苏州的14.1倍、10.1倍、17.7倍。上海各个服务行业的贸易规模都显著大于苏州。即使在知识产权服务贸易这个上海在规模上领先苏州倍数较少的领域，上海的贸易规模仍然是苏州的3倍以上。上海已经成长为在国内外具有较强影响力的服务贸易城市。其服务贸易的国际市场占有率为1.02%，服务出口额占全国服务出口额的比例高达25.63%，这一比例大约是苏州的10倍。2019年上海和苏州部分行业服务贸易额对比如表13所示。

表13　2019年上海和苏州部分行业服务贸易额对比表

单位：亿美元

行业	上海			苏州		
	进出口	出口	进口	进出口	出口	进口
运输服务	333.5	131.3	202.3	8.31	6.35	1.96
旅行服务	741.5	27.9	713.7	1.97	0.48	1.49
建筑服务	15.2	9.8	5.4	3.38	2.22	1.16
保险和养老金服务	21.7	11.0	10.8	0.19	0.12	0.07
金融服务	2.3	0.9	1.5	0.12	0.00	0.12
电信、计算机和信息服务	133.1	94.6	38.5	9.17	5.21	3.97
文化和娱乐服务	8.7	2.1	6.6	0.28	0.09	0.19
知识产权服务	98.4	2.8	95.5	30.39	0.24	30.15
其他商业服务	402.3	285.5	116.9	50.10	22.63	27.46

（二）上海服务贸易展现更强的比较优势

2019年，上海服务贸易的显示性比较优势指数为0.96，介于0.8~1.25之间，表现出中等程度的比较优势。而苏州服务贸易的显示性比较优势指数只有0.13，明显低于临界值0.8，比较劣势非常明显。与上海相比，苏州除了在加工服务和建筑服务领域表现出较强的比较优势之外，在其他领域均处于比较劣势。2019年上海和苏州部分行业显示性比较优势指数如表14所示。

表14　2019年上海和苏州部分行业显示性比较优势指数表

行业	上海	苏州
运输服务	1.25	0.61
旅行服务	0.19	0.03
建筑服务	0.84	1.92
保险和养老金服务	0.79	0.09
金融服务	0.02	0.00

续表

行业	上海	苏州
电信、计算机和信息服务	1.36	0.76
文化和娱乐服务	0.25	0.11
知识产权服务	0.07	0.06
其他商业服务	2.00	1.61

(三) 上海服务贸易逆差较大

2019年，上海服务贸易逆差高达591.2亿美元，远远大于苏州。下面进一步考虑贸易总规模的影响。上海服务贸易差额与贸易总额的比例是-0.32，明显低于苏州的-0.05。上述结果表明，无论是依据绝对规模还是依据相对规模，上海服务贸易逆差都大于苏州。旅行服务是上海贸易逆差最大的项目，知识产权服务贸易次之，而苏州服务贸易逆差最大的项目是知识产权服务。上海服务贸易顺差最大的项目是其他商业服务，其次是电信、计算机和信息服务；而在苏州，加工服务贸易产生了最大的贸易顺差。2019年上海和苏州部分行业服务贸易差额如表15所示。

表15　2019年上海和苏州部分行业服务贸易差额表

行业	上海		苏州	
	绝对规模/亿美元	相对规模	绝对规模/亿美元	相对规模
运输服务	-71.0	-0.21	4.40	0.53
旅行服务	-685.8	-0.92	-1.02	-0.51
建筑服务	4.4	0.29	1.06	0.31
保险和养老金服务	0.2	0.01	0.05	0.29
金融服务	-0.6	-0.25	-0.11	-0.92
电信、计算机和信息服务	56.1	0.42	1.24	0.14
文化和娱乐服务	-4.5	-0.52	-0.11	-0.37
知识产权服务	-92.7	-0.94	-29.91	-0.98
其他商业服务	168.6	0.42	-4.83	-0.10

(四) 两市的服务贸易结构不同

如表16所示，2019年，上海服务贸易进出口额占比最大的5个行业依次是旅行服务，其他商业服务，运输服务，电信、计算机和信息服务，以及知识产权服务，占比分别为40.2%、21.8%、18.1%、7.2%和5.3%，合计占比92.6%。苏州服务贸易进出口额占比最大的5个行业依次是其他商业服务，知识产权服务，加工服务，电信、计算机和信息服务，以及运输服务，占比分别为38.4%、23.3%、14.38%、7.0%、6.4%。与其他大城市相比，苏州服务贸易结构有其特殊之处。例如，旅行服务在上海、北京、广州、杭州、南京等城市都是服务贸易的第一大行业，但旅行服务在苏州只能排到第八位。若按进出口额排序，加工服务在苏州各行业中排名第三位；若按出口额排序，加工服务在苏州排名第二位，而在上海、北京、杭州等城市，加工服务的排名很低。

表16 2019年上海和苏州部分行业贸易额占比表

单位:%

行业	上海			苏州		
	进出口	出口	进口	进出口	出口	进口
运输服务	18.1	21.0	16.6	6.4	10.3	2.8
旅行服务	40.2	4.5	58.6	1.5	0.8	2.2
建筑服务	0.8	1.6	0.4	2.6	3.6	1.7
保险和养老金服务	1.2	1.8	0.9	0.1	0.2	0.1
金融服务	0.1	0.1	0.1	0.1	0.0	0.2
电信、计算机和信息服务	7.2	15.1	3.2	7.0	8.4	5.8
文化和娱乐服务	0.5	0.3	0.5	0.2	0.1	0.3
知识产权服务	5.3	0.4	7.8	23.3	0.4	43.9
其他商业服务	21.8	45.6	9.6	38.4	36.7	40.0

五、上海服务贸易竞争力较强的原因探析

(一) 服务业基础雄厚

作为中国的经济中心之一,上海拥有高度发达的服务业。2019年,上海服务业增加值高达27 752.28亿元,大约是苏州生产总值的1.5倍,占上海市生产总值的比例为72.7%。从产业结构看,上海已经构建出以现代服务业为主、战略性新兴产业为引领、先进制造业为支撑的现代产业体系框架。以高附加值为特征的金融业、信息产业等增加值占生产总值的比例分别达到17.8%和11.1%。

(二) 多重优势并存

上海具备区位、制度、科技、人才等方面的多重优势,形成了优势叠加、创新驱动的良好局面。上海是国际经济、金融、贸易、航运和科技创新中心,处于长三角城市群龙头地位,具有广阔的腹地经济,并担任国家制度创新领跑者的角色。此外,上海对国内外一流人才的吸引能力绝非一般城市可比。

(三) 服务贸易创新发展工作走在全国前列

上海市委、市政府高度重视服务贸易的发展。早在2004年,上海就邀请专家对服务贸易的发展状况、趋势和方向,行业研究,人才培养,统计体系,管理体制等问题进行深入分析,每年出版《上海服务贸易发展报告》。10多年来,上海一直在探索适应服务贸易发展的管理体制、促进机制、政策体系和监管模式等方面的创新,已经建构起比较完善的政策体系,如表17所示。

表 17　上海市服务贸易相关政策表

类型	政策名称（发布时间）
顶层设计	(1)《上海服务贸易中长期发展规划纲要》（2009 年） (2)《关于促进上海市服务贸易全面发展实施意见的通知》（2009 年） (3)《上海市加快促进服务贸易发展行动计划（2016—2018）》（2015 年） (4)《上海市新一轮服务业扩大开放若干措施》（2019 年）
重点领域	(1)《上海市数字贸易发展行动方案（2019—2021 年）》（2019 年） (2)《关于本市进一步鼓励软件产业和集成电路产业发展的若干政策》（2017 年） (3)《关于加快发展本市对外文化贸易的实施意见》（2014 年）
促进政策和公共服务体系	(1)《上海市服务贸易促进指导目录》（2014 年起发布，每年微调） (2)《中国（上海）自由贸易试验区跨境服务贸易特别管理措施（负面清单）》（2018 年） (3)《关于全力打响上海"四大品牌"率先推动高质量发展的若干意见》（2018 年） (4)《上海服务外包产业重点发展领域指导目录（2015 年版）》（2015 年） (5)《上海市服务贸易示范基地和示范项目认定管理暂行办法》（2014 年发布，2016 年更新） (6)《关于组织申报 2016—2017 年度上海市文化出口重点企业和重点项目的通知》（2016 年） (7)《上海服务外包人才实训基地认定管理办法》（2013 年） (8)《上海市技术先进型服务企业认定管理试行办法》（2010 年） (9)《上海市文化产品和服务进出口综合统计报表制度》（2009 年）
财税支持	(1)《上海市服务贸易发展专项资金使用和管理试行办法》（2009 年发布，后续有更新） (2)《2020 年度上海市重点服务进口资金申报指南》（2020 年）

上海市服务贸易创新发展工作主要有如下特点。第一，行动超前。上海是国内第一个对服务贸易发展进行顶层设计、第一个推出数字服务贸易发展行动方案、第一个探索跨境服务贸易负面清单制度、第一个出台服务贸易促进指导目录、第一个打造服务贸易全球促进联盟、第一个发布市级服务贸易发展报告的城市。第二，政策完备。相关政策涵盖顶层设计、重点领域发展、促进体系和资金支持等多个方面。上海始终以明确的政策指引服务贸易具体工作，最大限度地降低主观弹性，并且不同政策之间环环相扣，构成了比较严密的统一体系。

苏州服务贸易发展水平位居全国前列，但无论是在规模还是在竞争能力方面，苏州与上海等城市仍存在着较大差距。依据显示性比较优势指数，苏州服务贸易规模仍有很大的上升空间。与其他大城市相比，苏州服务贸易结构存在一些特殊之处。以加工服务、维修和维护服务、其他商业服务为代表的生产性服务贸易在苏州占有较大的比例，这与苏州制造业大市的地位相称，但这些生产性服务贸易的绝对规模仍偏小，附加值也不高，难以完全适应苏州产业升级的需要。为了进一步提升苏州制造业的竞争力，促进生产性服务贸易的规模化和高端化，以便实现生产性服务与制造业的深度融合，是苏州亟须解决的问题。此外，苏州货物贸易规模庞大，但与之高度关联的国际运输服务贸易占苏州服务贸易的比例却很小；苏州拥有丰富的旅游文化资源，但旅行服务贸易在苏州的地位偏低。这些都表明苏州运输服务和旅行服务贸易的潜力有待深入挖掘。在探寻苏州服务贸易的发展方向时，必须积极考虑并应对大数据、人工智能等技术变革的影响。随着人类社会迈进数字经济时代，数字贸易的重要性日益显现。上海在 2019 年就制订了数字贸易发展行动计划。因此，探索数字贸易发展的苏州路径和模式，必然也必须是需要加以认真探讨的议题。对标上海，为苏州服务贸易持续创新发展指明了方向。苏州需要不断夯实产业基础，积极抢抓制度创新的先发机遇，探索构建更加完善的服务贸易创新发展政策体系。

苏州深化服务贸易创新发展试点工作总结

自2018年6月以来，以习近平新时代中国特色社会主义思想为指导，响应习近平总书记提出的服务贸易"全球服务、互惠共享"的愿景，根据国务院统一部署，在商务部和省商务厅的指导下，苏州全面推进深化服务贸易创新发展试点各项工作任务，进一步扩大试点行业领域，进一步完善工作机制，进一步加强政策扶持力度，深化试点取得了显著成效，现总结如下。

一、进一步发挥深化试点体制机制作用

（一）强化试点督导推进机制

市委、市政府高度重视深化服务贸易创新发展试点，多次召开会议推进试点工作。在2018年年底的全市深化服务贸易创新发展试点推进会上，杨知评副市长部署了深化试点的各项工作任务，深化试点工作全面展开，推动"苏州服务"核心竞争力加快培育。在2020年年初的"开放再出发"大会上，蓝绍敏书记在讲话中指出，"鼓励企业发展服务贸易新业态、新模式""实现'买卖全球'向'服务全球'的华丽转身"，培育服务贸易作为外贸竞争的新优势，促进外贸结构进一步优化。苏州市委将深化服务贸易创新发展试点工作列入全面深化改革委员会工作要点，市政府杨知评副市长重点联系深化创新试点改革任务，加强对试点的组织领导和指导督办。市商务局每月向市委改革办报送试点任务进展情况。

（二）发挥考核机制指挥棒作用

将服务贸易创新发展目标纳入商务发展目标，进行考核，促进发展。依托苏州服务贸易统计直报系统，逐步推进和规范考核工作。近两年，苏州已将企业直报数据作为对区（市）区服务贸易发展目标考核的主要依据，对各区（市）开展考核。随着苏州服务贸易统计系统运行的逐步成熟和功能作用的发挥，部分区（市）正在尝试进一步向下考核，并将考核结果与年度绩效挂钩。

（三）丰富部门横向协调机制

深化试点期间，苏州进一步加强横向部门间的工作统筹、政策协调和信息共享，发动横向部门的力量共同推进深化试点工作。在工作中不断完善市级跨部门工作协调推进机制，建立了重点工作汇报研究机制、联络员工作机制、信息报送工作以及统计数据共享机制，发挥各项机制在试点工作推进中的作用，积极有效地推进了各项试点工作的开展。

（四）建立试点信息交流机制

根据《商务部办公厅关于进一步加强服务贸易创新发展试点信息报送工作的函》（商办服贸函〔2017〕240号）要求，苏州安排专人采集各行业、各区（市）的试点工作信息和动态，及时报送商务部。从2018年6月至2020年2月，共向商务部《服务贸易热点动态》报送信息30余条，录用20余条。市试点工作领导小组办公室编印《苏州服务贸易简报》，每月向商务部、省商务厅、市领导

小组各成员单位领导、各区（市）商务部门推送服务贸易创新发展试点工作动态、工作经验、发展数据、政策措施以及借鉴其他试点地区的经验举措，截至目前共印发16期。

（五）初步构建智库咨询服务机制

发挥专家智库作用，成立苏州服务贸易创新发展专家组，建设专家咨询指导服务机制，进一步提高全市服务贸易创新发展水平，强化服务贸易专家对行业、企业以及全市服务贸易发展的指导咨询作用。发挥服务贸易促进机构作用，依托苏州国际商会服务贸易专业委员会组织服务贸易企业开展银企对接、政策宣传等服务活动。

二、全面推进深化试点各项任务

根据国务院批复及《深化服务贸易创新发展试点总体方案》中明确的8项试点任务，苏州在制定《苏州市深化服务贸易创新发展试点工作实施方案》过程中，研究制定了106项具体工作举措。截至目前，这些工作举措全面推进实施，其中94项工作已全面完成，完成率达88.7%；持续推进任务12项，占比为11.3%。

（一）推进服务业对外开放进一步深化

1. 双向投资稳步增长

2019年，全市服务业新设项目708个，占全市外资项目总数的71.2%，注册外资57.99亿美元。新增对外服务业投资项目148个，协议投资额17.47亿美元。

2. 境内外展会平台作用不断提升

一是充分发挥境外展会作用，促进企业开拓国际市场。2019年全市贸易促进计划中共有服务贸易类展会项目66个，较上一年增加3个，落实境内外参展项目市级商务资金560.22万元。二是加大展会引进和创办力度。目前苏州十大试点行业已经有八大行业有展会平台，如"金鸡湖国际会展周"、金融科技展、医疗器械展、文博会、旅游展等。通过本地专业展会的举办，搭建行业国际化发展的平台。

3. 国际教育、医疗交流活跃

依托苏州55个国际友好城市的资源，大力推动本地245所学校与境外565所友好学校开展交流活动。重点推动苏州55个国际友好城市和65个"一带一路"沿线国家的学生来苏留学。截至2019年年底，苏州招收境外学生人数已达到16 677人。

实施卫生国际化发展战略，组织卫生专业技术人员赴海外研修，每年组织人员赴海外开展"天下吴医"——中国传统医药吴门医派文化展，因公出国研修或学术交流50人次，2019年江苏省卫生国际交流支撑计划项目立项4个。加强医疗卫生关键技术和人才引进，海外人才入选姑苏卫生高层次柔性人才5人。及时受理外国医师来苏州短期行医，2018年6月以来，共受理外国医师来苏州短期行医申请87人。

4. 发挥境外投资促进平台作用

发挥苏州工业园区国家级境外投资服务示范平台和园区长三角境外投资促进中心的投资促进作用。截至2019年12月31日，园区共有368家企业赴境外投资543个项目，新批中方协议投资额累计达110.33亿美元。

（二）促进服务贸易市场主体加快成长

2018年全市服务贸易额达5 000万美元以上的企业有28家，2019年已增长到43家。

1. 强化对企业的金融支持

推进金融综合服务平台建设，扩大企业受惠面。截至 2019 年年底，平台注册企业累计已达 40 223 家，发布需求 58 798 项，金额达 6 934.42 亿元，共为 14 538 家企业解决 6 678.03 亿元的融资需求。其中，6 200 多家企业获得了约 204.60 亿元"首贷"资金；5 976 家企业获得了 1 410.94 亿元信用贷款。扩大信保基金运行受惠面，截至 2019 年 12 月底，有 3 579 家企业获得"信保贷"授信 239.84 亿元。推动服务贸易与金融深度融合。鼓励并引导服务贸易企业对接苏州综合金融服务平台、苏州股权融资服务平台；设立规模 1.5 亿元的转贷资金池、文创贷、高新贷等，惠及更多服贸企业。

2. 加强企业知识产权服务

一是发挥知识产权基金的引导作用。设立苏州知识产权运营引导基金，首期规模 2 亿元，重点投向拟落户苏州的知识产权产业化项目、知识产权专利池、知识产权运营机构以及知识产权密集型行业子基金。苏州市政府与中科院合作设立苏州国发科技创新基金，目标规模 5 亿元，主要投资于苏州地区中科院成果转移转化项目，目前已投资 2 个项目，投资额达 1 600 多万元。

二是加强企业专利服务。2019 年，全市专利申请量 163 147 件，同比增长 20.08%；专利授权量 81 145 件，同比增长 7%；PCT 专利申请 2 547 件，同比增长 39.79%。

3. 加强重点企业服务

探索建立苏州服务贸易重点企业联系服务机制。充分调动各区（市）商务系统服务服务贸易企业的主观能动性，建立企业诉求服务机制、动态情况报送机制、配套服务机制等服务机制，及时掌握重点服务贸易企业发展动态，了解企业发展诉求，进一步加强"亲、清"政商关系的构建。

（三）促进服务贸易发展模式进一步创新

1. 推动数字经济发展

支持苏州国际科技园申报国家数字服务出口基地，在苏州自贸片区完成苏州直连上海的网络基础设施升级，提升信息服务营商环境，打造一流的数字环境，助力自贸片区数字经济发展。

打造太仓天镜湖电子竞技小镇，吸引一批电子竞技外包公司落户太仓市科教新城，集聚电竞核心企业 60 家，电竞战队近 30 支，带动周边赛事运营产业快速集聚，接包合同额和离岸执行额实现较快增长。

打造"文化苏州云"平台，运用数字网络云技术实现各类文化服务的互联互通，建设多种文化功能模块，入驻各级各类文化场馆 726 家，文化消费商家 296 家，纵向贯通 380 家村（社区）星级综合性文化服务中心，有效加快了文化资源的数字化转化及开发利用。

2. 推进综保区服务贸易特色化发展

推进保税研发、国际维修和跨境电商等各类服务贸易新业态发展。推动苏州"全球维修示范区"建设，在探索维修企业差别化管理新模式方面取得阶段性成果，并将继续推进。

推进跨境电商与综保区融合发展。采取"一区多园"的布局方式，依托苏州海关特殊监管区和产业园区集聚的线下资源，打造苏州跨境电商"海关特殊监管区+产业集聚区+功能配套区"的线下平台模式，承接线上综合服务平台功能，优化配套服务，加快线上平台和线下园区的联动发展。目前，苏州跨境电子商务综合试验区共有 10 个线下综合园区。太仓港综保区作为省内首批开展跨境电商网购保税进口业务的特殊监管区，目前有近 30 家企业入驻"太境通"平台。2019 年完成跨境电商网购保税出区包裹 1.25 万单，货值 234 万元。

3. 推进服务外包创新发展

加快外包与制造相融合，推动"苏州制造"向"苏州智造"转型，苏州已成为首批 6 个国家级服务型制造示范城市之一。2019年，苏州工业设计和工程技术类服务外包离岸执行金额达11.66亿美元，占全市离岸执行金额的22.58%，成为苏州服务外包业态中的引领者。

推动医药产业国际化发展，2019年，苏州生物医药研发类服务外包离岸执行额达3.67亿美元，同比增长19.78%，其中诺华制药、药明康德新药等生物医药研发龙头企业离岸执行额超千万美元，有力地带动了全市生物医药研发产业的国际化发展。

（四）进一步提升便利化水平

1. 全方位打造国际运输服务体系

一是推进江苏（苏州）国际铁路物流中心项目建设。目前，具备年10万标准箱（TEU）换装作业能力的国家一级铁路物流基地国际专用线及国际箱区已建成并投入运营。

二是扩大太仓港至洋山港"五定班轮"服务能力，提升苏州港国际海运服务能力。不断完善太仓港近洋直达航线与远洋支线网络，太仓港2019年完成集装箱吞吐量515.2万标准箱（TEU），同比增长1.59%。

三是进一步发挥"虚拟空港"的平台作用，同时深化与航空公司、机场等各方的合作，搭建苏州工业园区城市货站，实现与周边实体机场的无缝对接。

四是支持中欧班列扩容增效。运行"苏满欧""苏满俄""苏新亚""苏连欧""苏州—多斯特克—杜伊斯堡""苏州—凭祥—河内"等国际货运线路。2019年新开"苏州—明斯克"出口班列。2019年苏州中欧（亚）班列共开269列，同比增长33.8%，运送货物23 738标箱。

五是推进海外仓建设，提升国际竞争力。苏州共有海外仓企业11家，海外仓总数47个，建设或租用总面积超34万平方米。

2. 提升生物医药发展便利化水平

一是实施生物材料检验检疫改革措施，推动特殊物品通关便利化。开展对拟入境高风险特殊物品的风险评估，提高高风险特殊物品入境通关效率。建立由海关牵头管理，地方政府、第三方专家共同参与的特殊物品风险评估模式，帮助人血清、人肝细胞、人体冰冻组织等高风险特殊物品顺利入境。

二是实行进口研发（测试）用未注册医疗器械分级管理，支持生物医药产业尤其是医疗器械企业创新发展。搭建出入境生物医药集中监管平台。在苏州工业园区生物纳米园公共服务平台规划建设了750平方米的集中监管场所，搭建了出入境生物医药集中监管平台，实现电子监管系统、产品安全评价和集中查验三大功能。

3. 提升外国人才出入境便利化水平

成立苏州高层次人才一站式服务中心。通过整合首批14家政府职能部门的26项人才服务职能和资源，采用"前台一站式受理、后台多部门处理"的模式，为全市高层次人才提供政策咨询、项目申报、业务办理等一揽子服务。

针对申请外国人工作许可的外国高端人才（A类）、入选国内相关人才计划的外国高端人才，采取"告知+承诺"的方式全流程网上办理。在区（市）一级设立服务窗口，便于企业就近办理工作许可，并可视相关条件给予有效期最长不超过5年的工作许可证。对于服务贸易类企业聘用的外国高端人才，提供"绿色通道"及"容缺受理"服务，证件办理在5个工作日内完成。目前，苏州取得有效工作许可证的外国高端人才达4 101人。

4. 提升入境游便利化水平

完善苏州旅游服务线上"总入口"。入口全年新增手机注册用户数107万，线上商城销售额5 400万元，日均超11万元，新增线上旅游产品超过100个。优化调整线下服务点布局，启动东北街中心站改造项目,进一步提升咨询服务硬件设施和软件水平。2019年,全市实现旅游总收入2 751.02亿元,同比增长5.8%,其中入境旅游创汇25.13亿美元。全年接待入境过夜游客174.34万人次。

(五) 进一步发挥好政策促进作用

1. **落实好国家、省、市级服务贸易发展促进政策**

落实国家对服务出口免税和零税率政策,引导扩大服务出口。截至2019年12月底,全市跨境应税服务出口退(免)税备案企业132家。2019年度实现退(免)税额1.18亿元。

组织好技术先进型服务企业的推荐申报工作,落实技术先进型服务企业所得税优惠政策。2019年,推荐上报10家技术先进型服务企业,共落实企业所得税优惠11家(不含园区、保税区),优惠企业所得税额3 546.89万元。

落实服务贸易创新发展公共服务平台政策资金。截至2019年年底,全市已认定服务贸易创新发展试点园区36家、公共服务平台22家、重点企业219家。2019年兑现公共服务平台建设资金500万元。

2. **积极对接国家服务贸易基金**

发挥服务贸易相关引导基金的作用,在苏州高新区、工业园区分别举办国家服务贸易基金投融资专场对接会,苏州两只基金获国家服务贸易基金战略投资3亿元。

3. **拓展出口信用保险**

鼓励中国信用保险苏州办事处探索以总公司保单条款升级为契机,将货物出口和服务贸易出口统一在一张保单条款上,不断优化服务贸易保单投保操作,持续提升服务贸易投保便利性。支持中国信用保险苏州办事处加大对服务贸易的支持力度,除做好外贸综合服务平台保障服务外,加大对其他服务贸易的支持力度,为企业开展软件定制、视频制作等服务贸易提供风险保障。2019年在保服务贸易保单5份。

4. **制定政策促进服务贸易发展模式创新**

在《中共苏州市委 苏州市人民政府关于开放再出发的若干政策意见》中鼓励服务贸易企业创新发展新业态、新模式,对新业态和新模式项目,对企业数字化服务出口等进行奖励。

(六) 完成服务贸易统计系统建设

服务贸易统计工作数据涉及统计、文化、旅游、教育、金融、税务、银行等各部门的数据和业务,通过深化试点工作推进,各部门的数据共享机制运行日益成熟。服贸统计系统每月能够形成企业收付汇数据统计表和企业直报数据统计表,每年还能形成包括自然人移动和商业存在的服贸统计数据。2019年度直报系统运行服务全面通过验收。

在后续工作中,将继续完善部门数据共享机制,继续开展政府购买服务,由第三方进行数据采集的企业直报工作机制。通过两大工作机制的实施,进一步深化全市服务贸易统计工作,服务全市服务贸易创新发展。

(七) 进一步完善事中事后监管机制

1. **推动地方征信系统建设,缓解信息不对称状况**

进行征信产品查询使用的金融机构78家,累计查询量约93万次。实施知识产权服务质量管理规范和《苏州市知识产权服务机构星级评定办法》。已建成"一网二库一平台",即"信用苏州"网站、企业库、个人库和信用信息共享平台,其中包含了服务贸易市场主体的信用记录,整合了相关的应用功能。

2. 完成技术进出口"无纸化""不见面"备案改革

根据商务部的部署要求，结合苏州技术进出口备案工作的创新实践，将市技术进出口备案工作（不含苏州工业园区）窗口前置于江苏国际知识产权运营交易中心（公共服务平台），采取"无纸化""不见面"备案工作模式，提升服务效率，优化服务内容。2020年1—3月，中心共受理305笔技术进出口合同登记申请，涉及技术转让、技术许可及技术服务等，合同金额约70 654.22万美元。

三、服务贸易创新发展成效明显

（一）全市服务贸易保持较快增长

2019年，全市服务贸易进出口额267.50亿美元（其中含个人旅游服务贸易进出口额48.51亿美元），同比增长8.26%。按收付汇统计，苏州服务贸易进出口额130.42亿美元（该数据不含个人旅行收付汇数据），同比增长4.31%。按企业直报数据统计，2019年服务贸易占对外贸易的比例为7.73%，比2018年上升1.21个百分点。2020年1—2月，苏州完成国际收支服务贸易额22.33亿美元，同比增长7.31%，其中出口额11.97亿美元，同比增长10.09%。

（二）贸易结构进一步优化

2019年，按外汇管理局收付汇统计，文化和娱乐、维修和维护、知识产权、金融、保险、商业、电信计算机和信息、政府货物和服务等新兴服务行业的进出口额为98.01亿美元，占服务贸易总额的75.15%，比2018年上升10.8个百分点。其中，保险服务、商业服务、维修和维护服务等新兴行业保持两位数的增长，增幅分别为19.25%、16.36%、15.62%。运输、加工、建设、旅行四大传统行业的服务贸易进出口额为32.41亿美元，占服务贸易总额的24.85%，其中建设服务增长较快，上涨了67.83%。从企业直报数据看，文化、金融、电信计算机和信息服务等新兴行业进出口额为153.79亿美元，占服务贸易总额的70.23%。

（三）创新经验案例不断涌现

通过全面推进落实《苏州市深化服务贸易创新发展试点实施方案》，围绕完善服务贸易管理体制、扩大服务业双向开放力度、培育服务贸易市场主体、创新服务贸易发展模式、提升便利化水平、优化服务贸易支持政策、健全服务贸易全口径统计体系、创新事中事后监管举措等八大任务，2019年总结并上报了11个创新实践案例，其中3个案例被国务院服务贸易发展部级联席会议办公室评为服务贸易创新发展试点"最佳实践案例"（商服贸函〔2020〕96号），具体创新经验和实施案例见附件。

四、存在的问题及下一步发展建议

服务贸易是一项涉及诸多部门的业务，在进行试点的过程中，苏州发现有些创新业务的开展需要跨部门协调机制的有效运作。例如，国际维修业务是一项高利润的业务，但在海关特殊监管区外开展维修业务需要多部委共同审批，涉及的法规、规范、标准较多，过程比较长，突破创新困难。游戏行业受游戏版号总量控制的影响，发展环境不够稳定，可预期较差，对苏州重点文化贸易企业的影响很大，并导致了全市整个数字服务出口收入的下滑。现就下一阶段的工作提出两点建议。

（一）争取个性化试点突破

针对协调面较广、协调难度较大的需突破事项，建议采取"一事一策""一企一策""一品一策""一区一策"等方式，采用差别化、个性化模式管理，赋权地方政府做好事前备案和事中事后监管，为创新试点打开新的局面。

（二）加强对服务贸易新模式、新业态的支持

大力推进数字贸易，推动大数据、云计算、5G 技术在服务贸易相关领域的应用，研究数字贸易统计分析方法，加强对数字贸易发展的指导。探索制造业服务化，围绕生物医药、新一代信息技术、生产性服务业等重点产业，挖掘数字化可贸易服务领域。

附

苏州深化服务贸易创新发展试点实践报告

一、跨部门协作，推进传统文化企业开拓国际市场

（一）主要做法

组织海外文化贸易推广项目。为推动苏州传统文化"走出去"，打响苏州文化品牌，市文广旅局会同市商务局开展跨部门协作，发挥行业部门职能优势，组织苏州"一带一路"海外文化贸易推广项目，带领苏州传统文化企业走出去开拓国际市场。

1. 送政策

商务部门发挥商务政策的引导作用，针对苏州大量传统文化中小特色企业，开展专题政策宣传，将苏州商务政策中有关企业开拓市场、文化贸易奖励、知识产权保护等方面的政策，通过专题讲座的形式送到企业，让企业了解政策，并帮助企业实施政策。

2. 送服务

商务部门通过有资质、有经验的外贸服务企业，帮助传统文化企业做好"走出去"参展的服务工作，从出入境服务、参展服务、贸易服务等方面为企业做好"一条龙"服务工作，解除企业后顾之忧。

3. 加强组织协调

文广旅局发挥资源优势，积极组织引导苏州传统文化产品及非遗手工艺产品企业，增强国际贸易意识，并积极开展传统文化企业的组织工作，制定有针对性的政策措施，促进文化企业抱团开拓国际市场。

（二）实践效果

苏州"一带一路"海外文化贸易推广项目已成功举办两期。2018年12月11日至19日，苏州23家文化企业抱团"出海"，参加2018中国（阿联酋）服务贸易博览会和中国（印度）服务贸易博览会；2019年6月16日至22日，苏州19家文化企业携近百种特色文化产品参加了2019年中国消费品（俄罗斯）品牌展。据不完全统计，苏州"一带一路"海外文化贸易推广项目现场销售76.86万元，达成购销合同近801.31万元。

（三）下一步工作思路

开拓更多"一带一路"国家的文化贸易市场，扩大项目影响力。优化扶持政策条款，提升企业服务能力，促进更多的苏州本土文化企业通过项目平台"走出去"。引导企业立足传统文化，开发更多与国际市场对接的文化产品。

二、依托国家文化新经济开发标准试验区，探索文化新经济姑苏模式

（一）主要做法

1. 加快推动传统文化创造性转化、创新性发展

浸入式园林版昆曲《浮生六记》，打破传统昆曲的空间束缚，实现对传统艺术的创新性开发，在 2019 苏州国际设计周上荣获五大设计奖项之一的"传播促进奖"，成为姑苏文化 IP 经济的一张闪亮名片。

2. 打造全新 IP 经济产业模式

推动苏绣、昆曲、桃花坞木刻年画等非遗项目与腾讯游戏、旺旺食品、百安居、蔚来汽车、普拉达前设计师新创品牌亚祖沙虎进行跨界融合，进一步提升文化 IP 的吸引力和关注度，释放市场潜力。

3. 注重存量载体"腾笼换鸟"

将五金机电市场建设成苏州市姑苏区的 IP 创意产业园，成为苏州中心城区利用存量载体转型发展创意产业的典型示范，目前已有喜马拉雅 FM、Hello Kitty 等 20 余家知名文创企业入驻。

4. 设立姑苏文化新经济发展基金

设立引导基金（种子基金）、姑苏文化新经济基础建设基金、股权并购基金、IP 基金，实现以金融资本精确定位可塑项目，为潜质项目和文创人才提供资金支持。

5. 挖掘培育文化新人才

制订针对性人才培养计划，做好传统文化产业从业人员的技艺传承工作。

（二）实践效果

苏州市姑苏区是全国首个国家历史文化名城保护区，是苏州历史最悠久、人文积淀最深厚的中心城区。通过探索文化新经济姑苏模式，将区内沉淀的丰厚的文化资源转化成发展优势，构建国际化的特色产业体系，促进文化消费和产业转型升级。

（三）下一步工作思路

通过将古城文化、城市生长历史、城市街巷肌理、居民生活方式等要素与产业发展统筹考虑，为文化新经济发展提供原始素材和协作平台，以独特文化元素和文化 IP 为核心驱动力，以文化创意为核心，以文化资源为基本要素，建成文化新经济研究和运营体系，激发文化潜能，把姑苏区从文化大区建设为文化强区，努力走出一条文化新经济大发展的"姑苏之路"。

三、依托特色产业基地，探索推进"1+N"服务贸易发展新路径

（一）主要做法

聚焦县域特色经济，立足特色产业，推进相关服务贸易发展。以常熟市为例，立足常熟纺织服装产业、汽车零部件产业、港口服务等特色产业，以"1"个特色产业，带动推进"N"个服务贸易行业领域发展。下面以纺织服装产业为例。

常熟作为我国纺织服装重镇、休闲服装名城，经过改革开放 40 多年的创新发展，在纺织服装产

业方面不仅构建了配套完善的全产业链体系和成熟发达的商贸体系,而且涌现出一大批优秀服装品牌。常熟市政府还以常熟服装城市场采购贸易方式试点为基础,与中国纺织工业联合会、中国商业联合会、中国纺织品进出口商会联合举办了江南国际时装周暨中国江苏(常熟)服装服饰博览会,推进运营"苏新亚"班列,组织商户抱团参加中国国际服装服饰博览会、摩洛哥纺织服装工业展等国内外各类展会,举办"中国常熟服装城—迪拜经贸合作推介会",有效促进了常熟市以纺织服装为核心的跨境电商、国际运输、知识产权、国际展会、加工服务等方面的服务发展。

(二)实践效果

2019年常熟市全年完成企业直报服务贸易额21.32亿美元,同比增长20.25%,其中出口额11.06亿美元,同比增长16.69%,进口额10.26亿美元,同比增长24.33%。2019年常熟市服务贸易额及增幅在苏州各板块中均名列前茅。

(三)下一步工作思路

继续依托特色产业基地和支柱产业,发展生产性服务贸易,推进"服装产业+服务贸易""服务贸易+汽车产业""服务贸易+港口产业"的"1+N"发展新路径。

四、推进综保区服务贸易特色化发展

苏州辖区内多海关、多综保区并存,各海关在管辖范围内支持综保区积极推进服务贸易创新发展,做出特色,初见成效。

(一)主要做法

1. 打造研发设计中心

制定实施《昆山海关关于保税研发监管模式改革试点方案》和《昆山海关关于保税研发监管模式改革试点操作办法》,支持昆山综保区内昆山龙腾光电有限公司开展保税研发监管模式探索,取得初步成效。

2. 打造国际维修中心

昆山综保区落实国务院综保区相关政策,支持企业打造检测维修中心,延伸产业链条,向更高端的产业链上游延伸。2019年1月18日,来自台湾的12台待维修行车记录仪在昆山综保区卡口放行入区,进入区内企业旭达电脑(昆山)有限公司。这是全国综保区全球维修业务"第一票",标志着这项改革在昆山率先落地。

3. 打造销售服务中心

吴中区综保区促进跨境电商在苏州综试区发展,支持区内企业发展保税网购模式。高新区综保区积极改造作业现场,争取早日落地保税网购进口业务。

4. 打造保税研发产业基地

苏州海关支持苏州高新区综保区研发平台项目建设,推动综保区打造创新高地。该项目计划3~5年引进100家研发企业,将综保区打造成全国知名的研发产业基地。目前研发企业已落户5家,研发账册已设立1本。同时推进保税研发创新设计公共服务平台建设,该平台将一揽子解决区内研发企业所面临的非研发问题。

(二)实践效果

(1)自2017年11月至2019年9月,龙腾光电累计完成研发项目83项,累计获得自主专利授权 1 451 件，节约通关时间 1/3 以上；直接新增利润 2 400 余万元，保障技术创新投入年均 2 亿元以上。2019 年 1—9 月，龙腾光电累计进出口货值 1 228.39 万美元，同比增长 35%；已研发项目量产后出口 4 130 万美元，同比增长 72%；研发预算增加 26%，研发项目增加 32%。

（2）自 2019 年以来，昆山综保区新设立灵动创佳、海吉光电两家维修公司，目前已有 9 家企业开展保税维修业务，1—9 月保税维修实现进出口额 73.7 亿元。

（3）2019 年 1—10 月，吴中跨境电商零售进出口总额 903.63 万元；进出口清单放行量 46 920 票；网购保税一线入区，货值 6.56 万元。

（三）下一步工作思路

继续推进综保区内服务贸易特色化、集聚化发展，依托综保区的政策优势，推进保税研发、国际维修和跨境电商等各类服务贸易新业态发展。

五、建设全链条、全生态的知识产权运营服务体系

为支撑创新发展和优化营商环境，苏州以建设知识产权运营服务体系为主要抓手，以产业促进、服务业发展和公共服务体系建设为重点工作，积极发挥知识产权作为苏州深化服务贸易创新发展试点重点行业的引领作用，促进和服务全市服务贸易的发展。

（一）主要做法

1. 建设产业知识产权运营中心

全面落实《苏州市重点产业知识产权运营中心建设指导意见》，在昆山光电产业，高新区医疗器械产业，吴江光通信产业，工业园区纳米、人工智能、生物医药产业，吴中智能制造产业等产业集中地区分别设立了产业知识产权运营中心。目前，5 个产业知识产权运营中心都已分别挂牌运行，配备有专门的机构和人员，搭建了运营平台和交流网络，建立了产业知识产权数据库，开展产业知识产权分析，产业知识产权运营已初具雏形。

2. 打造知识产权运营交易平台

自 2016 年 10 月开始，重点推动江苏国际知识产权运营交易中心建设，主要开展知识产权展示交易、金融、运营等各类服务。目前，中心系统"一站式全产业链服务云"已上线运行，整合工商、知识产权以及司法涉诉等各类大数据资源，注册会员 2 000 多家。搭建苏州市知识产权金融工作平台，江苏银行、交通银行、中国银行等 8 家银行入驻平台并发布金融产品，开展线上线下融资对接服务，完成知识产权质押贷款项目备案 26 笔，贷款金额 8 279.6 万元。积极开展知识产权交易运营服务，协助苏州一家企业完成 22 件国际专利购买，交易金额达 865 万美元。推动苏州技术进出口备案业务窗口入驻，搭建服务与需求的对接平台。

3. 增强知识产权运营主体能力

制定实施《苏州市知识产权运营服务体系建设项目管理办法》《姑苏知识产权人才计划实施细则（试行）》等一系列政策文件，对企业引进知识产权并进行转化实施给予资助补贴，对运营机构进行奖励，对来苏工作的高端知识产权人才给予最高 250 万元的安家补贴等，加强对知识产权运营主体能力的培育和提升。苏州 4 家企业被列入国家专利运营试点，20 多家知识产权运营机构分别形成了各自的知识产权运营模式。苏州大学、中科院苏州纳米所等高校院所设立了专门的知识产权运营部门。

(二) 实践效果

1. 企业知识产权实力进一步提升

组织实施知识产权登峰行动计划、企业知识产权战略推进计划、高价值专利培育计划等省市各项计划项目，企业知识产权实力显著增强。目前，全市累计有44家企业成为国家知识产权示范企业，107家企业成为国家知识产权优势企业，通过知识产权贯标第三方认证的企业近1 000家。全市专利质量和效益不断提升。2019年，苏州32项专利获中国专利奖，占全省获奖数的28%，连续四年位居全省第一位；13项专利获江苏省第十一届专利奖；20个项目获苏州市优秀专利奖，5人获苏州市杰出发明人奖。

2. 知识产权金融服务效果良好

苏州市知识产权运营基金运作良好，已投资2支子基金，投资金额5 000万元，间接投资金额达到20亿元，放大财政资金40余倍。2019年，全市知识产权质押贷款额达23.7亿元，完成全年目标任务的131%。

3. 知识产权服务支撑不断强化

在国家知识产权服务业集聚发展示范区中，服务机构已超过80家，品牌服务机构和品牌服务机构培育单位占比超过40%。全市知识产权服务业已形成知识产权权利化、商用化、产业化全链条的业务形态。成立知识产权服务业商会，搭建知识产权服务超市，实现"知识产权服务+互联网"的模式。与英国普雷塞斯中心合作开展国际注册技术经理人认证（RTTP）系列培训，培养180多位专业化、国际化的高端技术经理人。

(三) 下一步工作思路

重点推进知识产权运营服务体系建设，形成完整的生态圈。增强企业知识产权综合实力，制定实施知识产权重点企业培育工程方案，促进产业发展。提高知识产权公共服务水平，推进信息利用。促进知识产权服务业发展，提升服务水平。

六、探索构建知识产权大保护体系

(一) 主要做法

1. 探索建立市场监管体系下的新型知识产权保护机制

积极参与国家知识产权局侵权判断标准拟定工作，组织开展知识产权行政执法信息申报。苏州获批在全国开展知识产权侵权纠纷检验鉴定技术支撑体系建设试点。2018年10月，苏州获国家知识产权局批准建设中国（苏州）知识产权保护中心，面向新材料和生物制品制造产业开展知识产权快速协同保护工作。目前，中国（苏州）知识产权保护中心完成筹建工作并经国家知识产权局验收，将尽快挂牌并开展相关预审和确权业务，对专利侵权纠纷案件实行快速响应、快速调处、线上维权、失信惩戒，强化知识产权保护。完善知识产权重点企业保护名录，知识产权保护监测项目完成立项申请，帮助本市重点品牌企业实施商标权保护监测。

2. 开展地理标志保护专项行动

自2019年以来，苏州重点加大对阳澄湖大闸蟹地理标志产品的保护力度和监管力度，全市累计组织检查经营户2 139家，拆除违规标牌274处，收缴违规专用标识和包装物近10万件，约谈多家电商平台，地理标志产品保护状况得到极大改善。阳澄湖大闸蟹保护工作还在国家、省局工作会议上进行了经验交流。

3. 打造品牌展示宣传平台

创办中国苏州国际品牌博览会，旨在宣传展示品牌发展成果，增强消费者对品牌的信任度。同期举办以"品牌价值提升与保护""品牌运营与推广"为主题的论坛，邀请世界知识产权组织中国办事处专员，国内知识产权领域知名专家、学者、领导为品牌企业讲授知识产权法律法规，还邀请知名品牌企业就品牌发展进行交流。

（二）实践效果

苏州获国家知识产权局批准建设中国（苏州）知识产权保护中心，本地地理标志保护力度得以加强，2019中国苏州国际品牌博览会成功举办助力品牌强市建设。

（三）下一步工作思想

着力构建知识产权大保护体系，与法院、公安等部门建立信息共享、执法协作等工作机制。强化特殊标志、官方标志、地理标志和企业商标权保护，提升品牌企业知识产权保护能力。强化知识产权维权援助，发挥知识产权海外预警平台等载体作用，帮助苏州企业提升海外知识产权风险防控能力。

七、建设高层次海外人才服务中心

（一）主要做法

1. 破除人才服务"物理分割"

将企业发展服务中心与人力资源管理服务中心的人才服务工作进行整合，一站式提供人才计划申报、人才待遇落实、人才公共服务、人才企业发展等四大模块、60余项专业服务。目前，工业园区外国人来华工作许可的办证时间由法定15个工作日缩短至5个工作日，审批效能全市第一。

2. 实现人才服务"一网通办"

实现高层次人才创新创业各类事项"一网受理、只跑一次、一次办成"。

3. 公布"金鸡湖人才"服务清单

全面梳理人才服务事项，逐项编制办事指南，实现人才服务事项模块化、标准化，符合条件的高层次和国际人才可在服务清单范围内享受专人"绿色通道"服务。

（二）实践效果

"苏州工业园区高层次和国际人才服务中心"全面整合了各类人才服务资源，深化人才服务创新体系，为苏州自贸片区集聚国际化高层次人才提供坚实保障。

（三）下一步工作思路

继续建设"苏州工业园区高层次和国际人才服务中心"，在高龄外籍人士的签证放宽、延长工作签证时间以及提升签证便利性上寻求政策突破。

八、开展技术进出口"不见面"备案

为惠企便民，打造更便捷的服务流程，提高技术进出口合同备案登记事项服务质量和效率，苏州开展技术进出口"不见面"备案创新服务，树立商务服务良好形象。

(一) 主要做法

1. 优化业务办理流程

江苏国际知识产权运营交易中心（以下简称苏知中心）是全省唯一经省政府同意、省金融办批准成立的知识产权公共服务平台。2019年5月，在市商务局的指导下，苏州高新区先行先试，将区技术进出口备案综合服务窗口前置于苏知中心。在试点工作调研和研究法律法规的基础上，苏州市商务局决定自2020年1月6日起，将苏州市技术进出口备案登记业务（工业园区除外）正式迁驻苏知中心办理。

为进一步提升服务效能，优化营商环境，结合商务部《关于疫情防控期间进一步便利技术进出口有关工作的通知》文件精神，苏州进一步探索全面推进技术进出口合同登记无纸化流程，最大限度推行"不见面"备案服务。目前企业通过商务部业务系统统一平台在线提交申请资料，待线上审核通过后，苏知中心统一经中国邮政特快专递服务寄送合同登记证书至企业，整个办理流程无须企业前往窗口，实现全流程"不见面"办理，真正做到"流程网上走、登记不见面、企业不跑腿"。

2. 建立综合服务平台

开发企业服务系统，通过系统平台为企业业务办理与查询提供信息交互的综合服务，解决企业因线上办理而产生的亟待解决的问题。目前该系统正处于开发过程中，预计一季度将完成审核进度查询、证书办结通知以及邮寄物流信息查询等功能模块。

3. 打造数据分析系统

基于企业办理技术进出口业务的累计数据信息，并结合苏知中心自建的企业知识产权等相关数据库，利用大数据技术，打造数据综合分析与挖掘的系统。该系统将通过对技术进出口的各项关键数据，包括但不限于知识产权分类、技术进口来源地与技术出口目的地分布以及技术进出口所属行业等信息进行统计分析，形成阶段性报告，帮助地方政府了解本地企业技术进出口情况和知识产权服务贸易发展情况。

(二) 实践效果

1. 提高企业服务效率

通过网上咨询、初步审核、寄送材料等"不见面"操作流程，技术进出口备案工作效率进一步提升，减轻了企业负担，为企业办证取证节省了时间和运营成本。

2. 加强数据统计分析

苏知中心通过汇集企业技术进出口数据，根据企业技术进出口情况，做好全市技术进出口情况专业分析，了解全市知识产权服务贸易的发展情况。

2019年5月，苏州高新区技术进出口备案综合服务窗口正式入驻苏知中心。截至2019年12月底，共受理239笔技术进出口合同登记申请，合同金额29 504万美元。

2020年1月，苏州大市范围内（工业园区除外）技术进出口备案综合服务窗口正式入驻苏知中心。1—2月，苏知中心共登记技术进出口合同61份，合同总金额4.18亿美元。经分析，专利技术与专有技术进口额占技术进口总额的91.67%，技术进口来源地集中在日本、美国和中国台湾，通信设备、计算机及其他电子设备制造业是技术引进的重点行业。

(三) 下一步工作思路

1. 探索事中事后监管新路径

下一步计划打通与科技、知识产权、外管、海关等相关业务部门的对接渠道，逐步完善技术进出口数据分析的维度，为政府部门精准招商、政策完善等工作提供参考依据，并加强探索技术进出口事中事后监管新路径。

2. 持续优化营商环境

（1）利用中心知识产权平台优势，为企业提供技术进口替代创造条件。充分利用苏知中心的大数据分析技术，重点就技术进出口企业的行业领域、关键技术进行深度分析，探索建立高校院所核心科研人员的技术画像，与企业实际需求进行精确匹配和智能推送，从而促进高校院所的科技成果转化和企业的科技创新，争取为企业提供技术的进口替代创造条件。

（2）建设技术进出口相关政策的一站式咨询服务中心。针对企业技术进出口合同登记业务，主动与科技、商务、知识产权、外汇管理、银行、海关等政府部门进行对接，汇总、梳理并比较技术进出口各部门的相关政策，为企业提供综合的政策咨询服务。

（3）结合苏州市委、市政府关于"开放再出发"的政策精神，打造技术进出口领域的海外维权服务平台。重点围绕苏州产业特征以及技术进出口相关国家的特点，开展企业海外知识产权纠纷典型案例数据库建设，并定期举办技术与知识产权海外维权人才培训班，逐步形成维权人才库。

（4）开展面向技术进出口企业的增值服务。充分发挥苏知中心的知识产权金融服务平台功能，为技术进出口企业的融资需求提供金融资源匹配服务。

九、实行进口研发（测试）用未注册医疗器械分级管理

实行进口研发（测试）用未注册医疗器械分级管理，支持生物医药产业尤其是医疗器械企业创新发展。

（一）主要做法

进口研发（测试）用未注册医疗器械分级管理办法，是针对研发用未注册医疗器械产品及零部件的进口实行分级管理，即由准入企业履行进口报备手续、制定自主管理方案，由职能部门加强事中事后监管，海关部门根据工业园区经济发展委员会、工业园区科技信息化局和工业园区市场监管局出具的情况说明函，按照相关规定执行通关手续，从而提升进口通关效率和便利化程度。

1. 制定进口研发（测试）用未注册医疗器械分级管理办法

该分级管理办法明确了备案产品范围和分级标准，规定了申请企业的具体准入条件，并明确在业务流程上设立单一服务窗口，由工业园区特殊生物制品物流平台做好企业的前期辅导和资料一窗受理，后续也由平台负责向工业园区市场监管局、经济发展委员会和科技信息化局递交企业申请资料，为企业提供清晰的指引。

2. 强化申请企业的主体责任

企业要切实履行主体责任，建立一整套覆盖进口研发（测试）用未注册医疗器械全生命周期的质量管理制度，明确高层管理人员和专管员，建立登记、领用台账并严格逐笔记录，确保产品用途合规，主动接受和配合监管部门的监管。

3. 加强事中事后监管

相关部门各司其职，定期会商，协调配合，加强事中事后管理，确保管理安全可控。工业园区经济发展委员会负责制定备案企业准入标准和企业清单，工业园区科技信息化局负责认定企业研发能力、判断研发能力与进口产品和数量之间是否匹配，市场监管局协助判断进口未注册医疗器械或零部件的分类等级和后续监管，工业园区海关给予企业进口未注册医疗器械或零部件的通关便利。

（二）实践效果

1. 帮助企业解决实际需求

进口研发（测试）用未注册医疗器械分级管理办法自实施以来，已为强生医疗、贝朗医疗、百特医疗等企业通过备案进口了几十批研发用未注册医疗器械。

2. 激发企业创新积极性

截至2019年9月底，工业园区已有6家申请单位提交了25批进口研发（测试）用未注册医疗器械或零部件产品的进口备案申请，通过备案后，相关企业的研发产品将得以顺利通关，尽快投入研发，加快医疗器械产品的开发与上市速度。如贝朗医疗进口动脉/静脉（A/V）血路管、透析液过滤器用于研发透析机项目，目前该项目已进入法规事务（RA）注册阶段，预计2020年一季度开始量产，产量可达1 000台/年，预计将实现销售额7 000万元。分级管理办法的试行，将进一步激发工业园区医疗器械创新研发要素集聚的优势，促进生物医药产业高质量发展。

（三）下一步工作思路

一是要加强对通过该分级管理方法备案进口产品的跟踪检查，特别是分类中未注册医疗器械产品，确保这些产品真正用于研发；二是要对申请备案的医疗器械企业做好指导，加快备案顺利开展；三是要及时做好进口研发（测试）用医疗器械分级管理办法试点的成果和经验总结，为分级管理办法进一步推广至全国提供借鉴；四是要继续积极向上反馈，建议海关和药监部门加强沟通，优化医疗器械商品HS编码分类，从源头上解决企业困难，优化营商环境。

十、创新机制，推动特殊物品通关便利化

2015年4月，罗氏集团在苏州设立亚太地区首个生产研发基地（以下简称罗氏苏州），专注于免疫和生化检测。自2017年起，企业因生产经营需要进口牛血清、人血清等特殊物品，苏州工业园区向上汇报，省市相关部门全力支持，国家质量监督检验检疫总局、海关总署组织人员对项目进行专题调研，组成国家、省、市风险评估小组赴德国实地考察，最后促成中国和德国就原料进口达成双方协定，并在江苏食品药品监督管理局和海关部门的支持下，完成牛血清、人血清等生物原材料的进口。

（一）主要做法

1. 推动牛血清白蛋白的进口

2017年，罗氏苏州在项目验证阶段发现，公司60%的产品生产所需的关键生物原材料——牛血清白蛋白（BSA）无法从德国进口到中国。罗氏是诊断试剂的行业龙头企业，在中国遇到的问题没有先例。为此，工业园区管委会积极与省、市海关（原检验检疫）联动，多次召开协调会。在海关总署的大力支持下，于2018年5月底，中德在国家层面达成相关协定，罗氏苏州最终得以进入德国输华牛血清白蛋白企业名单。从正式申请到议定书的签署历时10个月，是迄今为止用时最少的实例。

2. 推动人血清的进口

2019年4月，罗氏集团决定将组织诊断项目转移到苏州，总投资约2 600万瑞士法郎。因诊断需求，罗氏苏州必须从罗氏德国进口人源血液产品。鉴于人源血液产品进口风控和管理要求较高，且海关在大批量进口方面没有成熟的操作经验，为不影响罗氏苏州项目计划，工业园区管委会和工

业园区海关积极会商南京海关，在风险可控的原则下，成功协助罗氏苏州实现用于质控和研发的小批量人源血液产品的进口，同时向海关总署提出赴德国进行人源血液产品境外风险评估的申请。2019年4月，专家组赴德国评估在现行管理模式下罗氏德国人源血液产品入境的风险，从源头上具体了解人源血液产品原料来源、加工处理过程、实验室检测、产品包装及运输过程中是否有潜在的生物安全风险，并走访当地海关等政府主管部门和相关监管部门，通过交流了解德国的相关法律法规、监管体系和生物安全体系，并提出相应的管理措施。评估结果为无发现项、无整改项，海关总署卫生司关于罗氏集团境外风险评估的复函明确"德国罗氏生产的具体品种为人源阴性血液产品、经过灭活的含有第三类和第四类病原微生物的人源阳性血液产品属于允许入境产品范围"。

（二）实践效果

截至2019年12月底，通过境内对特殊物品的风险评估和境外评估，罗氏苏州顺利进口了21批人血制品，共97.135 05升冷冻液体和269克冻干粉，是全国范围内进口人血制品数量最大的企业。

（三）下一步工作思路

总结罗氏苏州在特殊物品进口过程中风险评估、检疫检验流程、监管模式等方面的经验，推动形成进境生物材料长效准入机制，更好地服务苏州工业园区生物产业的发展，促进形成规范、有序、发展良好的生物医药产业链。

十一、建立战略合作关系，发挥服贸基金作用，推进服务贸易创新发展

为充分发挥国家服务贸易创新发展引导基金（以下简称服贸基金）作用，苏州工业园区管委会与服贸基金管理方招商局达成战略合作，建立了长期稳定的合作机制，共同在苏州工业园区打造影响力大、国际竞争力强的服务贸易领军企业，积极扶持特色明显、代表产业发展方向的服务贸易中小型企业，全面推进苏州服务贸易创新发展。

（一）主要做法

1. 建立战略合作关系

在2018年11月首届中国国际进口博览会期间，国家服贸基金管理方招商局资本与苏州工业园区管委会现场签署了战略合作协议，为下一步的深度合作打下了良好的基础。服贸基金将优先考虑投资符合投资条件、注册地在苏州工业园区范围内的基金和企业项目，加速服贸基金在园区的投资落地。

同期，国家服贸基金与苏州元禾控股股份有限公司也签署了战略合作协议，将开展全面合作，并建立股权投资领域紧密的投资合作关系，发挥股权投资、资产管理等投资管理方面的优势，就服务贸易等领域项目的共同投资机会、已投资项目运作等方面开展积极合作。

2. 搭建合作平台

借助多个平台，以不同形式与服贸基金展开多层面的深度交流和合作。

（1）中新合作服务贸易创新论坛。作为国际进出口博览会分论坛的中新合作服务贸易创新论坛，由苏州市人民政府、苏州工业园区管委会承办。围绕服务贸易创新，邀请政府高级官员、国内外知名专家学者解构国际服务贸易发展和合作新趋势及新机会。积极借助论坛平台，推荐展示一年来国家服贸基金投资的优质项目和服务贸易发展相关成果，相互促进，加大宣传，扩大影响力。

（2）国家服贸基金园区投融资专场对接会。苏州工业园区管委会和国家服贸基金共同指导，举办国家服贸基金园区投融资专场对接会。首届对接会于2019年10月11日举办，其间工业园区共推荐近30个具有融资需求的企业项目。经筛选，11个优质项目进入对接会路演环节，行业涵盖信息技术、新能源、新材料、生物医药和智能装备等。以服贸基金为首的近20只基金方代表出席了对接会，其中包括中邮人寿、新能源基金、招银母基金、钟鼎基金、星轩创业投资基金、国创中鼎、张家港基金等。

经过半年多的考察和谈判，服贸基金和国双科技、梦想人软件等两家企业达成合作意向，多家企业受到参与基金的关注，并促成了除投资以外的商业合作关系。对接会为企业与基金方搭建了展示和合作的平台。

（3）金鸡湖服务贸易创新创业大赛。金鸡湖服务贸易创新创业大赛作为第二届中新合作服务贸易创新论坛的分会场活动，由工业园区管委会与国家服务贸易创新发展引导基金共同举办，苏州工业园区服务贸易协会承办，新加坡南洋高科技创新中心、元禾控股、君联资本、钟鼎资本、华映资本、同程资本、兴旺投资、汇鼎投资、志晟投资、高服顾问共同协办。

大赛吸引力超过预期，众多高校和企业积极参赛，共征集到116个参赛项目，其中企业组项目64项，团队组项目52项，新加坡项目3项，最终12个项目入围决赛。参赛项目领域宽广，与工业园区主导产业高度匹配，决赛项目质量高，落地发展和创新发展的可能性大。大赛借助知名基金方的吸引力和资源将更多优质的项目集聚到园区，推进优质项目在园区落户，并促成项目与资本的对接。

（4）元禾控股投资平台。苏州元禾控股股份有限公司作为园区重大产业项目投资基金的管理方，已与服贸基金达成战略合作，成为园区与服贸基金开展合作的专业平台。平台整合双方优势，发掘产业投资、并购机会，为服贸基金推荐投资项目和提供信息，并提供关于项目筛选、调查等投资活动的协助和建议。平台先后推荐了思必驰、朗润医疗、博纳讯动、奥杰汽车在内的多个项目和子基金。

3. **加强宣传推介**

一是加强宣传推广。工业园区充分利用重点企业工作会议、调研和新闻报道等多种形式和多种渠道向工业园区企业推介国家服贸基金。二是加强项目征集。工业通过各个功能区、载体、工业园区服务贸易协会、各类创新孵化器和创投平台等进行专题宣传和项目征集，动员符合条件且有融资需求的服务贸易企业开展对接工作。三是加强项目对接。工业园区向基金方推荐工业园区内有潜力、符合产业发展导向、有投融资或并购需求的优质服务贸易企业，建立资本与产业之间的合作桥梁。

4. **拓展合作机制**

充分利用服贸基金与江苏省财政厅、省商务厅，以及江苏省金财投资有限公司的良好合作关系，推动国家服贸基金和省级基金在工业园区的合作落地，对接全省范围内的资本和资源。同时加强本地基金和服贸基金管理方招商局资本的对接合作，促进项目推荐和反投。

（二）实践效果

1. **战略投资工业园区两只基金**

服贸基金投资钟鼎基金2亿元，主要用于投资物流型服务贸易企业；投资礼来基金1亿元，主要用于投资医药行业。

2. **两个项目初见成效**

通过服贸基金对接会的对接，两个项目初见成效。服贸基金与国双科技之间已达成投资意向，与梦想人软件联系密切，基本达成合作共识。

3. 促成企业合作和技术交流

通过工业园区搭建的对接平台，企业之间增添了新的业务交流和合作渠道。在服贸基金园区投融资专场对接会中，一家参会企业批量购买了工业园区优智达公司的智能机器人，并介绍资源帮助企业尽快实现量产。对接会的展示功能为同领域企业内的技术交流和合作提供了平台，形成了良好的产业发展氛围。

（三）下一步工作思路

1. 建立长效合作机制

投资本身是市场化行为，是一个长期的、循序渐进的过程。通过建立长效合作机制，吸引资金注入工业园区优质企业，促进项目落地，壮大本地企业，加快服务贸易又好又快地发展。

首先，要充分利用现有合作平台，通过每年一度的中新合作服务贸易创新论坛、国家服贸基金园区投融资专场对接会和金鸡湖服务贸易创新创业大赛，寻找、推荐和培育有新模式、新业态、新服务和新技术的优质项目。视具体需求，双方共同策划、组织针对苏州工业园区内重点领域或重点企业的推介会、研讨会、座谈会等。

其次，建立工作联系制度，进行定期磋商，通报和研究有关投融资对接、资源共享和沟通交流机制的构建完善情况，促进双方对接合作，形成良性互动机制，进行项目对接，有效推动项目成果落地。

2. 进一步拓展合作空间

作为国家服贸基金的管理人和发起人之一的招商局资本是当代中国最早的专业投资管理人，总资产突破7万亿元，央企排名第一，总部位于香港，具有强大的境内外资源调配和整合能力，管理近40只基金，基金规模达3 000亿元。未来可以进一步探索潜在可行的合作领域，充分利用招商局资本旗下的国内外资源，通过资源优势互补，与招商局资本加强联动，开展多领域的合作。

同时，抓住苏州自贸片区建设的契机，以国际化的视野、全球性的思维、开放包容的姿态，充分利用平台资源，吸引海内外的项目、专业人才以及知名基金、资本源源不断地在工业园区聚集，推动服务贸易企业落地、成长和壮大，全面推进区域经济创新发展。

第三部分　服务贸易相关文件汇编

江苏省商务厅关于确认首批江苏省服务贸易基地和重点企业的通知

苏商服〔2020〕416号

各设区市商务局，昆山市、泰兴市、沭阳县商务局：

为深入推进我省服务贸易创新发展和服务外包转型升级，进一步优化服务贸易（服务外包）重点领域空间布局、加快产业结构调整，发挥服务贸易（服务外包）各特色产业集聚区和重点骨干企业集聚示范引领作用，我厅组织开展了首批省级服务贸易基地和重点企业遴选工作。经各地推荐和专家评审，现决定确认无锡国家高新技术产业开发区等14家单位为首批江苏省服务贸易基地、江苏省通信服务有限公司等75家企业为首批江苏省服务贸易重点企业（具体名单见附件）。

培育并确认一定数量的省级服务贸易基地和重点企业，是进一步整合集聚相关产业发展要素，延伸拓展服务贸易产业链，推动区域特色化、专业化发展的有力举措和实际行动。各地要以此为契机，高度重视并加强特色服务贸易载体建设和市场主体培育工作，充分发挥各省级服务贸易基地承载集聚功能和重点企业示范带动作用，积极探索研究新业态、新模式、新应用，加快形成我省服务贸易发展新优势，为服务构建双循环新发展格局贡献力量。

各地在培育建设服务贸易基地和重点企业过程中的经验和做法请及时向我厅反馈，我厅将通过编发案例集、组织媒体报道等多种方式进行宣传推广。

江苏省商务厅
2020年12月31日

附

首批江苏省服务贸易基地和重点企业名单

一、省级服务贸易基地（14家）

（一）数字服务领域（5家）

1. 无锡国家高新技术产业开发区
2. 南京建邺高新技术产业开发区
3. 徐州经济技术开发区
4. 常州国家高新技术产业开发区（新北区）创意产业园区
5. 江苏省如皋高新技术产业开发区

（二）文化服务领域（2家）

1. 苏州国际科技园
2. 武进经济开发区

（三）生物医药研发服务领域（2家）

1. 苏州工业园区生物产业园
2. 南京生物医药谷

（四）船舶海工设计及维修服务领域（2家）

1. 南通市崇川区
2. 靖江市

（五）工程承包和建筑服务领域（3家）

1. 扬州市江都区
2. 南通市海门区
3. 泰州市姜堰区

二、省级服务贸易重点企业（75家）

（一）数字服务领域（40家）

1. 江苏省通信服务有限公司
2. 江苏长电科技股份有限公司
3. 恩梯梯数据（中国）信息技术有限公司
4. 福特汽车工程研究（南京）有限公司

5. 星科金朋半导体（江阴）有限公司
6. 中通服咨询设计研究院有限公司
7. 江苏润和软件股份有限公司
8. 浩鲸云计算科技股份有限公司
9. 诚迈科技（南京）股份有限公司
10. 江苏徐工信息技术股份有限公司
11. 华硕科技（苏州）有限公司
12. 无锡力芯微电子股份有限公司
13. 世硕电子（昆山）有限公司
14. 南京富士通南大软件技术有限公司
15. 三星电子（中国）研发中心
16. 南京中科创达软件科技有限公司
17. 江苏俊知技术有限公司
18. 南京联迪信息系统股份有限公司
19. 恒宝股份有限公司
20. 江苏嗨购网络科技有限公司
21. 江苏省精创电气股份有限公司
22. 凯易讯网络技术开发（南京）有限公司
23. 江苏富士通通信技术有限公司
24. 无锡华润华晶微电子有限公司
25. 迪比信可信息技术服务（南京）有限公司
26. 江苏亨鑫科技有限公司
27. 华润微集成电路（无锡）有限公司
28. 扬州中集通华专用车有限公司
29. 江苏明月软件技术有限公司
30. 江苏海隆软件技术有限公司
31. 易保科技（无锡）有限公司
32. 世芯电子科技（无锡）有限公司
33. 南通纽康数研网络技术有限公司
34. 南京希音电子商务有限公司
35. 横新软件工程（无锡）有限公司
36. 无锡芯朋微电子股份有限公司
37. 苏州工业园区凌志软件如皋有限公司
38. 江苏华冈计算机系统有限公司
39. 无锡华润芯功率半导体设计有限公司
40. 江苏四海商舟电子商务有限公司

（二）文化服务领域（5家）

1. 苏州好玩友网络科技有限公司
2. 南京爱德印刷有限公司
3. 南京艾迪亚动漫艺术有限公司

4. 江苏原力数字科技股份有限公司
5. 镇江傲游网络科技有限公司

（三）生物医药研发服务领域（12家）

1. 无锡药明生物技术股份有限公司
2. 苏州药明康德新药开发有限公司
3. 江苏鱼跃医疗设备股份有限公司
4. 江苏艾兰得营养品有限公司
5. 通用电气医疗系统（中国）有限公司
6. 苏州金唯智生物科技有限公司
7. 南通药明康德医药科技有限公司
8. 江苏宏远药业有限公司
9. 江苏雷蒙新材料有限公司
10. 苏州诺华医药科技研发有限公司
11. 江苏汉光甜味剂有限公司
12. 徐州市永康电子科技有限公司

（四）船舶海工设计及维修服务领域（7家）

1. 江苏新时代造船有限公司
2. 南通中远海运船务工程有限公司
3. 招商局金陵船舶（江苏）有限公司
4. 惠生（南通）重工有限公司
5. 新大洋造船有限公司
6. 江苏大津重工有限公司
7. 南通中舟联合船务工程有限公司

（五）工程承包和建筑服务领域（11家）

1. 中国江苏国际经济技术合作集团有限公司
2. 正太集团有限公司
3. 江苏江都建设集团有限公司
4. 江苏邗建集团有限公司
5. 苏交科集团股份有限公司
6. 江苏鹏飞集团股份有限公司
7. 中国能源建设集团江苏省电力设计院有限公司
8. 江苏永鼎泰富工程有限公司
9. 江苏省建筑工程集团有限公司
10. 江苏中天科技股份有限公司
11. 镇江国际经济技术合作有限公司

商务部关于印发全面深化服务贸易创新发展试点总体方案的通知

商服贸发〔2020〕165号

北京市、天津市、河北省、辽宁省、吉林省、黑龙江省、上海市、江苏省、浙江省、安徽省、福建省、山东省、湖北省、广东省、海南省、重庆市、四川省、贵州省、云南省、陕西省、新疆维吾尔自治区人民政府，中央网信办，国务院服务贸易发展部际联席会议成员单位，医保局、药监局，中央军委联合参谋部，中国出口信用保险公司：

根据《国务院关于同意全面深化服务贸易创新发展试点的批复》（国函〔2020〕111号），现将《全面深化服务贸易创新发展试点总体方案》印发给你们，请认真做好组织实施工作。

商务部
2020年8月12日

附 1

全面深化服务贸易创新发展试点总体方案

为贯彻落实党中央、国务院决策部署，做好全面深化服务贸易创新发展试点工作，进一步推进服务贸易改革、开放、创新，促进对外贸易结构优化和高质量发展，经国务院同意，制定本方案。

一、总体要求

（一）指导思想

以习近平新时代中国特色社会主义思想为指导，全面贯彻党的十九大和十九届二中、三中、四中全会精神，贯彻新发展理念，以供给侧结构性改革为主线，充分发挥地方的积极性和创造性，坚持改革先行、开放先行、创新先行和高质量发展，激发市场活力，打造服务贸易发展高地，提升"中国服务"在全球价值链地位，充分发挥服务贸易对稳外贸稳外资的支撑作用，推动外贸转型升级和高质量发展，培育和提升开放型经济合作和竞争新优势。

（二）总体目标

通过全面深化试点，服务贸易深层次改革全面推进，营商环境更加优化，市场活力更加凸显；高水平开放有序推进，服务业国际化发展步伐加快，开放竞争更加充分；全方位创新更加深化，产业深度融合、集群发展，市场主体创新能力明显增强；高质量发展步伐加快，试点地区先发优势更加突出，全国发展布局更加优化，有力促进对外贸易和经济高质量发展，为形成全面开放新格局、构建现代化经济体系做出贡献。

（三）基本原则

坚持全面深化，拓展提升。适应服务贸易成为对外开放新动力、对外贸易新引擎的新形势，在前期工作基础上，深化拓展试点范围和探索任务，优化完善服务贸易治理体系，全方位推进服务贸易创新发展。

坚持深化改革，扩大开放。统筹国内国际两个大局，坚持以改革破解发展难题，赋予试点地区更大改革自主权，推进简政放权，放宽市场准入；坚持以开放激活发展动力，突出试点作为服务领域开放平台的战略定位，推动更大范围、更宽领域、更深层次开放。

坚持创新驱动，加快转型。深入实施创新驱动发展战略，推进体制机制创新、模式创新、技术创新。结合行业特性分类施策，优化服务贸易发展机制。大力发展新兴服务贸易，激发服务贸易发展新动能。

坚持错位探索，整体协同。充分发挥试点地区资源优势，推动错位竞争、多元发展，促进区域协同、全面发展。强化部门协作，合力保障和支持试点地区改革开放创新，推动形成机制性、系统化经验。

坚持守住底线，防控风险。贯彻落实总体国家安全观，适应国内国际环境的深刻复杂变化，统筹发展和安全两件大事，坚持底线思维，主动防范化解风险，在疫情防控常态化条件下保障和推动服务贸易发展，稳步提升发展成效。

二、试点范围

全面深化试点地区为北京、天津、上海、重庆（涪陵区等21个市辖区）、海南、大连、厦门、青岛、深圳、石家庄、长春、哈尔滨、南京、杭州、合肥、济南、武汉、广州、成都、贵阳、昆明、西安、乌鲁木齐、苏州、威海和河北雄安新区、贵州贵安新区、陕西西咸新区等28个省、市（区域）。

三、试点期限

试点期限为3年，自方案批复之日起算。

四、试点任务

（一）全面探索完善管理体制

深入推进"放管服"改革，努力形成职能更加优化、权责更加一致、统筹更加有力、服务更加到位的服务行业与贸易管理体制：强化顶层设计。加强对服务贸易改革、开放、创新、发展重大事项的统筹协调。完善和强化地方服务贸易发展统筹协调决策机制。优化行业管理。完善服务行业管理制度，加大对服务业与服务贸易改革、开放、创新支持力度。探索下放行业管理和审批权限，率先推进放宽服务市场准入，进行压力测试，充分释放服务业和服务贸易发展潜力。强化制度支撑。进一步完善地方政府服务贸易发展绩效评价与考核机制，为全国服务贸易工作考核探索成熟路径与模式。推进联动协作。率先探索出有利于科学统计、完善政策、优化监管的信息共享机制，加强统筹协调决策；逐步将有关服务贸易管理事项纳入国际贸易"单一窗口"。

（二）全面探索扩大对外开放

坚持要素型开放与制度型开放相结合、开放与监管相协调、准入前与准入后相衔接，从制度层面和重点领域持续发力，提升开放水平：有序拓展开放领域。对标国际高标准，在充分竞争、有限竞争类重点服务领域和自然垄断类服务领域的竞争环节，分别以全面取消、大幅放宽、有序放开为原则，推动取消或放宽对服务贸易的限制措施。探索放宽特定服务领域自然人移动模式下的服务贸易限制措施，探索允许境外专业人才按照有关要求取得国内职业资格和特定开放领域的就业机会，按照对等原则推动职业资格互认。探索制度开放路径。在试点地区重点围绕新兴服务业开放进行压力测试，推动有序放宽或取消相关限制措施。在重点服务领域率先探索适应新形势新需要的风险防范机制。提升开放发展成效。加大招商引资力度，在推动现代服务业开放发展上走在前列。

（三）全面探索提升便利水平

树立在发展中规范、在规范中发展的理念，坚持包容审慎原则，构建有利于服务贸易自由化便利化的营商环境，积极促进资金、技术、人员、货物等要素跨境流动：推进技术流动便利化。研究完善技术进出口管理体制。加强知识产权保护和运用，建立完善支持创新的知识产权公共服务体系。推进资金流动便利化。加快推进人民币在服务贸易领域的跨境使用。完善外汇管理措施。推进人员流动便利化。探索与数字经济和数字贸易发展相适应的灵活就业制度与政策。推进签证便利化。健全境外专业人才流动机制，畅通外籍高层次人才来华创新创业渠道。充分利用数字技术、数字平台和数字贸易，为受新冠肺炎疫情影响的人员交流提供快捷顺畅的技术性替代解决方案。推动数字营商环境便利化。对标国际高标准高水平，探索构建与我国数字经济创新发展相适应、与我国数字经济国际地位相匹配的数字营商环境。在条件相对较好的试点地区开展数据跨境传输安全管理试点。

（四）全面探索创新发展模式

努力形成有助于服务贸易业态创新的多元化、高效能、可持续发展模式和发展路径：推进区域集聚发展。服务共建"一带一路"、京津冀协同发展、粤港澳大湾区建设、长江三角洲区域一体化发展等国家发展战略，进一步发挥国家级新区、中国服务外包示范城市等平台作用，推动服务业和服务贸易集聚发展，鼓励各地方探索建设特色服务出口基地，形成平台梯队。拓展新兴服务贸易集聚区域，推动服务贸易全方位布局和发展。拓展新业态新模式。大力发展数字贸易，完善数字贸易政策，优化数字贸易包容审慎监管，探索数字贸易管理和促进制度。探索构建数字贸易国内国际双循环相互促进的新发展格局，积极组建国家数字贸易专家工作组机制，为试点地区创新发展提供咨询指导。推进数字技术对产业链和价值链的协同与整合，推动产业数字化转型，促进制造业和服务业深度融合，推动生产性服务业通过服务外包等方式融入全球价值链，大力发展寄递物流、仓储、研发、设计、检验检测测试、维修维护保养、影视制作、国际结算、分销、展览展示、跨境租赁等新兴服务贸易。对"两头在外"服务贸易的中间投入，在政策等方面探索系统化安排与支持。积极促进中外技术研发合作。推动传统领域转型。创新传统服务贸易发展动能，优化消费环境，着力推动旅游、运输、医疗、教育、文化等产业国际化发展，在疫情防控常态化条件下着力加强旅游、体育等领域国际合作，积极发展入境游特别是中高端入境游，促进来华留学、就医和购物，提升生活服务业国际化水平，引导消费回流，吸引入境消费。

（五）全面探索健全促进体系

以高质量共建"一带一路"为重点，深化服务贸易对外交流与合作，推动建立政府市场高效协同、国内国外有机联动的服务贸易促进体系，支持和引导广大企业面向全球配置资源、拓展市场：强化促进平台。继续推进试点地区公共服务平台建设，探索建立区域性公共服务平台，提高服务效率。打造"中国服务"国家品牌，拓展贸易、投融资、生产、服务网络，创新对外投资方式，推动中国技术、中国标准、中国服务走出去。打造中国国际服务贸易交易会等重要展会平台。优化促进机制。推动试点地区与重点服务贸易伙伴加强合作。以共建"一带一路"国家为重点，探索建设一批服务贸易境外促进中心。更好地发挥贸易促进机构、行业协会的贸易促进作用。探索基于服务贸易重点企业联系制度的贸易促进机制，及时收集企业诉求，协助开拓海外市场。提供更加国际化的商事纠纷解决便利。

（六）全面探索优化政策体系

适应服务贸易发展新形势新任务，不断推进政策创新，推动建立系统性、机制化、全覆盖的政策体系：完善财政政策。创新公共资金对服务贸易发展的支持方式。充分利用现有资金渠道，积极开拓海外服务市场，鼓励新兴服务出口。进一步发挥好服务贸易创新发展引导基金等的作用，带动社会资本支持服务贸易创新发展和贸易新业态培育。拓展金融政策。拓宽服务进出口企业融资渠道，鼓励金融机构创新适应服务贸易特点的金融服务。支持扩大知识产权融资，发展创业投资。优化出口信贷和出口信保政策。运用贸易金融、股权投资等多元化金融工具加大对服务贸易国际市场开拓的支持力度。

（七）全面探索完善监管模式

探索符合新时期服务贸易发展特点的监管体系，在服务贸易高质量发展中实现监管职权规范、监管系统优化、监管效能提升：优化行业监管。确立分类监管理念，聚焦旅游、运输、金融、教育、数字贸易、技术贸易、服务外包、专业服务等重点领域，在试点地区之间推进错位探索、共性创新、优化监管。探索监管创新的容错机制。加强监管协作。探索基于政府权责清单和政务信息共享的服务贸易监管框架。提升监管效能。推动建立以市场主体信用为基础的事中事后监管体系，运用"互联网+监管"，推动加强服务行业领域诚信管理。进一步推进与全国信用信息共享平台、国家企业信用信息公示系统、信用中国网站的衔接，依法依规进行失信惩戒。

（八）全面探索健全统计体系

推动完善服务贸易统计制度和方法，切实提升服务贸易统计的全面性、准确性和及时性：完善统计制度。完善服务贸易统计监测、运行和分析体系，健全服务贸易重点企业联系制度，提高重点监测企业的代表性。拓展统计范围。探索涵盖四种模式的服务贸易全口径统计方法。强化统计合力。探索建立系统集成、高效协同的政府部门信息共享、数据交换和统计分析机制，为试点成效评估建立数据支撑和科学方法。

五、组织实施

试点地区人民政府（管委会）作为试点工作的责任主体，要结合当地实际积极探索，制定全面深化试点实施方案，报经省级人民政府批准后于2020年9月30日前报送商务部，并加强组织实施、综合协调及政策保障，逐项落实试点任务，及时报送试点成效和经验做法。各相关省级人民政府要加强对试点工作的指导、督促和支持。将试点工作纳入服务贸易工作统筹谋划，把重点推进和探索的事项放在试点地区先行先试，协助解决试点过程中遇到的问题和困难，将试点经验在辖区内率先推广。要加强督促，对下放至省级的服务业行政审批事项加强落实执行。要加大支持力度，出台积极支持试点的相关政策，创造有利制度和政策环境。各相关省（自治区、直辖市）年度财政预算对承担重大改革发展任务的试点地区，加大支持保障力度。各相关省级人民政府、试点地区人民政府（管委会）要加强对服务贸易工作的人员、经费等保障，积极支持试点地区从事服务业扩大开放、服务贸易创新发展相关领域人员的国际交流合作，稳妥有序开展公务人员境外培训。试点地区中的北京、天津、上海、海南、重庆等省（直辖市）人民政府要同时落实好上述试点工作主体责任和省级人民政府相关责任。国务院各有关部门要按职责分工做好落实开放举措、政策保障和经验总结推广工作，对试点地区积极予以支持，有关试点举措涉及调整实施法律、法规有关规定的，在依照法定程序取得授权后实施，试点工作推进等情况定期报送商务部。商务部要充分发挥牵头作用，加强统筹协调、跟踪督促，积极推进试点工作，确保任务落实，同时综合评估各部门、各地方试点推进情况及成效，及时做好经验总结与复制推广，重大事项及时请示报告。

附2

全面深化服务贸易创新发展试点任务、具体举措及责任分工

（说明及附表）

为确保服务贸易创新发展试点全面纵深推进，国务院服务贸易发展部际联席会议各成员单位围绕试点任务，研究提出122项具体改革、开放和创新举措，在试点地区先行先试，为试点提供政策保障。其中，大部分具体举措面向所有试点地区，一些举措仅在列明的部分试点地区先行探索，以鼓励错位探索、重点突破、多元发展。

附表分工明确各部门"制定政策保障措施"的，原则上应在2020年12月31日前完成。附表分工明确各部门"负责推进"的，应尽早完成。

附表

全面深化服务贸易创新发展试点任务、具体举措及责任分工

试点任务	序号	具体举措	责任分工
（一）全面探索完善管理体制 深入推进"放管服"改革，努力形成职能更加优化、权责更加一致、统筹更加有力、服务更加到位的服务行业与贸易管理体制。	1	加强国务院服务贸易发展部际联席会议对服务贸易扩大开放、政策创新、贸易促进、信息共享、监管协调等重大事项的统筹协调，以及全面深化试点任务、具体举措、政策保障措施的出台与落实的督促协调，对试点地区探索创新遇到的问题、困难与诉求的协调推动解决，对各部门和各试点地区在全面深化试点中取得的经验做法的提炼、总结和推广。地方服务贸易发展统筹协调机制重点强化决策功能。	国务院服务贸易发展部际联席会议办公室（商务部）牵头，各成员单位和有关部门共同负责推进；试点地区负责推进
	2	在试点地区实行保险公司分支机构和高级管理人员准入方式改革，取消对保险支公司高管人员任职资格的事前审批，由省级银保监机构实施备案管理。	银保监会制定政策保障措施；有关省（自治区、直辖市）和各试点地区负责推进
	3	在试点地区开展医疗器械注册人制度试点，允许医疗器械注册申请人或注册人委托具备相应生产条件的企业生产样品或产品。	药监局制定政策保障措施；试点地区负责推进
	4	推进工程造价深化改革工作，在有条件的试点地区的国有资金投资工程项目率先开展工程造价改革试点，同时在市场化程度较高、目前已具备一定基础的房地产开发领域率先推行工程造价改革，建立已竣工工程造价数据库，完善人、材、机价格信息发布机制，改革工程计价方法，改进招标评标制度，加强造价咨询行业监管等，并总结推广经验。	住房和城乡建设部等制定政策保障措施；北京、深圳、武汉、广州等试点地区负责推进

续表

试点任务	序号	具体举措	责任分工
（一）全面探索完善管理体制 深入推进"放管服"改革，努力形成职能更加优化、权责更加一致、统筹更加有力、服务更加到位的服务行业与贸易管理体制。	5	探索国际通用的建筑工程设计咨询服务模式，在有条件的试点地区和建筑工程项目开展建筑师负责制试点，发挥建筑师对建筑品质的管控作用，发挥勘察设计工程师的技术主导作用，推动设计单位提供城市设计、前期策划、工程设计、招标投标、咨询顾问、施工指导等全过程咨询服务。	住房和城乡建设部等支持和指导；试点地区负责推进
	6	探索国土空间规划资质管理，统一资质名称和管理要求，通过创新政策体系，积极培育市场主体。	自然资源部制定政策保障措施；试点地区负责推进
	7	进一步下放港澳服务提供者投资设立旅行社的审批权限至试点地区所在省（自治区、直辖市）旅游行政管理部门。	文化和旅游部、商务部、港澳办制定政策保障措施；有关省（自治区、直辖市）和各试点地区负责推进
	8	将试点地区所在省（自治区、直辖市）内注册的国内水路运输企业经营的沿海省际客船、危险品船船舶营业运输证的配发、换发、补发、注销等管理事项，下放至企业所在地省级水路运输管理部门。	交通运输部制定政策保障措施；有关省（自治区、直辖市）和各试点地区负责推进
	9	在具备条件的试点地区，探索将外籍人员子女学校审批权从省级教育主管部门进一步下放。	教育部制定政策保障措施；北京、天津、上海、海南、厦门、深圳、杭州、广州、武汉、成都、西安、西咸新区等试点地区负责推进
	10	为重要展品进出境创造更大贸易便利，对已获得我国检疫准入、涉及检验检疫行政审批事项的有关展会的进境动植物及其产品，委托各直属海关办理。	海关总署、商务部制定政策保障措施；有关省（自治区、直辖市）和各试点地区负责推进
	11	简化试点地区外资旅行社审批流程，缩短审批时限；实行企业承诺制，由企业提供办公地址证明替代现场查看办公场所环节；提交申请资料时，仅需提供从业资格相关证明及身份证明，不必提供旅行社从业人员就业履历；将审批时限由现在的30个工作日缩短至15个工作日。	文化和旅游部制定政策保障措施；试点地区负责推进
	12	在试点地区，推进医疗机构审批登记全程电子化和电子证照发放，采取"流程再造、分类审批、提前介入、告知承诺、多评合一、多图联审、并联审批、限时办结"等举措，优化健康服务业建设投资项目审批流程。	卫生健康委、住房和城乡建设部支持和指导；试点地区负责推进
	13	建立技术进出口安全管理部省合作快速响应通道，协助有条件的试点地区对禁止类和限制类技术进出口进行科学管控，防范安全风险。	商务部支持和指导；北京、天津、上海、海南负责推进
	14	在符合条件的试点地区，探索取消拍卖许可，建立完善事中事后监管体制。	商务部支持和指导；海南负责推进
	15	在海南省内（非跨省）从事商业特许经营活动的特许人，可不进行商业特许经营备案，在首次订立特许经营合同之日前至少30日，在商务部网站向被特许人进行信息披露。	商务部支持和指导；海南负责推进

续表

试点任务	序号	具体举措	责任分工
（一）全面探索完善管理体制 深入推进"放管服"改革，努力形成职能更加优化、权责更加一致、统筹更加有力、服务更加到位的服务行业与贸易管理体制。	16	在试点地区，国际贸易"单一窗口"向更多服务贸易事项拓展；将服务出口退税申报纳入国际贸易"单一窗口"；加快推动"单一窗口"功能由口岸通关执法向口岸物流、贸易服务等环节拓展，逐步覆盖国际贸易管理全链条。	海关总署、税务总局、商务部等制定政策保障措施
（二）全面探索扩大对外开放 坚持要素型开放与制度型开放相结合、开放与监管相协调、准入前与准入后相衔接，从制度层面和重点领域持续发力，提升开放水平。	17	在符合条件的试点地区，研究在技术进出口经营活动中依法不再办理对外贸易经营者备案登记，扩大技术进出口经营者资格范围，激发各类技术进出口市场主体活力。	商务部牵头制定政策保障措施；海南负责推进
	18	在符合条件的试点地区，推动允许外国机构独立举办冠名除"中国""中华""国家"等字样外的涉外经济技术展；外国机构独立举办或合作主办的上述涉外经济技术展行政许可委托省级商务主管部门实施并开展有效监管。	商务部支持和指导；海南负责推进
	19	在试点地区，分类简化航空公司开辟至共建"一带一路"航权开放国家国际航线的经营许可审批手续。	民航局、中央军委联合参谋部制定政策保障措施；试点地区负责推进
	20	支持具备条件的试点地区开通第五航权航线。	民航局、中央军委联合参谋部制定政策保障措施；大连、厦门、深圳、武汉、杭州、成都、威海等试点地区负责推进
	21	在中国境内经营无船承运，无须为中国企业法人。	交通运输部制定政策保障措施；试点地区负责推进
	22	允许特定条件下租用外籍船舶从事临时运输。	交通运输部制定政策保障措施；试点地区负责推进
	23	支持符合条件的港澳银行业、保险业企业在试点地区设立分支机构。	银保监会、商务部、港澳办制定政策保障措施；试点地区负责推进
	24	支持在试点地区设立外资专业健康保险机构，支持医疗机构加强与国内外保险公司的合作，开展国际商业医疗保险结算试点，为来华外籍人士就医提供结算服务；探索商业保险参与基本医疗、养老服务体系建设，创新重大疾病、长期护理等方面的保险产品和服务。	银保监会、商务部等制定政策保障措施，卫生健康委支持和指导；试点地区负责推进
	25	在符合条件的试点地区，支持与境外机构合作开发跨境商业医疗保险产品。	银保监会、商务部制定政策保障措施；海南、深圳、广州等试点地区负责推进

续表

试点任务	序号	具体举措	责任分工
(二)全面探索扩大对外开放 坚持要素型开放与制度型开放相结合、开放与监管相协调、准入前与准入后相衔接，从制度层面和重点领域持续发力，提升开放水平。	26	在条件具备的试点地区，将合格境内机构投资者主体资格范围扩大至境内外机构在该试点地区发起设立的投资管理机构。在条件相对成熟的试点地区，支持符合条件的机构申请合格境内机构投资者（QDⅡ）、人民币合格境内机构投资者（RQDⅡ）业务资格，将合格境内机构投资者主体资格范围扩大至境内外机构在该试点地区发起设立的投资管理机构，包括境内证券公司、基金管理公司和期货公司。允许该试点地区的合格境内机构投资者开展境外直接投资、证券投资、衍生品投资等各类境外投资业务。	证监会、商务部制定政策保障措施；北京、天津、上海、海南、深圳、南京等试点地区负责推进
	27	支持境外发起的私募基金参与具备条件的试点地区的创新型科技企业融资，凡符合条件的可在京津冀地区、长三角地区、粤港澳大湾区投资。	商务部、外汇局、证监会等制定政策保障措施；北京、天津、上海、海南、深圳、石家庄、南京、杭州、合肥、广州、苏州、雄安新区等试点地区负责推进
	28	进一步探索密切试点地区律师事务所与港澳地区律师事务所业务合作的方式与机制。允许港澳与试点地区合伙联营律师事务所的内地律师受理、承办内地法律适用的行政诉讼法律事务。允许港澳与试点地区合伙联营律师事务所以本所名义聘用港澳和内地律师。	司法部、商务部、港澳办制定政策保障措施；试点地区负责推进
	29	在具备条件的试点地区，进一步探索密切中国律师事务所与外国律师事务所业务合作的方式与机制。在条件具备的试点地区开展国内律师事务所聘请外籍律师担任外国法律顾问试点，并适当降低参与试点的外籍律师在中国境外从事律师职业不少于3年的资质要求。	司法部、商务部制定政策保障措施；试点地区负责推进；北京、天津、上海、海南、厦门、深圳、南京、杭州、广州、苏州、雄安新区等试点地区负责推进
	30	支持具备条件的试点地区建设国际教育创新试验区，推进中外合作办学。完善外籍教师、专家、技师等的引进便利政策。	教育部、人力资源和社会保障部、外交部、移民局、商务部等制定政策保障措施；北京、天津、上海、海南、厦门、深圳、南京、杭州、武汉、西安、威海、西咸新区等试点地区负责推进
	31	允许在粤港澳大湾区内地9市开业的指定医疗机构使用临床急需、已在港澳上市的药品，或使用临床急需、港澳公立医院已采购使用、具有临床应用先进性的医疗器械。	药监局、卫生健康委制定政策保障措施；深圳负责推进
	32	对取得内地医师资质的港澳医师，在具备条件的试点地区开办诊所执行备案制，简化港澳医师转内地医师资格认证手续，符合条件的港澳医师可按程序取得内地医师资格。	卫生健康委、中医药局、商务部、港澳办支持和指导；北京、天津、上海、海南、重庆（涪陵区等21个市辖区）、厦门、深圳、南京、广州、成都、西安、威海、西咸新区等试点地区负责推进
	33	逐步试点允许符合条件的港澳专业人士依法在海南、深圳、广州等试点地区提供工程咨询服务，推进粤港澳工程项目合作。	住房和城乡建设部、商务部、港澳办等支持和指导；海南、深圳、广州等试点地区负责推进

续表

试点任务	序号	具体举措	责任分工
(二)全面探索扩大对外开放 坚持要素型开放与制度型开放相结合、开放与监管相协调、准入前与准入后相衔接,从制度层面和重点领域持续发力,提升开放水平。	34	在试点地区,研究出台更加开放的引进高端人才停居留政策和出入境便利举措,探索整合外国人工作许可和工作类居留许可,便利外国人来华就业。	科技部、移民局、外交部制定政策保障措施;试点地区负责推进
	35	在知识产权服务业集聚区等具备条件的试点地区试点,允许取得中国政府颁发的外国人永久居留证且具有其他国家专利代理资格的外国人,参加专利代理师资格考试,成绩合格者,发给专利代理师资格证。取得专利代理师资格证的前述人员可以在试点地区已经设立的专利代理机构中执业,符合规定条件的可以加入并成为在试点地区已经批准设立的专利代理机构的合伙人或股东。	知识产权局、商务部制定政策保障措施;试点地区负责推进
	36	允许台湾居民在试点地区参加注册城乡规划师等职业资格考试,并在试点地区范围内执业。	自然资源部、人力资源和社会保障部、商务部、中央台办制定政策保障措施;试点地区负责推进
	37	允许台湾居民参照现行港澳居民在内地申办个体工商户相关政策,在试点地区注册登记个体工商户。	中央台办、市场监管总局制定政策保障措施;试点地区负责推进
	38	支持试点地区开展面向港澳的高级经济师、信息通信高级工程师等水平评价类职业资格认可。	人力资源和社会保障部、工业和信息化部、商务部制定政策保障措施;试点地区负责推进
	39	支持具备条件的试点地区开展与港澳专业服务资质互认试点。	商务部、港澳办支持和指导;海南、深圳、广州等试点地区负责推进
	40	推动境外人才参加职称评审和执业,具备条件的试点地区可自主组织在当地工作的金融、电子信息、建筑规划等领域境外专业人才职称申报评审工作。允许取得国际专业资质或具有特定国家和地区职业资格的金融、规划等领域现代服务业专业人才经备案后,在试点地区提供服务,其在境外的从业经历可视同国内从业经历(有行业特殊要求的除外)。	人力资源和社会保障部、人民银行、银保监会、证监会、住房和城乡建设部、自然资源部、工业和信息化部等制定政策保障措施;北京、天津、上海、海南、厦门、深圳、南京等试点地区负责推进
	41	支持试点地区放宽港澳专业人才执业资质,复制推广北京与港澳专业资格"一试三证"评价模式,即一次考试可获得国家职业资格认证、港澳认证、国际认证,港澳专业人士在港澳从业经历可视同内地从业经历。	人力资源和社会保障部、商务部、港澳办等制定政策保障措施;试点地区负责推进
	42	支持试点地区出台政策建设国际服务贸易合作园区。发挥试点地区在服务业和服务贸易开放合作上先行先试的优势,加强与重点服务贸易伙伴的项目合作,引进跨国公司国际或地区总部、功能性机构。依托国际合作园区,集中精力打造中日成都服务业开放合作、中韩威海服务贸易合作、中俄哈尔滨服务贸易合作、中新(新加坡)(苏州、重庆)服务贸易合作、中英上海服务贸易合作、中德南京服务贸易合作等合作典范。	商务部支持和指导;试点地区负责推进

续表

试点任务	序号	具体举措	责任分工
（三）全面探索提升便利水平 树立在发展中规范、在规范中发展的理念，坚持包容审慎原则，构建有利于服务贸易自由化便利化的营商环境，积极促进资金、技术、人员、货物等要素跨境流动。	43	实行进口研发（测试）用未注册医疗器械分级管理：对于试点地区有关产业园区内科研机构、研发或生产型企业以一般贸易方式进口的研发（测试）用未注册医疗器械或零部件（非诊断试剂），进行Ⅰ类产品（重点产品）和Ⅱ类产品（一般产品）分级管理，提供通关便利，提高效率。	有关部门支持和指导；试点地区负责推进
	44	对信用记录良好、追溯体系完善、申报批次较多的进口产品3C免办企业，探索实施自我承诺便捷通道，提升服务贸易便利化水平。	市场监管总局制定政策保障措施；试点地区负责推进
	45	在旅行服务进出口集聚的试点地区，新开一批直达全球主要客源地的国际航线。	民航局支持和指导；试点地区负责推进
	46	支持试点地区所在省（自治区、直辖市）人民政府将自由类技术进出口登记备案管理权限下放至地市级商务主管部门。	商务部制定政策保障措施；有关省（自治区、直辖市）和各试点地区负责推进
	47	打通知识产权服务、管理、调解、仲裁、执法等完整链条，在试点地区率先形成对标国际、完整系统、高效协同的知识产权发展与保护制度框架。	知识产权局、市场监管总局制定政策保障措施，中央宣传部支持和指导；试点地区负责推进
	48	加强国际合作，推动研究制定外国专利代理机构驻华代表机构管理的有关规定，选择有条件的试点地区开展外国专利代理机构在华设立常驻代表机构试点，引入国际高水平知识产权服务资源。及时总结经验，为制定有关管理办法提供实践支撑，进一步推进知识产权服务业领域扩大对外开放，提升服务水平。	知识产权局制定政策保障措施；试点地区负责推进
	49	加强知识产权公共服务资源及产品供给，支持试点地区积极开展业务咨询、政策宣传、基础培训等基本知识产权公共服务，探索开展知识产权信息专业检索及分析、知识产权专业数据库建设等高端信息服务。	知识产权局制定政策保障措施；试点地区负责推进
	50	在具备条件的试点地区，结合重点企业重点项目开展人民币在服务贸易领域跨境使用试点，条件成熟时逐步推广至全部试点地区。依照"本币优先"原则，指导服务贸易企业积极选择人民币进行计价结算，形成政策合力，帮助企业规避汇率风险，降低汇兑成本，推动服务贸易人民币结算快速发展。	人民银行支持和指导；试点地区负责推进
	51	支持在试点地区率先建立人民币跨境贸易融资和再融资服务体系，为跨境贸易提供人民币融资服务。支持设立人民币跨境贸易融资支持平台。	人民银行支持和指导；试点地区负责推进
	52	支持在试点地区保税燃料油供应以人民币计价、结算。	人民银行、发展改革委、商务部、国资委等支持和指导；试点地区负责推进
	53	在试点地区持续优化跨境人民币业务。支持境外投资者以人民币进行直接投资，以人民币参与境内企业国有产权转让交易。	人民银行、外汇局、证监会、国资委等支持和指导；试点地区负责推进

续表

试点任务	序号	具体举措	责任分工
（三）全面探索提升便利水平 树立在发展中规范、在规范中发展的理念，坚持包容审慎原则，构建有利于服务贸易自由化便利化的营商环境，积极促进资金、技术、人员、货物等要素跨境流动。	54	支持具备条件的试点地区设立人民币海外投贷基金，支持试点地区符合条件的机构开展合格境内有限合伙人境外投资试点，允许合格机构向合格投资者募集人民币资金，并将所募集资金投资于海外市场。	人民银行、外汇局、证监会支持和指导；试点地区负责推进
	55	支持试点地区符合条件的内资和外资机构依法申请设立银行卡清算机构，参与国内人民币银行卡清算市场。	人民银行制定政策保障措施；试点地区负责推进
	56	积极推动服务贸易外汇收支便利化试点。支持条件成熟的试点地区探索服务贸易分类管理。	外汇局制定政策保障措施；北京、天津、上海、海南、厦门、深圳、哈尔滨、杭州、广州、苏州、威海等试点地区负责推进
	57	支持符合条件的财务公司、证券公司、基金管理公司等金融机构获得结售汇业务资格，开展外汇即期及衍生品交易。	人民银行、外汇局、证监会等制定政策保障措施；试点地区负责推进
	58	实施资金便利收付的跨境金融管理制度，对跨境支付牌照实施动态管理，面向试点地区增加跨境支付牌照的许可数量。在试点地区探索服务贸易外汇收支便利化举措。	外汇局、人民银行制定政策保障措施；试点地区负责推进
	59	按照国家深化改革、扩大开放新形势新要求，持续优化外国人入境、过境免办签证政策。对到试点地区从事商务、交流、访问等经贸活动的特定国家和地区人员，进一步优化144小时过境免签政策。	移民局、外交部制定政策保障措施；试点地区负责推进
	60	为境外人员赴试点地区旅游就医提供出入境和停居留便利，逐步优化就医环境，推动境外人员在试点地区无障碍就医。	外交部、移民局、卫生健康委等支持和指导；试点地区负责推进
	61	在试点地区，完善和推进来华就医签证便利化政策，推动我国医疗健康服务特别是中医药服务出口。	外交部、中医药局、移民局制定政策保障措施；试点地区负责推进
	62	在符合条件的试点地区探索内地与港澳"一展两地"或"一展多地"会展模式，与香港、澳门联合举办"一展两地"或"一展多地"跨境会展过程（展期14天内）中，为会展工作人员、专业参展人员和持有展会票务证明的境外游客依规办理多次入境有效签证（签注），多次往返港澳与内地之间。	移民局、外交部、商务部、港澳办等制定政策保障措施；深圳、广州等试点地区负责推进
	63	支持在具备条件的试点地区开展外籍人才管理服务改革试点，允许外籍技术技能人员按规定在试点地区就业、永久居留；允许在中国高校获得硕士及以上学位的优秀外国留学生在试点地区就业和创业。支持试点地区探索建立吸引外国高科技人才的管理制度。	人力资源和社会保障部、科技部、外交部、教育部、移民局等制定政策保障措施；北京、天津、上海、海南、厦门、深圳、南京等试点地区负责推进
	64	对试点地区符合条件的服务业企业聘用的"高精尖缺"外国人才，经外国人才主管部门认定后可按照外国人才（A类）享受工作许可、人才签证、居留许可等证件办理及社会保障等便利措施和"绿色通道"服务。	科技部、移民局、人力资源和社会保障部、外交部、税务总局等制定政策保障措施；试点地区负责推进

续表

试点任务	序号	具体举措	责任分工
（三）全面探索提升便利水平 树立在发展中规范、在规范中发展的理念，坚持包容审慎原则，构建有利于服务贸易自由化便利化的营商环境，积极促进资金、技术、人员、货物等要素跨境流动。	65	在试点地区，鼓励用人单位按规定为包括外籍高端人才在内的职工建立企业年金。	科技部、人力资源和社会保障部制定政策保障措施；试点地区负责推进
	66	为外籍人才创办科技企业创造便利。支持试点地区探索更加开放便利的海外科技人才引进和服务管理机制，建设海外人才离岸创新创业基地。	外交部、科技部、移民局、人力资源和社会保障部等制定政策保障措施；试点地区负责推进
	67	在试点地区，为高端人才及其科研辅助人员来华投资创业、工作讲学、经贸交流提供办理长期签证和停居留证件等移民出入境服务；允许外籍高端人才的科研辅助人员办理与外籍高端人才所持期限一致的外国人工作许可证和工作类居留许可；支持试点地区探索制定外国人来华工作指导目录。	外交部、科技部、移民局、人力资源和社会保障部等制定政策保障措施；试点地区负责推进
	68	在试点地区，允许取得永久居留资格的外籍人才领衔承担国家科技计划项目，担任新型研发机构法定代表人。	外交部、科技部、人力资源和社会保障部等制定政策保障措施；试点地区负责推进
	69	试点地区外籍人才任职结束，达成规定的领取养老金条件前回国的，其社会保险个人账户予以保留，再次来中国大陆就业的，缴费年限累计计算；经本人书面申请终止社会保险关系的，也可以将其社会保险个人账户存储额一次性支付给本人。	科技部、人力资源和社会保障部、税务总局、医保局等制定政策保障措施；试点地区负责推进
	70	在试点地区，完善游戏动漫研发、影视制作、会展策划、创意设计等领域外籍人才认定条件和标准，以支持相关产业和贸易实操技能特长人员的引入，提高我国相关产业服务出口能力。	外交部、人力资源和社会保障部、科技部等制定政策保障措施；试点地区负责推进
	71	支持粤港澳大湾区、京津冀、长三角试点地区设立招收外籍人士子女的外籍人员子女学校，提升对高端外籍专业服务人才的吸引力。	教育部制定政策保障措施；北京、天津、上海、海南、深圳、石家庄、南京、杭州、合肥、广州、苏州、雄安新区等试点地区负责推进
	72	对符合条件的优秀外籍硕士留学生可直接在境内申请外国人来华工作许可。	人力资源和社会保障部、外交部、科技部、移民局、教育部等制定政策保障措施；北京、天津、上海、海南、深圳、武汉、成都、贵阳、西安、雄安新区、贵安新区、西咸新区等试点地区负责推进
	73	为粤港澳大湾区、京津冀、长三角区域试点地区引进外籍高端人才提供签证、停居留及永久居留便利。	移民局制定政策保障措施；北京、天津、上海、海南、深圳、石家庄、南京、杭州、合肥、广州、苏州、雄安新区等试点地区负责推进
	74	推行京津冀、长三角、粤港澳大湾区区域内外籍人才流动资质互认，推进区域内外籍人才流动政策互通、信息互联。研究推进外国人工作居留许可在粤港澳大湾区、京津冀、长三角区域一体化地域范围互认，给予原工作地许可证注销过渡期。	移民局、外交部、人力资源和社会保障部、科技部等制定政策保障措施；北京、天津、上海、海南、深圳、石家庄、南京、杭州、合肥、广州、苏州、雄安新区等试点地区负责推进

续表

试点任务	序号	具体举措	责任分工
（三）全面探索提升便利水平 树立在发展中规范、在规范中发展的理念，坚持包容审慎原则，构建有利于服务贸易自由化便利化的营商环境，积极促进资金、技术、人员、货物等要素跨境流动。	75	在条件具备的试点地区，开通国际互联网数据专用通道。	工业和信息化部制定政策保障措施；具备条件的试点地区负责推进
	76	探索跨境数据流动分类监管模式，开展数据跨境传输安全管理试点。	中央网信办指导并制定政策保障措施；北京、上海、海南、雄安新区等试点地区负责推进
	77	在符合条件的试点地区探索优化对科研机构访问国际学术前沿网站（自然科学类）的保障服务。	中央网信办等支持和指导，科技部等制定政策保障措施；北京、上海、海南、雄安新区等试点地区负责推进
	78	积极开展数字营商环境相关问题研究，建立国内外数字营商环境动态跟踪机制。	中央网信办、财政部、商务部等有关部门按职责分工推进
	79	支持创建粤港澳大湾区、京津冀、长三角大数据技术国家工程实验室，推进大数据中心项目建设。探索建立粤港澳、京津冀、长三角数据流动机制。	发展改革委、中央网信办、工业和信息化部、港澳办等支持和指导；北京、天津、上海、海南、深圳、石家庄、南京、杭州、合肥、广州、苏州、雄安新区等试点地区负责推进
	80	推动具备条件的试点地区科技人员往来畅通、财政科研资金跨境使用、科研仪器设备通关便利、大型科学设施和科技资源共用共享。	科技部、财政部、教育部、港澳办等制定政策保障措施；海南、深圳、广州等试点地区负责推进
（四）全面探索创新发展模式 努力形成有助于服务贸易业态创新的多元化、高效能、可持续发展模式和发展路径。	81	在符合条件的试点地区深入推进医疗器械注册人制度试点，允许粤港澳大湾区、京津冀、长三角地区医疗器械注册人委托区域内医疗器械生产企业生产医疗器械，助推"注册+生产"跨区域产业链发展。	药监局制定政策保障措施；北京、天津、上海、海南、石家庄、深圳、南京、杭州、合肥、广州、苏州、雄安新区等试点地区负责推进
	82	支持在粤港澳大湾区、京津冀、长三角试点地区创立粤港澳大湾区、京津冀、长三角艺术创研中心。	文化和旅游部、港澳办等支持和指导；北京、天津、上海、海南、深圳、石家庄、南京、杭州、合肥、广州、苏州、雄安新区等试点地区负责推进
	83	支持试点地区发展基于工业互联网的大数据采集、存储、处理、分析、挖掘和交易等跨境服务；探索数据服务采集、脱敏、应用、交易、监管等规则和标准；推动数据资产的商品化、证券化，探索形成大数据交易的新模式；探索对数据交易安全保障问题进行研究论证。	中央网信办、工业和信息化部、商务部、证监会等支持和指导；试点地区负责推进
	84	组建国家数字贸易专家工作组，举办专题培训班，指导地方制定数字贸易发展工作计划。	中央网信办、商务部负责推进
	85	出台支持政策，在试点地区率先推进中外数字创意、影视培训等合作。	中央宣传部支持和指导，文化和旅游部、广电总局、商务部等制定政策保障措施；试点地区负责推进

续表

试点任务	序号	具体举措	责任分工
（四）全面探索创新发展模式 努力形成有助于服务贸易业态创新的多元化、高效能、可持续发展模式和发展路径。	86	在符合条件的试点地区设立国家版权创新发展基地，推动版权产业高质量发展。	中央宣传部负责在有关试点地区推进
	87	着力打造以中国国际版权博览会为龙头，地方版权博览会、交易会、授权展会为身翼的全国版权展会授权交易体系，推动版权实际运用和价值转化，活跃版权贸易。	中央宣传部、广电总局等支持和指导；试点地区负责推进
	88	在具备条件的试点地区探索完善（民办成人）在线教育培训机构监管机制。	市场监管总局、教育部等制定政策保障措施；北京、天津、上海、海南、厦门、深圳、武汉、威海等试点地区负责推进
	89	在确保有效监管和执行相关税收政策的前提下，对"两头在外"的研发、检测等服务业态所需进口料件实行保税监管。	商务部、海关总署制定政策保障措施，财政部、税务总局支持和指导；试点地区负责推进
	90	推动具备条件的试点地区国际机场与共建"一带一路"国家和地区扩大以货运为主的航空运输服务。	民航局、邮政局等支持和指导；北京、天津、上海、海南、大连、厦门、深圳、哈尔滨、南京、杭州、广州、成都、西安、乌鲁木齐、西咸新区等试点地区负责推进
	91	在试点地区率先推动移动支付、消费服务等便利化；开通移动支付用户注册时境外人员的身份信息验证便捷通道，方便境外人员在国内消费；实现旅游景点、酒店和大中型商品在线支付、终端支付全覆盖；在口岸统一设立境内移动消费支付办理窗口，提升境外游客在境内消费的便利化水平。	人民银行、工业和信息化部、商务部、文化和旅游部等制定政策保障措施；试点地区负责推进
	92	在试点地区率先推进便利外国人在中国使用移动支付试点，不预设业务实现路径，按照"成熟一个上线一个"原则逐步推进，并视展业和合规情况逐步扩大试点范围。	人民银行制定政策保障措施；试点地区负责推进
	93	在京津冀、长三角、粤港澳大湾区及中西部具备条件的试点地区开展数字人民币试点。	人民银行制定政策保障措施；先由深圳、成都、苏州、雄安新区等地及未来冬奥场景相关部门协助推进，后续视情扩大到其他地区
	94	推动邮轮旅游经济发展，在具备条件的试点地区率先推进中国邮轮旅游发展实验区建设。在具备条件的试点地区，推进对外国旅游团乘坐邮轮从试点地区海港口岸入境实行15天免签政策。	文化和旅游部、税务总局、移民局、外交部等制定政策保障措施；天津、上海、海南、大连、厦门、青岛、深圳、广州、威海等试点地区负责推进
	95	支持具备条件的试点地区引入国际精品赛事，举办涉外电影展映和交流合作活动。	中央宣传部、体育总局、商务部等支持和指导；北京、天津、上海、海南、大连、厦门、青岛、深圳、哈尔滨、广州、成都、西安等试点地区负责推进

续表

试点任务	序号	具体举措	责任分工
（四）全面探索创新发展模式 努力形成有助于服务贸易业态创新的多元化、高效能、可持续发展模式和发展路径。	96	开展体育消费试点工作，确定一批国家体育消费试点城市，推动国家体育消费试点城市进行体育消费机制创新、政策创新、模式创新、产品创新，积极推进山地户外、水上、航空、汽摩、冰雪等体育项目与入境游深度融合。	体育总局、发展改革委、自然资源部、文化和旅游部等制定政策保障措施；有关城市中入选试点城市负责推进（以体育消费试点城市最终公布名单为准）
	97	进一步完善海南博鳌乐城国际医疗旅游先行区政策，探索支持境外患者入境诊疗的签证、支付、商业医疗保险结算等便利化政策，鼓励医疗新技术、新装备、新药品、新服务的研发，结合发展中医康养，面向国际市场打造健康城。	发展改革委、药监局、海关总署、科技部、中医药局、商务部等制定政策保障措施，卫生健康委、移民局支持和指导；海南负责推进
（五）全面探索健全促进体系 以高质量共建"一带一路"为重点，深化服务贸易对外交流与合作，推动建立政府市场高效协同、国内国外有机联动的服务贸易促进体系，支持和引导广大企业面向全球配置资源、拓展市场。	98	在具备条件的试点地区试点建设数字贸易平台，提供数字版权确权、评估和交易流程等服务。	中央网信办、中央宣传部、工业和信息化部、商务部等支持和指导；具备条件的试点地区负责推进
	99	推动在京津冀、长三角、粤港澳大湾区等区域协同发展基础较好、监管条件相对成熟的地区，建设区域性公共服务平台，如生物医药研发特殊物品出入境公共服务和集中监管平台、跨境电子商务寄递服务监管平台、二手飞机二手航材及飞机零部件交易流转平台、航运保险交易平台、二手车出口检测服务平台、知识产权运营合作平台、检验检测认证和测试服务共享平台等。	发展改革委、卫生健康委、药监局、科技部、民航局、市场监管总局、知识产权局、港澳办等支持和指导；北京、天津、上海、海南、深圳、石家庄、长春、南京、杭州、合肥、广州、苏州、雄安新区等试点地区负责推进
	100	支持试点地区出台政策推动各类服务企业通过各类工业园区、商务服务园区以及境外经贸合作区等开拓国际市场。	商务部支持和指导；试点地区负责推进
	101	在试点地区探索开展亚太地区主要经济体签发服务贸易项下的服务提供者（或服务提供商）证明书试点工作，研究并探索亚太地区主要经济体认可的服务提供者（或服务提供商）证明书签发规则，通过多双边工商合作机制，推动各经济体签发证明书的互通互认。	外交部、商务部制定政策保障措施，中国贸促会支持和指导；试点地区负责推进
	102	配合重要对外活动和各类多双边人文交流机制，支持电影对外交流合作相关项目在试点地区优先落地。坚持多国别、多类型、多题材的原则，鼓励与国际知名电影企业和优秀电影人才开展合作。	中央宣传部支持和指导；试点地区负责推进
	103	将服务贸易纳入多双边工商合作机制。	中国贸促会负责推进
	104	建设生物医药、文化创意、新能源服务、商务服务、跨境电商等领域"中国服务商"数据库，为企业提供多元化服务。	中国贸促会负责推进
	105	推动试点地区打造丝绸之路影视桥、中非影视创新提升工程、友邻传播、中国联合展台、视听中国走出去内容扶持等重点文化贸易项目。打造"电视中国剧场"品牌，支持试点地区实施主体在境外开办中国影视节目播出频道。	中央宣传部、广电总局支持和指导；试点地区负责推进

续表

试点任务	序号	具体举措	责任分工
（五）全面探索健全促进体系 以高质量共建"一带一路"为重点，深化服务贸易对外交流与合作，推动建立政府市场高效协同、国内国外有机联动的服务贸易促进体系，支持和引导广大企业面向全球配置资源、拓展市场。	106	鼓励试点地区打造"一带一路"法律服务中心和商事仲裁中心。开拓金融、保险、知识产权、电子商务、交通运输等现代服务业领域仲裁业务。	司法部、最高人民法院、中国贸促会支持和指导；试点地区负责推进
	107	允许境外知名仲裁及争议解决机构在试点地区设立业务机构，开展国际投资、贸易等仲裁业务，依法支持和保障中外当事人在仲裁前和仲裁中的财产保全、证据保全、行为保全等临时措施的申请和执行。	司法部、最高人民法院确定试点地区并制定政策保障措施
（六）全面探索优化政策体系 适应服务贸易发展新形势新任务，不断推进政策创新，推动建立系统性、机制化、全覆盖的政策体系。	108	试点地区非公立医院面向境外消费者提供中医医疗服务实行市场调节价，公立医院面向境外消费者提供中医医疗服务按特需医疗的价格政策和服务规模控制比例执行，畅通收付汇、结算渠道；保障试点地区在营利性医疗机构先行先试治未病服务和收费，大力发展中医药服务贸易。	医保局、中医药局、财政部、市场监管总局、发展改革委、商务部等制定政策保障措施；试点地区负责推进
	109	发挥好服务贸易创新发展引导基金作用，支持符合政策导向的服务贸易企业发展。	财政部、商务部支持和指导；试点地区负责推进
	110	依托中国人民银行征信中心动产融资统一登记公示系统，在试点地区推进动产和权利担保登记公示制度。	人民银行、市场监管总局制定政策保障措施；试点地区负责推进
	111	在试点地区探索规范和引导针对小微服务进出口企业的融资担保机制，促进增信与融资。	银保监会制定政策保障措施；试点地区负责推进
	112	创新知识产权金融服务。推广专利权质押融资模式，完善知识产权担保机制，加大专利保险产品开发和推广力度，规范探索知识产权证券化。推动"保险助融""协商估值"等质押模式落地，鼓励金融机构加大对拥有专利、商标等"轻资产"服务贸易企业的资金支持。健全知识产权评估机制，完善知识产权质押融资的风险分担和损失补偿机制，畅通质物处理渠道，为扩大以知识产权质押为基础的融资提供支持。推广知识产权质押融资保证保险。	人民银行、银保监会、证监会、知识产权局、中央宣传部等支持和指导；试点地区负责推进
	113	加大出口信用保险对服务贸易的支持力度，深化"政银保"合作，扩大出口信保覆盖面。试点地区出台政策支持扩大出口信保保单融资规模，降低中小微服务进出口企业融资成本。	中国出口信保公司和试点地区负责推进

续表

试点任务	序号	具体举措	责任分工
（七）全面探索完善监管模式 探索符合新时期服务贸易发展特点的监管体系，在服务贸易高质量发展中实现监管职权规范、监管系统优化、监管效能提升。	114	探索创新技术贸易管理模式，完善技术进出口监测体系。	商务部支持和指导；试点地区负责推进
	115	支持试点地区聚焦集成电路、人工智能、工业互联网、生物医药、总部经济等重点领域，试点开展数据跨境流动安全评估，建立数据保护能力认证、数据流通备份审查、跨境数据流动和交易风险评估等数据安全管理机制。鼓励有关试点地区参与数字规则国际合作，加大对数据的保护力度。	中央网信办、科技部、工信部、商务部等支持和指导；试点地区负责推进
	116	在数字服务出口基地，对涉及关键技术、平台安全、数据安全和个人隐私安全的服务贸易，加强综合监管，形成制度性成果。	中央网信办支持和指导，工业和信息化部、公安部、商务部及有关行业主管部门制定政策保障措施；有关试点地区负责推进
	117	在条件成熟的试点地区，试点建立民航非现场监管中心，探索推行以远程监管、移动监管为特征的非现场监管，提升监管精准化、智能化水平。	民航局制定政策保障措施；重庆（涪陵区等21个市辖区）、深圳、哈尔滨、武汉等试点地区负责推进
	118	健全制度化监管规则，实施以"双随机、一公开"监管为基本手段、以重点监管为补充、以信用监管为基础的新型监管机制，完善与服务业和服务贸易领域创新创业相适应的包容审慎监管方式。	市场监管总局制定政策保障措施；试点地区负责推进
（八）全面探索健全统计体系 推动完善服务贸易统计制度和方法，切实提升服务贸易统计的全面性、准确性和及时性。	119	优化服务贸易统计监测系统工作机制，建立统计监测系统数据核查、退回和通报制度，提高数据质量。	商务部牵头，统计局、外汇局、市场监管总局、国资委、海关总署、人民银行、银保监会、证监会及联席会议其他成员单位共同负责；试点地区负责推进
	120	完善服务贸易重点企业联系制度。	商务部牵头，统计局、外汇局、市场监管总局、海关总署、人民银行、银保监会、证监会及联席会议其他成员单位共同负责；试点地区负责推进
	121	探索涵盖四种模式的服务贸易全口径统计方法。	商务部牵头推进
	122	鼓励和指导试点地区先行先试，因地制宜，探索建立高质量发展指标体系。	商务部牵头，统计局、外汇局、市场监管总局、国资委、人民银行、银保监会、证监会及联席会议其他成员单位支持和指导；试点地区负责推进

国务院关于同意全面深化服务贸易创新发展试点的批复

国函〔2020〕111号

北京市、天津市、河北省、辽宁省、吉林省、黑龙江省、上海市、江苏省、浙江省、安徽省、福建省、山东省、湖北省、广东省、海南省、重庆市、四川省、贵州省、云南省、陕西省、新疆维吾尔自治区人民政府，商务部：

商务部关于全面深化服务贸易创新发展试点的请示收悉。现批复如下：

一、原则同意商务部提出的《全面深化服务贸易创新发展试点总体方案》（以下简称《总体方案》），同意在北京、天津、上海、重庆（涪陵区等21个市辖区）、海南、大连、厦门、青岛、深圳、石家庄、长春、哈尔滨、南京、苏州、杭州、合肥、济南、威海、武汉、广州、成都、贵阳、昆明、西安、乌鲁木齐和河北雄安新区、贵州贵安新区、陕西西咸新区等28个省、市（区域）全面深化服务贸易创新发展试点。全面深化试点期限为3年，自批复之日起算。

二、试点工作要以习近平新时代中国特色社会主义思想为指导，全面贯彻党的十九大和十九届二中、三中、四中全会精神，统筹推进"五位一体"总体布局，协调推进"四个全面"战略布局，坚持以人民为中心的发展思想，贯彻新发展理念，以供给侧结构性改革为主线，突出改革先行、开放先行、创新先行和高质量发展，深入探索服务贸易创新发展体制机制，打造服务贸易发展高地，充分发挥服务贸易对稳外贸稳外资的支撑作用，推动外资转型升级和高质量发展。

三、试点地区人民政府（管委会）要加强组织领导，负责试点工作的实施推动、综合协调、政策支持及组织保障，重点在改革管理体制、扩大对外开放、完善政策体系、健全促进机制、创新发展模式、优化监管制度等方面先行先试，为全国服务贸易创新发展探索路径。各相关省级人民政府要加强对试点工作的统筹谋划，加大政策保障力度。北京、天津、上海、海南、重庆等试点地区人民政府要同时落实好上述试点工作主体责任和省级人民政府相关责任。

四、国务院有关部门要按照职能分工，加强对试点工作的协调指导和政策支持，主动引领开放，推进探索任务，创新政策手段，形成促进服务贸易发展合力，并按《总体方案》要求制定政策保障措施。商务部要加强统筹协调、督导评估，会同有关部门及时总结推广试点经验。

五、全面深化试点期间，根据发展需要，暂时调整实施相关行政法规、国务院文件和经国务院批准的部门规章的部分规定，具体由国务院另行印发。国务院有关部门根据《总体方案》相应调整本部门制定的规章和规范性文件。试点中的重大问题，商务部要及时向国务院请示报告。

中华人民共和国国务院
2020年8月2日

省政府关于南京市苏州市全面深化服务贸易创新发展试点实施方案的批复

苏政复〔2020〕114号

南京、苏州市人民政府：

《南京市人民政府关于全面深化服务贸易创新发展试点实施方案的请示》（宁政发〔2020〕118号）、《苏州市人民政府关于恳请批准全面深化服务贸易创新发展试点实施方案的请示》（苏府呈〔2020〕89号）收悉，现批复如下：

一、原则同意《南京市全面深化服务贸易创新发展试点实施方案》《苏州市全面深化服务贸易创新发展试点实施方案》（以下简称《方案》），请认真组织实施。

二、要坚持以习近平新时代中国特色社会主义思想为指导，全面贯彻党的十九大和十九届二中、三中、四中、五中全会精神，坚持以新发展理念引领高质量发展，突出改革先行、开放先行、创新先行和高质量发展，深入探索适应服务贸易创新发展的体制机制，打造服务贸易发展新高地，为构建"双循环"新发展格局提供重要支撑。

三、南京市、苏州市人民政府要加强组织领导，切实履行好试点工作的实施推动、综合协调、政策支持及组织保障等责任，重点在改革管理体制、扩大对外开放、完善政策体系、健全促进机制、创新发展模式、优化监管制度等方面先行先试，形成可复制可推广的经验，为全省及全国服务贸易创新发展探索路径。

四、省有关部门要按照职能分工，加强对试点工作的协调、指导和支持，认真落实国务院及国家有关部委制定的政策措施，结合江苏实际加强探索创新，形成促进服务贸易创新发展的合力。省商务厅要加强统筹协调，及时跟踪评估《方案》实施情况，督促试点地区扎实推进试点任务，帮助解决困难和问题，认真做好试点经验的总结、评估和推广工作。

江苏省人民政府
2020年11月23日

苏州各区（市）全面深化服务贸易创新发展试点实施方案

张家港市人民政府办公室文件

张政办〔2021〕17号

市政府办公室关于印发《张家港市 2021—2023 年全面深化服务贸易创新发展试点实施方案》的通知

各镇政府，冶金工业园、高新技术产业开发区、常阴沙现代农业示范园区、双山香山旅游度假区管委会，市政府各部门、市直属各单位（公司），各条线管理单位：

《张家港市 2021—2023 年全面深化服务贸易创新发展试点实施方案》已经市政府第 67 次常务会议审议通过，现印发给你们，请认真贯彻执行。

张家港市人民政府办公室
2021 年 2 月 24 日

张家港市2021—2023年全面深化服务贸易创新发展试点实施方案

为深入贯彻《国务院关于同意全面深化服务贸易创新发展试点的批复》（国函〔2020〕111号）、《商务部关于印发全面深化服务贸易创新发展试点总体方案的通知》（商服贸发〔2020〕165号）和《苏州市全面深化服务贸易创新发展试点实施方案》（苏府办〔2021〕4号）等文件精神，进一步推进服务贸易各项试点深化落实，促进对外贸易结构优化和高质量发展，特制定本方案。

一、总体要求

（一）指导思想

以习近平新时代中国特色社会主义思想为指导，全面贯彻党的十九大和十九届二中、三中、四中、五中全会精神，以供给侧结构性改革为主线，依托张家港市在港口物流、工业制造等开放型经济方面的优势，充分发挥各板块、部门的积极性和创造性，推动在服务贸易促进机制、政策体系、发展模式等方面先行先试，优化营商环境，激发市场活力，发挥服务贸易对稳外贸稳外资的支撑作用，促进全市对外贸易结构优化和高质量发展。

（二）工作目标

通过全面深化服务贸易创新发展试点，持续健全管理体制，提升贸易便利性，推进高水平开放，实现服务贸易高质量稳定发展。服务贸易进出口额年均增长12%以上，服务贸易占全市对外贸易比例进一步提升。结合我市产业优势，积极培育港口物流、加工服务、研发设计等重点领域。服务贸易市场主体的国际竞争力稳步加强，每年新增苏州服务贸易重点企业1~2家。

二、主要任务

（一）持续探索完善管理体制

1. 健全服务贸易创新发展领导工作机制

完善张家港市服务贸易创新发展试点工作领导小组（以下简称领导小组），形成职能更加优化、权责更加一致、统筹更加有力的管理体制。强化服务贸易创新发展常态化工作联系制度，每年至少召开一次全体会议，全面强化领导小组的决策和协调功能，化解服务贸易管理中的交叉管理、条块分割问题，开展部门协调、板块联动，强化整体合力。责任单位：市商务局、发改委、教育局、科技局、工信局、公安局、财政局、卫健委、市场监管局、统计局、税务局、张家港海关、人民银行张家港支行、各镇（区）

2. 发挥智囊团积极作用

充分利用本地高校专家和外地机构资源组建专家智囊团，围绕自贸试验区、长三角一体化等国家战略，针对我市提出的服务贸易重点任务开展系统性、前瞻性和针对性研究，为服务贸易高质量

发展、高效监管提供决策意见和建议。责任单位：市商务局

3. **强化服务保障体系**

探索以政府购买服务形式，搭建数据报送和服务体系。以服务贸易重点企业库为基础，及时收集并反馈企业发展诉求，为政府出谋划策，为企业送政策、送信息、送服务。责任单位：市商务局、财政局

（二）探索优化政策体系

1. **认真落实国家、省、苏州市财政支持政策**

落实国家对技术先进型服务企业的优惠政策，落实国家跨境服务增值税零税率及免税政策，引导扩大服务出口。落实好公共服务平台扶持政策，促进公共服务平台建设，落实服务外包政策，引导服务外包高质量发展。责任单位：市商务局、科技局、财政局、税务局

2. **加大市级配套支持力度**

进一步优化市级商务发展专项资金对服务贸易创新发展的支持，鼓励重点发展领域的服务进出口。支持开展重点企业、重点园区、重点平台认定、资质认证、人才培训。支持服务贸易统计分析和专项研究工作。支持开展与服务贸易相关的投资促进活动。责任单位：市商务局、财政局

（三）探索完善监管和统计模式

1. **健全制度化监管规则**

探索实施以"双随机、一公开"监管为基本手段、以重点监管为补充、以信用监管为基础的新型监管机制。推进与全国信用信息共享平台、国家企业信用信息公示系统、信用中国网站的衔接，推动守信联合激励和失信联合惩戒。责任单位：市市场监管局、发改委

2. **健全统计体系**

以《国际服务贸易统计监测制度》为准则，建立健全高效协同的政府部门信息共享和数据交换机制，推动商务、税务、外汇管理、海关、出入境管理、金融、文化旅游等部门开展数据共享。注重运用统计数据对服务贸易的发展情况进行监测、分析与研究，为服务贸易各项工作提供数据支撑。责任单位：市商务局、公安局、统计局、税务局、张家港海关、人民银行张家港支行

三、重点领域

严格落实国家全面深化服务贸易创新发展试点工作要求，贯彻执行外商投资"准入前国民待遇+负面清单"管理制度，积极贯彻国家服务贸易负面清单，充分利用苏州自贸区先行先试的政策优势，持续推进张家港联动创新区建设。根据我市产业特点，大力发展"供应链+港口物流"服务、加工服务、研发设计服务三大重点领域，从制度层面和重点领域持续发力，进一步提升开放水平。

（一）提升"供应链+港口物流"服务创新应用水平

努力打造基于供应链管理的服务贸易集聚区，以获批"国家供应链创新与应用试点城市"为契机，立足"供应链+产业"，打造现代供应链公共信息服务平台、现代供应链科创研发中心；立足"供应链+江海铁联运"，打造长江黄金水道领军的"互联网+"综合智慧服务平台；立足"供应链+大宗商品"，打造大宗商品跨境供应链综合服务平台。支持开展以船用油漆为代表的危险品分类集拼仓储、码头船舶供应以及保税分拨、保税维修、检验检测等新业态服务。培育发展数字贸易，促进数

字技术在服务贸易各领域的广泛应用。在包容审慎监管原则指导下挖掘离岸贸易等新型服务贸易的发展潜力。责任单位：保税区（金港镇）、经开区（杨舍镇）、冶金工业园（锦丰镇）、高新区（塘桥镇）、市商务局、工信局、人民银行张家港支行

（二）拓展加工服务新动能

深化供应链管理，支持加工服务企业从单纯制造向研发设计等高附加值环节延伸。鼓励有条件的企业建立海外研发、制造、销售、服务基地，支持境外产业集聚区积极开展境外服务外包，并以此探索中外合作办学、合作医疗等延伸模式。大力引进国际先进技术和其他创新资源，积极开展品牌、技术、制造、营销网络等领域的国际合作。责任单位：市商务局、发改委、教育局、科技局、卫健委，各镇（区）

（三）发展研发设计服务

加大项目招引力度，大力吸引知名跨国公司和国内龙头企业在我市设立研发等功能性总部。引导服务外包企业更多地开展知识流程和业务流程外包业务，推动离岸外包、在岸外包协调发展。加快生物医药研发产业规模发展，构建从早期药物发现、研发、中试到生产等各环节的生物医药完整产业链。鼓励我市具有产业优势的塑料饮料机械、五金工具、医疗器械行业企业与本地高校、科研机构联合建立研发、实验机构，建立技术战略联盟。鼓励有条件的企业建立海外研发和维修服务中心，提供整体解决方案。责任单位：市科技局、工信局、商务局，各镇（区）

四、保障措施

（一）加强组织领导

完善领导机制，深化对服务贸易创新发展试点的认识，统筹全市政策资源，统一布置、系统推进、分解落实本方案的主要任务，加强沟通协调，确保实施方案有序落实。责任单位：市商务局、发改委、教育局、科技局、工信局、公安局、财政局、卫健委、市场监管局、统计局、税务局、张家港海关、人民银行张家港支行，各镇（区）

（二）加强人才培育

加大对服务贸易创新发展的培训，支持国际交流合作。大力培养服务贸易人才，加快推进政府部门、科研院所、高校、企业联合培养人才的机制。鼓励各类市场主体加大人才培训投入，支持建立服务贸易培训机构和实训基地。通过实施各类引才引智计划和发展专门的人才招揽机构，引进海内外高端紧缺人才。完善高端紧缺人才职业发展、就业创业服务、贡献奖励、住房、就医、社会保障和子女入学保障等方面的支持措施。责任单位：市商务局、教育局、科技局、人社局，各镇（区）

（三）加强风险防控

引导企业妥善处理国内循环与国际循环之间的辩证关系，实现双循环相互促进的发展格局。在巩固传统国际市场的前提下，推动服务贸易市场多元化发展，着力扩大与欧盟、日本、韩国、"一带一路"沿线新兴市场国家之间的贸易规模。在推动与维护维修、检验检测等服务贸易相关的货物跨境流动便利化过程中，制定执行切实可行的业务操作规范、污染防治和生物安全管理方案。开展法律培训，强化服务贸易企业合规经营的意识和能力。支持企业参与国际服务贸易仲裁与诉讼活动，加强知识产权维权服务。责任单位：市商务局、司法局，各镇（区）

常熟市人民政府办公室文件

常政办发〔2021〕4号

市政府办公室关于印发《常熟市全面深化服务贸易创新发展试点实施方案》的通知

各镇人民政府，各街道办事处，常熟经济技术开发区、常熟高新技术产业开发区、常熟国家大学科技园、虞山高新区（筹）、服装城管委会，市各委办局、直属单位（公司）：

经研究，现将《常熟市全面深化服务贸易创新发展试点实施方案》印发给你们，请结合实际，认真组织实施。

常熟市人民政府办公室
2021年2月2日

常熟市全面深化服务贸易创新发展试点实施方案

根据《苏州市全面深化服务贸易创新发展试点实施方案》，紧扣常熟经济转型升级和高质量发展的需求，围绕推进各项试点工作措施深化落实、试点任务全面完成，加快常熟服务贸易改革创新、转型发展，制定本实施方案。

一、总体要求

（一）指导思想

以习近平新时代中国特色社会主义思想为指导，全面贯彻党的十九大和十九届二中、三中、四中、五中全会精神，围绕国内国际双循环发展新格局的建设推进，依托常熟在制造业、开放型经济等方面的优势，以数字贸易为引领，全面推进服务贸易深层次改革、高水平开放、全方位创新，全力促进服务贸易增量、提质、创效，打造服务贸易创新发展新高地，显著增强"常熟服务"国际竞争力和影响力，充分发挥服务贸易对稳外贸稳外资的支撑作用，推动对外贸易转型升级和高质量发展，促进产业创新和经济转型。

（二）基本思路

坚持深化改革和扩大开放相互促进，不断探索破除制约服务贸易发展的体制机制障碍，推进服务领域"放管服"改革，建设国际一流营商环境。顺应制造业服务化和经济数字化趋势，将创新作为引领发展的第一动力，促进先进制造业和现代服务业深度融合。整合优化全市资源，发挥常熟经济技术开发区（简称经开区）、常熟高新技术产业开发区（简称高新区）、常熟服装城区域优势，因地制宜发展特色服务贸易，培育竞争新动能。加大招商力度，重点加强数字贸易、研发设计、国际物流等项目招商。加快现代服务业"走出去"步伐，积极融入"一带一路"建设和长江经济带发展，深化国际合作和长三角区域合作，积极开展多领域合作，快速提升服务贸易能力。持续推进特色服务贸易集聚区、公共服务平台建设，找准服务贸易创新发展突破口，推动服务贸易创新发展。

（三）工作目标

通过持续完善管理体制、促进体系、政策体系，优化营商环境，推进高水平开放，提升贸易便利性，实现服务贸易高质量快速发展。服务贸易规模进一步扩大，服务贸易进出口额年均增长10%以上。服务贸易在全市对外贸易中的地位明显提升，到2023年，占全市对外贸易的比例超过10%。国际市场开拓力度进一步加强，与欧盟、日本、韩国、"一带一路"新兴市场国家的服务贸易合作水平明显提升。

二、主要任务

（一）全面探索完善管理体制

1. 建立健全工作机制

充分发挥常熟市服务贸易创新发展试点工作领导小组（以下简称领导小组）作用，统筹政策资源,统一布置、系统推进、分解落实本方案的主要任务,加强督查考核。强化服务贸易创新发展常态化工作联系制度,每年至少召开一次全体会议。健全工作简报制度,完善领导小组成员单位信息报送机制,定期总结交流各部门、板块和市场主体在制度、政策、业态、模式等方面的创新经验,推进信息共享。

2. 优化考核评价体系

探索建立服务贸易高质量发展指标体系。对常熟经济技术开发区、常熟高新技术产业开发区、常熟服装城等服务贸易创新发展及全面深化工作进行考核。对各行业主管部门落实任务、开展创新探索的工作成效进行考核,落实目标责任制,增强考核工作实效。鼓励政府各部门和企业积极开展创新探索,对创新经验和实践案例获得国家推广的单位进行表彰奖励,形成示范效应。

3. 完善进出口数据监测和重点企业联系制度

注重运用统计数据对服务贸易的发展情况进行监测、分析与研究,为服务贸易各项工作提供数据支撑,为政府开展精准招商、企业优化发展布局提供决策依据。配合推进服务贸易统计企业直报工作,以服务贸易重点企业库为基础,搭建信息交流和服务平台,准确把握企业发展动态,及时向上反馈企业发展诉求。

(二)全面探索提升便利水平

1. 推进人员流动便利化

继续建设常熟市高层次人才一站式服务中心,吸引海外科技人才来常创业和工作,为外籍人才提供签证、居留、创业等便利,积极对接中国海外人才交流大会(春晖杯)、世界高校人才项目线上对接会等平台和资源,加大与海外引才工作站、海合组织、海外育成中心的合作力度,便利海外人才对接。鼓励各类载体加大人才培训投入,支持建立服务贸易培训机构和实训基地。

2. 推进技术流动便利化

构建知识产权创造、管理、运用、交易、调解、仲裁和执法的完整链条,加强知识产权公共服务平台建设。完善常熟市科技、知识产权等服务业相关扶持政策体系,开展法律培训,强化服务贸易企业合规经营的意识和能力。

3. 推进资金流动便利化

进一步提高外汇收支便利化程度,推动银行为企业办理电子单证外汇收支业务增量扩面,推行服务贸易对外支付税务备案信息网上核验。

4. 推进货物流动便利化

改革通关监管制度和模式,为与检验检测、维护维修、研发设计、展览等服务贸易相关的货物进出口提供通关便利,开展出入境特殊物品风险评估,探索对低风险特殊物品放宽进境限制举措,提升通关便利化水平。

5. 推进数据跨境流动便利化

加快"数字贸易港"建设,搭建数字贸易生态圈,通过线上线下平台对接各类政府申报平台和商业服务平台,为中小外贸企业提供专业高效的商业与公共服务。

(三)全面探索创新发展模式

1. 建设总部经济发展高地

依托常熟跨国公司生产制造子公司众多的优势以及常熟经济社会发展的长远转型需求,积极创造条件,改善营商环境,强化政策引导,吸引更多跨国公司设立研发、财务、核算、采购、销售、物流、行政管理、信息处理等功能性总部,加快大型企业总部机构的集聚。

2. 拓展新业态新模式

鼓励发展服务贸易新业态、新模式,对在国内同行中具有重大创新性和引领性的新业态与新模式的承载项目单位给予支持。培育发展数字贸易,扩大数字内容服务贸易,促进企业以数字交付的形式开展产品和服务的国际交易,促进数字技术在服务贸易各领域的广泛应用。积极开展研发设计、维护维修、检验检测等"两头在外"新业态。支持"两头在内"(研发设计、订单销售在内,制造在外)新型服务贸易模式。

3. 优化提升新兴服务外包

完善服务外包业务结构,实现服务外包高端化发展。在巩固信息技术外包业务规模优势的基础上,大力发展基于云计算和大数据的高端业务流程外包,不断拓展生物医药研发、工业设计、工程设计、管理咨询、物联网研发等知识流程外包业务。加大开拓海外市场的力度,推动离岸外包和在岸外包协调发展,形成更加合理的市场格局。

4. 推动传统领域转型

积极培育旅游、物流、建筑等传统服务贸易新动能。深入挖掘常熟旅游服务的国际化潜力,不断扩大国际影响力。构建先进的仓储物流配套体系,运用先进技术助推物流企业发展,提升国际物流服务效能。

(四)全面探索健全促进体系

1. 加快服务贸易集聚发展,培育重点企业

加强对服务贸易集聚发展的引导,按照"信息集聚、要素集聚、资源集聚"的原则,重点在数字贸易、知识产权服务、研发设计、港口物流等领域培育服务贸易集聚发展示范区。培育若干具有较强行业影响力的头部企业和一批具有独特竞争优势的中小型服务贸易企业。

2. 支持服务贸易公共平台建设

加强对服务贸易公共服务平台资源的整合与统筹利用,支持科技服务、智慧物流、公共数字技术、检验检测、国际展示、市场拓展、人才培训和供需服务等公共服务平台体系的建设,培育一批服务能力强、覆盖范围广的公共服务平台。

3. 建设服务贸易促进机制

培育各类服务贸易促进机构、行业协会,更好地发挥其贸易促进功能。组织开展境内外推广活动,支持企业参加"中国国际服务贸易交易会""中国国际进口博览会"等高规格展览。

4. 加大政策支持力度

落实国家对技术先进型服务企业的优惠政策,落实国家跨境服务增值税零税率及免税政策,引导扩大服务出口。进一步优化市级商务发展专项资金对服务贸易创新发展的支持。鼓励重点发展领域的服务进出口,支持特色服务贸易集聚区、公共服务平台建设,支持开展重点企业认定、资质认证、人才培训,支持服务贸易专项研究工作。支持金融机构在风险可控、商业可持续的前提下创新适应服务贸易特点的金融服务,加强对服务贸易的金融支持。支持服务贸易利用进出口信贷,鼓励保险公司有针对性地创新开发保险产品,扩大出口信用保险覆盖面。

三、重点领域

(一)扩大新兴服务贸易规模

1. 培育发展数字贸易

经开区集聚一批现代服务贸易企业,引导培育一批数字贸易高端服务项目,发挥华为云创新中

心"云+联接"能力,开展各类企业"上云、上平台",促进常熟市医疗、金融、旅游、文化创意、在线教育等产业的数字化、智能化转型,带动相关数字科技产业的快速发展。重点支持以贝塔科技为代表的数字贸易交易促进平台,打造海外用户直连制造(Customer-to-Manufacturer, C2M)定制平台,实现本地交付。支持网易打造大数据及消费升级领域的创新载体,提供网易技术赋能、媒体宣传、创业大赛等多元化增值服务。服装城通过搭建数字贸易生态圈,以跨境贸易服务为重点,以"市采通"为线上核心数字贸易平台,以常熟市场采购作业区为线下物流枢纽中心,联接国内云仓、海外仓等线下实体,提供线上宣传、仓储、物流、通关和收结汇等一体化数字贸易服务,构建数字贸易港,吸引国内外优秀电商企业在常熟布局,鼓励本地企业积极参与。支持跨境平台、企业、物流、直播、支付等一体的跨境贸易生态发展,打造以常熟地区服装服饰产业带为赋能的全球云市场体系。

2. 培育优化知识产权服务贸易

经开区积极建设国家级知识产权试点园区,提升知识产权示范区服务能级。引导企业提升专利创造意识,加强专利信息利用,提升专利创造的数量和质量,在新一代信息技术、汽车及零部件、生物医药、海工装备、声学等产业形成一批高附加值的核心专利。鼓励开展海外专利、商标布局,为产品、技术走出去保驾护航。鼓励知识产权服务机构与境外优质机构开展合作,为境内外企业提供高品质、全方位、专业化服务。高新区积极创建国家知识产权示范园区,引导氢能源、人工智能、数字经济、生命健康等战略新兴产业重点企业开展专利布局,培育高价值专利。支持开展专利转让、专利许可等知识产权服务,促进知识产权成果转化。以江苏省技术产权交易市场汽车及核心零部件行业中心为依托,构建常熟市技术产权交易服务体系,发挥服务机构在技术成果供需双方间的桥梁纽带作用,促进先进技术服务进出口。经开区和高新区支持产业转型升级亟须技术的引进消化吸收再创新,重点支持与生物医药、人工智能、新材料、新能源等相关的先进技术服务进口。加大对国际专利申请的支持力度,引导企业积极开展进口技术替代,支持有条件的企业向国际市场输出技术和品牌。

3. 发展研发设计服务

大力吸引知名跨国公司和国内龙头企业在常设立研发机构。引导服务外包企业更多地开展知识流程外包业务。支持加工服务企业从单纯制造向研发设计等高附加值环节延伸。支持外商投资企业加强技术研发和升级改造。以丰田汽车研发中心为龙头,依托法雷奥西门子、马勒机电、凯毅德、加通汽车、亨弗劳恩等汽车及零部件重点企业,大力发展新能源汽车设计研究开发,推动其成果产业化。以诺华医药为龙头,大力发展医药研发。进一步促进技术进出口,扩大企业技术及技术服务出口规模,支持企业引进消化、吸收、再创新。鼓励跨国公司与本地高校、科研机构、企业联合建立研发、实验机构,建立技术战略联盟。支持海外学术和科研机构在常设立研发机构或技术转移机构。鼓励有条件的企业建立海外研发中心,引进国际先进技术和其他创新资源。

4. 拓展维护和维修服务

依托经开区、高新区现有载体优势,推动制造企业向维护维修价值链环节延伸,不断增强企业对高新技术产品的维修能力。积极向有关部门争取先试先行,探索有效解决方案,加快实现企业从研发、制造到维修的全产业链贯通。培育一批具有国际竞争力的大型维修企业,鼓励企业"走出去"积极开拓海外市场。

(二)开发传统服务贸易新动能

1. 增强国际物流服务效能

全面提升常熟港综合能力,加快构建"公铁水"三位一体集疏运体系,以"全面融入上海"为主要路径，推动常熟港建设成为具有鲜明产业特色的长三角港口群重要组合港。聚焦运输服务、口岸交易、采购配送、仓储加工、跨境电商等五大产业方向，深挖临港特色产业。以港口资源为纽带，推动港口企业向物贸企业、总部企业转型。培育拓展以冷链生鲜为重点的新兴货源市场，高标准建设冷链专用配套设施，发挥综保区"保税+"平台功能，将区内保税政策与区外业务联动，逐步实现综合保税区全面适用跨境电商零售进口政策。建设汇集现代国际生鲜产业进口、仓储、保税、物流、生产加工、销售、展示、研发、金融等诸多要素于一体的跨境电商园区。构建数字贸易港，打造新型物流网络。引入头部物流企业，建立先进的仓储物流配套体系，打造立足常熟，辐射全国的外贸货物分拨集散中心。积极参与"一带一路"供应链体系，通过区域整合，重点对接东盟南向物流、北美跨境物流通道，打造集货专线、口岸物流专线等。推动跨境物流多元化发展，形成网络齐全、供应链成本低、通关便利以及销售集中的综合优势，带动相关的生产加工、物流等其他相关产业的开发。

2. 促进旅游服务和文化国际化发展

推动常熟旅游全域化、国际化、精品化、高端化发展，深入挖掘常熟城市历史文化资源，创新旅游产品和营销模式，提升常熟旅游的国际形象，加大国际市场推广力度。通过承办重要的国际展览、会议、演出、体育赛事，促进入境游的发展。推动旅游服务体系和治理水平与国际接轨，打造国际一流的旅游平台和旅游服务企业。持续高水平推进UWC+创新岛载体建设，不断吸引中外优质教育资源，进一步扩大常熟国际院校办学影响力，积极推进教育对外开放、创新发展。

附

常熟市全面深化服务贸易创新发展试点任务具体落实计划表

试点任务	具体任务	举措	责任单位
主要任务 （一）全面探索完善管理体制	1. 建立健全工作机制	充分发挥常熟市服务贸易创新发展试点工作领导小组（以下简称领导小组）作用，统筹政策资源，统一布置、系统推进、分解落实本方案的主要任务，加强督查考核。强化服务贸易创新发展常态化工作联系制度，每年至少召开一次全体会议。健全工作简报制度，完善领导小组成员单位信息报送机制，定期总结交流各部门、板块和市场主体在制度、政策、业态、模式等方面的创新经验，推进信息共享。	商务局、领导小组相关成员单位
	2. 优化考核评价体系	探索建立服务贸易高质量发展指标体系。对常熟经济技术开发区、常熟高新技术产业开发区、常熟服装城等服务贸易创新发展及全面深化工作进行考核。对各行业主管部门落实任务、开展创新探索的工作成效进行考核，落实目标责任制，增强考核工作实效。鼓励政府各部门和企业积极开展创新探索，对创新经验和实践案例获得国家推广的单位进行表彰奖励，形成示范效应。	经开区管委会、高新区管委会、莫城街道（服装城）、商务局、领导小组相关成员单位
	3. 完善进出口数据监测和重点企业联系制度	注重运用统计数据对服务贸易的发展情况进行监测、分析与研究，为服务贸易各项工作提供数据支撑，为政府开展精准招商、企业优化布局提供决策依据。配合推进服务贸易统计企业直报工作，以服务贸易重点企业库为基础，搭建信息交流和服务平台，准确把握企业发展动态，及时向上反馈企业发展诉求。	商务局、外管局、领导小组相关成员单位
（二）全面探索提升便利水平	1. 推进人员流动便利化	继续建设常熟市高层次人才一站式服务中心，吸引海外科技人才来常创业和工作，为外籍人才提供签证、居留、创业等便利，积极对接中国海外人才交流大会（春晖杯）、世界高校人才项目线上对接会等平台和资源，加大与海外引才工作站、海合组织、海外育成中心的合作力度，便利海外人才对接。鼓励各类载体加大人才培训投入，支持建立服务贸易培训机构和实训基地。	人社局、科技局、公安局、外办、行政审批局
	2. 推进技术流动便利化	构建知识产权创造、管理、运用、交易、调解、仲裁和执法的完整链条，加强知识产权公共服务平台建设。完善常熟市科技、知识产权等服务业相关扶持政策体系，开展法律培训，强化服务贸易企业合规经营的意识和能力。	市场监管局、司法局、科技局、商务局、行政审批局、财政局
	3. 推进资金流动便利化	进一步提高外汇收支便利化程度，推动银行为企业办理电子单证外汇收支业务增量扩面，推行服务贸易对外支付税务备案信息网上核验。	外管局、金融监管局、税务局
	4. 推进货物流动便利化	改革通关监管制度和模式，为与检验检测、维护维修、研发设计、展览等服务贸易相关的货物进出口提供通关便利，开展出入境特殊物品风险评估，探索对低风险特殊物品放宽进境限制举措，提升通关便利化水平。	常熟海关
	5. 推进数据跨境流动便利化	加快"数字贸易港"建设，搭建数字贸易生态圈，通过线上线下平台对接各类政府申报平台和商业服务平台，为中小外贸企业提供专业高效的商业与公共服务。	莫城街道（服装城）、大数据局

续表

试点任务	具体任务	举措	责任单位
（三）全面探索创新发展模式	1. 建设总部经济发展高地	依托常熟跨国公司生产制造子公司众多的优势以及常熟经济社会发展的长远转型需求，积极创造条件，改善营商环境，强化政策引导，吸引更多跨国公司设立研发、财务、核算、采购、销售、物流、行政管理、信息处理等功能性总部，加快大型企业总部机构的集聚。	发改委、商务局
	2. 拓展新业态新模式	鼓励发展服务贸易新业态、新模式，对在国内同行中具有重大创新性和引领性的新业态与新模式的承载项目单位给予支持。培育发展数字贸易，扩大数字内容服务贸易，促进企业以数字交付的形式开展产品和服务的国际交易，促进数字技术在服务贸易各领域的广泛应用。积极开展研发设计、维护维修、检验检测等"两头在外"新业态。支持"两头在内"（研发设计、订单销售在内，制造在外）新型服务贸易模式。	商务局、领导小组相关成员单位
	3. 优化提升新兴服务外包	完善服务外包业务结构，实现服务外包高端化发展。在巩固信息技术外包业务规模优势的基础上，大力发展基于云计算和大数据的高端业务流程外包，不断拓展生物医药研发、工业设计、工程设计、管理咨询、物联网研发等知识流程外包业务。加大开拓海外市场的力度，推动离岸外包和在岸外包协调发展，形成更加合理的市场格局。	商务局、工信局、领导小组相关成员单位
	4. 推动传统领域转型	积极培育旅游、物流、建筑等传统服务贸易新动能。深入挖掘常熟旅游服务的国际化潜力，不断扩大国际影响力。构建先进的仓储物流配套体系，运用先进技术助推物流企业发展，提升国际物流服务效能。	发改委、交通局、文体旅局、商务局
（四）全面探索健全促进体系	1. 加快服务贸易集聚发展培育重点企业	加强对服务贸易集聚发展的引导，按照"信息集聚、要素集聚、资源集聚"的原则，重点在数字贸易、知识产权服务、研发设计、港口物流等领域培育服务贸易集聚发展示范区。培育若干具有较强行业影响力的头部企业和一批具有独特竞争优势的中小型服务贸易企业。	商务局、发改委、科技局、工信局、市场监管局、交通局、文体旅局、经开区管委会、高新区管委会、莫城街道（服装城）
	2. 支持服务贸易公共平台建设	加强对服务贸易公共服务平台资源的整合与统筹利用，支持科技服务、智慧物流、公共数字技术、检验检测、国际展示、市场拓展、人才培训和供需服务等公共服务平台体系的建设，培育一批服务能力强、覆盖范围广的公共服务平台。	商务局、市场监管局、科技局、人社局、领导小组相关成员单位
	3. 建设服务贸易促进机制	培育各类服务贸易促进机构、行业协会，更好地发挥其贸易促进功能。组织开展境内外推广活动，支持企业参加"中国国际服务贸易交易会""中国国际进口博览会"等高规格展览。	商务局、发改委、工信局
	4. 加大政策支持力度	落实国家对技术先进型服务企业的优惠政策，落实国家跨境服务增值税零税率及免税政策，引导扩大服务出口。进一步优化市级商务发展专项资金对服务贸易创新发展的支持。鼓励重点发展领域的服务进出口，支持特色服务贸易集聚区、公共服务平台建设，支持开展重点企业认定、资质认证、人才培训，支持服务贸易专项研究工作。支持金融机构在风险可控、商业可持续的前提下创新适应服务贸易特点的金融服务，加强对服务贸易的金融支持。支持服务贸易利用进出口信贷，鼓励保险公司有针对性地创新开发保险产品，扩大出口信用保险覆盖面。	商务局、财政局、税务局、科技局、金融监管局、外管局、中信保苏州办事处

续表

试点任务	具体任务	举措	责任单位
重点领域 （一）扩大新兴服务贸易规模	1. 培育发展数字贸易	经开区集聚一批现代服务贸易企业，引导培育一批数字贸易高端服务项目，发挥华为云创新中心"云+联接"能力，开展各类企业"上云、上平台"，促进常熟市医疗、金融、旅游、文化创意、在线教育等产业的数字化、智能化转型，带动相关数字科技产业的快速发展。重点支持以贝塔科技为代表的数字贸易交易促进平台，打造海外C2M定制平台，实现本地交付。支持网易打造大数据及消费升级领域的创新载体，提供网易技术赋能、媒体宣传、创业大赛等多元化增值服务。	经开区管委会、领导小组相关成员单位
		服装城通过搭建数字贸易生态圈，以跨境贸易服务为重点，以"市采通"为线上核心数字贸易平台，以常熟市场采购作业区为线下物流枢纽中心，联接国内云仓、海外仓等线下实体，提供线上宣传、仓储、物流、通关和收结汇等一体化数字贸易服务，构建数字贸易港，吸引国内外优秀电商企业在常熟布局，鼓励本地企业积极参与。支持跨境平台、企业、物流、直播、支付等一体的跨境贸易生态发展，打造以常熟地区服装服饰产业带为赋能的全球云市场体系。	莫城街道（服装城）、领导小组相关成员单位
	2. 培育优化知识产权服务贸易	经开区积极建设国家级知识产权试点园区，提升知识产权示范区服务能级。引导企业提升专利创造意识，加强专利信息利用，提升专利创造的数量和质量，在新一代信息技术、汽车及零部件、生物医药、海工装备、声学等产业形成一批高附加值的核心专利。鼓励开展海外专利、商标布局，为产品、技术走出去保驾护航。鼓励知识产权服务机构与境外优质机构开展合作，为境内外企业提供高品质、全方位、专业化服务。	经开区管委会、市场监管局、科技局、领导小组相关成员单位
		高新区积极创建国家知识产权示范园区，引导氢能源、人工智能、数字经济、生命健康等战略新兴产业重点企业开展专利布局，培育高价值专利。支持开展专利转让、专利许可等知识产权服务，促进知识产权成果转化。以江苏省技术产权交易市场汽车及核心零部件行业中心为依托，构建常熟市技术产权交易服务体系，发挥服务机构在技术成果供需双方间的桥梁纽带作用，促进先进技术服务进出口。	高新区管委会、市场监管局、科技局、领导小组相关成员单位
		经开区和高新区支持产业转型升级亟须技术的引进、消化、吸收、再创新，重点支持与生物医药、人工智能、新材料、新能源等相关的先进技术服务进口。加大对国际专利申请的支持力度，引导企业积极开展进口技术替代，支持有条件的企业向国际市场输出技术和品牌。	经开区管委会、高新区管委会、市场监督局、科技局、领导小组相关成员单位
	3. 发展研发设计服务	大力吸引知名跨国公司和国内龙头企业在常设立研发机构。引导服务外包企业更多地开展知识流程外包业务。支持加工服务企业从单纯制造向研发设计等高附加值环节延伸。支持外商投资企业加强技术研发和升级改造。	经开区管委会、高新区管委会、科技局、商务局、领导小组相关成员单位
		以丰田汽车研发中心为龙头，依托法雷奥西门子、马勒机电、凯毅德、加通汽车、亨弗劳恩等汽车及零部件重点企业，大力发展新能源汽车设计研究开发，推动其成果产业化。	高新区管委会、工信局、科技局、领导小组相关成员单位

续表

试点任务	具体任务	举措	责任单位
重点领域 （一）扩大新兴服务贸易规模	3. 发展研发设计服务	以诺华医药为龙头，大力发展医药研发。	经开区管委会、工信局、科技局、领导小组相关成员单位
		进一步促进技术进出口，扩大企业技术及技术服务出口规模，支持企业引进、消化、吸收、再创新。鼓励跨国公司与本地高校、科研机构、企业联合建立研发、实验机构，建立技术战略联盟。支持海外学术和科研机构在常设立研发机构或技术转移机构。鼓励有条件的企业建立海外研发中心，引进国际先进技术和其他创新资源。	经开区管委会、高新区管委会、市场监督局、科技局、商务局、发改委、领导小组相关成员单位
	4. 拓展维护和维修服务	依托经开区、高新区等现有载体优势，推动制造企业向维护维修价值链环节延伸，不断增强企业对高新技术产品的维修能力。积极向有关部门争取先试先行，探索有效解决方案，加快实现企业从研发、制造到维修的全产业链贯通。培育一批具有国际竞争力的大型维修企业，鼓励企业"走出去"积极开拓海外市场。	经开区管委会、商务局、发改委、领导小组相关成员单位
（二）开发传统服务贸易新动能	1. 增强国际物流服务效能	全面提升常熟港综合能力，加快构建"公铁水"三位一体集疏运体系，以"全面融入上海"为主要路径，推动常熟港建设成为具有鲜明产业特色的长三角港口群重要组合港。聚焦运输服务、口岸交易、采购配送、仓储加工、跨境电商等五大产业方向，深挖临港特色产业。以港口资源为纽带，推动港口企业向物贸企业、总部企业转型。培育拓展以冷链生鲜为重点的新兴货源市场，高标准建设冷链专用配套设施，发挥综保区"保税+"平台功能，将区内保税政策与区外业务联动，逐步实现综合保税区全面适用跨境电商零售进口政策。建设汇集现代国际生鲜产业进口、仓储、保税、物流、生产加工、销售、展示、研发、金融等诸多要素于一体的跨境电商园区。	经开区管委会、交通局、海关、领导小组相关成员单位
		构建数字贸易港，打造新型物流网络。引入头部物流企业，建立先进的仓储物流配套体系，打造立足常熟，辐射全国的外贸货物分拨集散中心。积极参与"一带一路"供应链体系，通过区域整合，重点对接东盟南向物流、北美跨境物流通道，打造集货专线、口岸物流专线等。推动跨境物流多元化发展，形成网络齐全、供应链成本低、通关便利以及销售集中的综合优势，带动相关的生产加工、物流等其他相关产业的开发。	莫城街道（服装城）、交通局、海关、领导小组相关成员单位
	2. 促进旅游服务和文化国际化发展	推动常熟旅游全域化、国际化、精品化、高端化发展，深入挖掘常熟城市历史文化资源，创新旅游产品和营销模式，提升常熟旅游的国际形象，加大国际市场推广度。通过承办重要的国际展览、会议、演出、体育赛事，促进入境游的发展。推动旅游服务体系和治理水平与国际接轨，打造国际一流的旅游平台和旅游服务企业。持续高水平推进UWC+创新岛载体建设，不断吸引中外优质教育资源，进一步扩大常熟国际院校办学影响力，积极推进教育对外开放创新发展。	文体旅局、领导小组相关成员单位

太仓市人民政府办公室文件

太政办〔2021〕50号

市政府办公室关于印发《太仓市全面深化服务贸易创新发展试点实施方案》的通知

各镇人民政府，太仓港经济技术开发区、太仓高新区、旅游度假区管委会，科教新城管委会，娄东街道、陆渡街道办事处，市各委办局，各直属单位，健雄学院：

经市政府同意，现将《太仓市全面深化服务贸易创新发展试点实施方案》印发给你们，请认真组织实施。

太仓市人民政府办公室
2021年4月26日

太仓市全面深化服务贸易创新发展试点实施方案

为深入贯彻《国务院关于同意全面深化服务贸易创新发展试点的批复》（国函〔2020〕111号）和《商务部关于印发全面深化服务贸易创新发展试点总体方案的通知》（商服贸发〔2020〕165号）等文件精神，推进太仓服务贸易改革创新、加快发展，加快形成全面、高水平开放新格局，制定本实施方案。

一、总体要求

（一）总体思路

以习近平新时代中国特色社会主义思想为指导，全面贯彻党的十九大和十九届二中、三中、四中、五中全会精神，服务"五位一体"总体布局和"四个全面"战略布局，贯彻长三角区域一体化发展战略，依托我市沿江沿沪拥有港口的区位优势，在制造业、开放型经济以及中德合作等方面的产业优势，以供给侧结构性改革为主线，以数字贸易为引领，充分发挥各部门、各区镇的积极性和创造性，加快优化营商环境，强烈激发市场活力，持续打造服务贸易创新发展高地，大力培育我市服务贸易核心竞争力，全力促进服务贸易增量、提质、创效，为我市高质量建设"两地两城"做出新贡献。

（二）发展目标

通过全面深化服务贸易创新发展试点，继续推进我市服务贸易扩大规模、改善结构，进一步提升服务贸易在对外贸易中的比例，进一步优化服务贸易创新发展的营商环境，使服务贸易成为我市经济转型升级、拓展发展空间、建设沿沪交通枢纽型节点城市和推动我市建设"两地两城"的重要抓手。

1. 服务贸易规模进一步扩大

服务贸易进出口额年均增速10%以上。服务贸易在全市对外贸易中的地位明显提升，到2023年，占全市对外贸易的比例超过12%。服务贸易结构不断优化，到2023年，新兴服务进出口额占服务贸易进出口额的比例达到65%。

2. 市场主体竞争力进一步提升

争取形成一批具有较强影响力的服务贸易品牌，到2023年，服务贸易进出口额超1亿美元的企业1家以上，服贸进出口额超千万美元的企业10家以上。

3. 国际市场开拓力度进一步加强

巩固提升与欧美、日韩传统市场服务贸易水平，拓展"一带一路"新兴市场国家的服务贸易合作领域和规模。

二、试点任务

（一）进一步强化组织领导，全面探索完善管理体制

1. 健全服务贸易创新发展统筹协调机制

完善太仓市服务贸易创新发展试点工作领导小组（以下简称领导小组），形成职能更加优化、权责更加一致、统筹更加有力的管理体制。强化服务贸易创新发展常态化工作联系制度，每年至少召开一次全体会议、两次联络工作会议。健全横向协调促进机制，强化整体合力。加强试点信息报送，完善信息报送机制，按时按质总结报送信息。责任单位：领导小组各成员单位

2. 优化考核评价体系

探索建立服务贸易高质量发展指标体系。对各行业主管部门、各区镇落实试点任务、开展创新探索的工作成效进行考核，落实目标责任制，增强考核工作实效。鼓励政府各部门和企业积极开展创新探索，对创新经验和实践案例获得国家推广的单位进行表彰奖励，形成示范效应。责任单位：领导小组各成员单位

3. 完善重点企业联系制度

以服务贸易重点企业库为基础，建立健全服务贸易重点企业联系制度，完善政策宣传、参展、金融、知识产权、培训等服务配套，准确把握企业发展动态，及时向上反馈企业发展诉求。引导鼓励企业建立规范的联系制度。对各区镇重点企业开展联合走访，为企业送政策、送信息、送服务。责任单位：领导小组各成员单位

（二）进一步深化投资合作，全面探索扩大对外开放

1. 深化服务贸易中德合作

依托太仓德国中心、中德创新园、"双元制"职业教育等载体平台，重点聚焦中德服务贸易合作，积极探索合作新机制、新路径，引导德国区域总部企业落户，鼓励在太德企将研发设计、采购营销、品牌结算等环节转移整合到太仓，不断拓展服务贸易对外合作新空间。加强对德服务贸易发展状况的研究，探索与德国服务贸易合作新机制。加快建设运营中德智能制造联合创新中心、增材制造创新园等科创平台，进一步推动法兰克福太仓创新中心、太仓—德累斯顿航空新材料创新中心运作，引进德国知名服务机构，加强科技创新、数字贸易等领域的合作，提升中德服贸领域双向交流层次。责任单位：市商务局、高新区、领导小组各成员单位

2. 拓宽服务业开放领域

结合我市实际，在巩固提升港口运输、服务外包等行业领域的基础上，拓展创新总部研发、知识产权服务等行业领域对外开放新举措，着力打造服务业开放高地。贯彻落实上级部门在运输服务业、金融保险业、教育服务业等领域的相关开放政策。责任单位：港口委、市交通运输局、金融监管局、市场监管局、教育局、商务局、发改委、领导小组各成员单位

（三）进一步深化"放管服"改革，全面探索提升便利水平

推进资金、人员流动便利化。依照"本币优先"原则，探索人民币在服务贸易领域的跨境使用以及外汇收支便利化举措。推进人员流动便利化工作，提升涉外民生事项办理的便捷性，继续深入推进实施"人才乐居"工程，落实高层次人才集聚"免评直落"政策，进一步完善签证便利政策，为外籍中高端管理和技术人员居留、工作、学习以及出入境提供更多便利。责任单位：人民银行太仓支行、金融监管局、科技局、人社局、公安局、外事办

（四）进一步培植发展优势，全面探索创新发展模式

1. 建设总部经济发展高地

坚持招大引强与本土培育相结合，打造供应链管理、研发设计、商务服务特色总部。依托我市跨国公司生产制造子公司和物流分拨中心的优势以及经济发展转型升级的需求，积极创造条件，改善营商环境，强化政策引导，加大服务贸易招商引资力度，吸引更多跨国公司设立研发、销售中心、物流分拨等功能性总部，加快大型企业总部机构的集聚。责任单位：市发改委、商务局、招商局

2. 拓展新业态新模式

鼓励发展服务贸易新业态、新模式，对在国内具有重大创新性和引领性的新业态与新模式的承载项目单位给予支持。培育发展数字贸易，扩大数字内容服务贸易，促进企业以数字交付的形式开展产品和服务的国际交易，促进数字技术在服务贸易各领域的广泛应用。积极开展研发设计、检验检测等"两头在外"新业态的培育工作。鼓励支持"两头在内"（研发设计、订单销售在内，制造在外）新型服务贸易模式。责任单位：市商务局、领导小组各成员单位

3. 优化提升新兴服务外包

发挥服务外包在实施创新驱动和培育贸易新业态新模式中的促进作用，加快服务外包向高技术、高附加值、高品质、高效益转型升级。大力发展基于云计算和大数据的高端业务流程外包，不断拓展生物医药、研发设计、检验检测等知识流程外包业务。加大开拓海外市场的力度，推动离岸外包和在岸外包协调发展，形成更加合理的市场格局。责任单位：市商务局、领导小组各成员单位

（五）进一步激发市场活力，全面探索培育市场主体

1. 聚焦重点领域培育企业

加大对知识产权服务、研发设计、检验检测、国际物流等重点发展领域的支持力度，培育若干具有较强行业影响力的领军企业和一批具有独特竞争优势的中小型服务贸易企业。加强对服务贸易龙头企业和"独角兽"企业的跟踪与服务。鼓励符合条件的企业申报技术先进型服务企业，落实技术先进型服务企业所得税优惠政策。责任单位：市商务局、发改委、科技局、工信局、税务局、市场监管局、财政局、领导小组相关成员单位

2. 加快服务贸易集聚发展

加强对服务贸易集聚发展的引导，按照"信息集聚、要素集聚、资源集聚"的原则，重点在服务外包、供应链管理、港口物贸、研发设计等领域培育服务贸易集聚发展示范区，推动服务贸易集聚发展、特色发展。责任单位：市商务局、科技局、工信局、交运局、港区、港口委

3. 支持服务贸易公共平台建设

立足我市产业基础，依托各园区、载体，加强公共专业服务平台建设，助力服务贸易企业拓展业务、提升服务品质。支持现有公共服务平台企业加大投入，提升平台的服务功能和服务范围，支持平台国际化发展，提升平台的服务效率。重点培育、支持、完善生物医药研发、工业设计、知识产权服务等公共服务平台。责任单位：市商务局、发改委、科技局、工信局、财政局、市场监管局、领导小组相关成员单位

（六）进一步加大支持力度，全面探索优化政策体系

1. 落实各级财政支持政策

落实国家对技术先进型服务企业的优惠政策，落实国家跨境服务增值税零税率及免税政策，引导扩大服务出口。落实好公共服务平台扶持政策，促进公共服务平台建设，落实服务外包政策，引

导服务外包高质量发展。进一步优化市级商务发展专项资金对服务贸易创新发展的支持，扩大支持范围，鼓励重点发展领域的服务进出口。责任单位：市商务局、财政局、税务局、科技局

2. 完善市级促进政策体系

各部门协同推进，修订完善推动总部经济加快发展和现代服务业转型升级创新发展、商务发展转型升级、知识产权高质量发展等相关促进政策，强化对服务贸易市场开拓、重点类别服务贸易进出口等方面的支持，形成政策合力。责任单位：市商务局、发改委、科技局、财政局、市场监管局

（七）进一步优化行业监管，全面探索完善监管模式

1. 健全制度化监管规则，提升监管效能

健全制度化监管规则，实施以"双随机、一公开"监管为基本手段、以重点监管为补充、以信用监管为基础的新型监管机制。完善服务贸易市场主体信用评价机制，全面涵盖服务贸易市场主体信用记录，推动守信联合激励和失信联合惩戒。责任单位：市场监管局、领导小组各成员单位

2. 探索"保税+"服务贸易的监管方式，优化行业监管

完善对研发设计、检验检测、维护维修等"两头在外"服务业态所需进口料件的保税监管，发挥综合保税区载体优势，拓展保税检测业务，推动优化保税检测区内外联动业务监管。探索推进全产业链保税监管新模式。探索保税检验检测区内外协同发展模式。责任单位：太仓海关、港区、领导小组各成员单位

3. 改革通关监管制度和模式

进一步优化洋山—太仓港"联动接卸"监管模式，构建沟通配合机制，推动两港一体化发展进程。提升沪太快航独有优势，提高物流运转效率。为与检验检测、维护维修、研发设计等服务贸易相关的货物进出口提供通关便利。责任单位：太仓海关

（八）进一步落实统计制度，全面探索健全统计体系

落实商务部、国家统计局《国际服务贸易统计监测制度》，依托商务部"服务贸易统计监测管理信息系统""服务贸易统计平台管理系统"，持续推进服务贸易企业直报统计工作，按时上报每月的服务贸易数据，不断增加高质量样本企业数量，提高统计监测覆盖率，做到应统尽统。强化统计合力，建立健全高效协同的政府部门信息共享和数据交换机制，推动商务、税务、外汇管理、海关等部门开展数据共享，加强对各区镇服务贸易统计工作的指导。充分挖掘各项关键数据，注重运用统计数据对服务贸易的发展情况进行多维度的统计分析。责任单位：市商务局、公安局、统计局、人民银行太仓支行、税务局、太仓海关、领导小组相关成员单位

二、推进重点领域创新发展

（一）加速发展研发设计服务

1. 加快引进跨国公司研发中心

依托我市跨国公司生产制造子公司集聚的优势，大力吸引以生物医药、软件设计、汽车零部件、新能源等为主的知名跨国公司和国内龙头企业在太设立研发机构。依托特灵空调、新大洲本田、世钟汽车等一批研发外包项目，西北工业大学太仓校区、西交利物浦大学太仓校区、弗劳恩霍夫研究所、中科院上海硅酸盐研究所苏州研究院等大院大所，吸引跨国公司、海外学术和科研机构在我市设立研发机构或技术转移机构。责任单位：市招商局、商务局、发改委、科技局、工信局、领导小组相关成员单位

2. 着力打造研发设计产业集群

用好太仓市"双创"综合服务平台和科技创新服务联盟，依托工业设计中心，提高服务型研发产品的标准化水平，带动整个产业链完善产品结构和布局，培育壮大创新型企业集群，推动中小科技企业加速成长为高新技术企业，增强研发设计行业持续创新能力。依托"太仓智造"品牌，鼓励跨国公司与本地高校、科研机构、企业联合建立研发和实验机构，建立技术战略联盟，培养和引进高端科技研发人才，持续产出自主可控创新成果，助推太仓研发设计贸易产业能级提升。责任单位：市科技局、发改委、工信局、领导小组相关成员单位

3. 推动制造企业向研发设计延伸

依托太仓高精密数控机床、新能源装备、智能装备、新能源汽车零部件等主导制造行业以及航空产业园的建设，鼓励制造业企业设立研发中心，引导企业不断强化研发中心建设，推动工业设计产品参与全国和省级的工业设计大赛。加大服贸、科创、工业设计等政策宣传，扩大我市工业设计中心申报企业行业覆盖面。在培育拥有完全自主知识产权的研发设计基础上，引导企业由单纯的外观设计、产品设计向一体化解决方案的综合服务转变。责任单位：市科技局、发改委、工信局、商务局、市场监管局、领导小组相关成员单位

（二）增强港口物贸服务效能

1. 全面完善国际物流大通道

围绕建设上海港远洋集装箱运输喂给港功能定位，进一步推进太仓港集装箱干线长江主枢纽港建设，推进海运通道、疏港铁路项目建设，大力整治维护进港专用航道、锚地等公共设施，提升港口综合服务能力，全面融入长三角世界级港口群建设格局。加快建设"5+1"铁路网络，完善铁路集疏运体系，推进铁水联运发展。扩大与上海港、沿江其他港口和国内沿海港口的合作。扩大"五定班轮"服务能力，积极发展"一带一路"、中日韩国际海陆联运，提升国际海运服务能力，加快形成"公铁水齐头并进，江海河互联互通"综合交通运输体系。责任单位：港口委、港区、太仓海关、市交通运输局、发改委、商务局、领导小组相关成员单位

2. 积极推进物贸业转型升级

大力发展现代物贸产业，加快斯凯奇二期、苏宁环上海电商、京东健康总部等项目建设。推广先进技术应用，强化互联网、供应链以及全球化思维，推动传统物贸向智慧物贸转变、出口导向向进出口并重转变、物流周转向价值创造转变，不断促进产业链、贸易链、物流链以及供应链的提升，打造长三角具有影响力的临江现代物贸基地，建设国内知名的港口型物贸枢纽。积极争取融入上海自由贸易港建设，加快推动太仓港航运物流运营中心、知名品牌物贸结算中心等"四大中心"建设。责任单位：港口委、港区、市发改委、工信局、商务局、太仓海关、领导小组相关成员单位

3. 着力探索港口航运业本土化发展

积极对接上海、苏州自贸区，加快构建以"数字+物贸+总部"为核心的全球供应链价值体系。利用港口发展和区港联动效应，以及国开区的政策扶持和功能载体优势，加大港口航运、商贸物流、跨境电商等行业重点企业、重点项目、重点平台的招引力度，培育一批港口物贸领域服务贸易品牌。力争集聚一批有影响力的国际货代、船代、船运等企业，培育一批专项业务优势明显的中小型国际贸易综合服务企业。责任单位：港口委、港区、市工信局、商务局、招商局、太仓海关、领导小组相关成员单位

（三）积极培育知识产权服务贸易

1. 强化知识产权贸易保障体系

以提升知识产权服务贸易能级为工作抓手，积极完善知识产权公共服务体系，推进知识产权质

押融资便利化。着力强化知识产权保护及违法处罚力度，探索建立与国际接轨的知识产权保护和交易机制。以知识产权强省建设示范县创建为工作抓手，推进知识产权贸易向国开区、高新区和特色产业基地集中，对示范建设绩效开展动态监测和评估，及时调整和优化区域产业、行业知识产权发展规划和政策措施。依托高新区省级知识产权示范区建设，探索区内精密机械行业知识产权信息服务平台的建设，大力发展特色化、高端化知识产权中介服务机构。责任单位：市场监管局、港区、高新区、领导小组各成员单位

2. **提升市场主体知识产权贸易能力**

引导协助企业利用知识产权信息指导研发工作，针对创新实力强、品牌优势大的骨干企业，积极培育知识产权密集型企业。引导支持创新要素向企业集聚，支持企业通过原始创新、集成创新和引进消化吸收再创新，形成自主知识产权。鼓励市场主体对知识产权资产进行分类管理，开展知识产权运营，切实将知识产权资产转化为经济收益。引导知识产权服务机构增强品牌意识，着力创建、开发和运营品牌，支持有条件的企业向国际市场输出技术和品牌。责任单位：市场监管局、领导小组各成员单位

3. **有效引导知识产权贸易双向发展**

在继续加大知识产权进口贸易的同时积极鼓励出口贸易发展，加强国际参展的宣传工作，鼓励企业参加国际服务贸易重点展会，提升企业知识产权运用水平。加强对本土自主知识产权企业出口环节的保护，加大对企业海外知识产权布局、知识产权许可交易的扶持力度。引导企业健全知识产权管理制度，将知识产权融入企业经济科技活动全过程。引导支持本地知识产权服务机构开发服务新产品、发展服务新业态，如开展知识产权托管服务、开展知识产权运营和国际业务，加快提升企业知识产权管理水平。责任单位：市场监管局、商务局、财政局、太仓海关、领导小组各成员单位

四、保障措施

（一）加强组织领导

领导小组统筹全市政策资源，统一布置、系统推进、分解落实本方案的主要任务，加强督查考核。健全跨部门协调机制，完善领导小组成员单位信息报送机制，每月报送部门动态及创新信息，推进信息共享，定期举办领导小组办公室业务交流会议，总结交流各部门、区镇和市场主体在制度、政策、业态、模式等方面的创新经验。着力做好服贸创新工作热点、难点、创新点的政策解读，形成加快推进试点工作的强大合力和良好氛围。

（二）加强人才建设

加强对服务贸易工作人员保障，强化服务贸易人才培养，创新服务贸易人才引进机制和培育机制。支持在太高校开设国际服务贸易课程。加快培养和引进金融、会计、法律、跨境电商、物贸等服务贸易亟须的专业人才和管理人才。加强服务贸易专家库建设，充分利用外部专家资源，为服务贸易发展提供战略咨询和长期智力支持。

（三）加强宣传引导

领导小组各成员单位要坚持统筹谋划、精准发力、全面覆盖，充分借助各种资源和途径，持续强化服务贸易创新发展试点工作宣传推广。积极总结创新经验，学习借鉴其他试点地区的先进经验，及时做好经验总结与复制推广。

(四) 加强财政支持

加大地方财政对服务贸易创新发展的支持力度,支持各类公共服务平台建设,支持服务贸易出口基地建设,支持企业"走出去"拓展国际市场,支持重点服务进出口。积极与国家服务贸易发展专项基金对接,为重点服务贸易项目建设引进基金支持。

昆山市人民政府办公室文件

昆政办发〔2021〕18号

市政府办公室关于印发《昆山市全面深化服务贸易创新发展试点实施方案》的通知

昆山开发区、昆山高新区、花桥经济开发区、旅游度假区管委会，各镇人民政府，各城市管理办事处，市各委办局，各直属单位：

经市政府同意，现将《昆山市全面深化服务贸易创新发展试点实施方案》印发给你们，请认真贯彻执行。

昆山市人民政府办公室
2021年2月12日

昆山市全面深化服务贸易创新发展试点实施方案

为深入贯彻《国务院关于同意全面深化服务贸易创新发展试点的批复》（国函〔2020〕111号）和《商务部关于印发全面深化服务贸易创新发展试点总体方案的通知》（商服贸发〔2020〕165号）等文件精神，有序推进各项试点措施深化落实、试点任务全面完成，根据《苏州市全面深化服务贸易创新发展试点实施方案》（苏府办〔2021〕4号）要求，在前期试点工作的基础上，结合昆山经济转型升级和高质量发展需求，制定本方案。

一、总体要求

（一）指导思想

以习近平新时代中国特色社会主义思想为指导，全面贯彻党的十九大和十九届二中、三中、四中、五中全会精神，服务"五位一体"总体布局和"四个全面"战略布局，贯彻长三角区域一体化发展战略，围绕国内国际双循环发展新格局的建设推进，以供给侧结构性改革为主线，依托昆山在制造业、开放型经济以及海峡两岸经贸融合等方面的优势，充分发挥各区镇、部门的积极性和创造性，全力促进服务贸易增量、提质、创效，打造服务贸易创新发展新高地，有效激发服务贸易对稳外贸稳外资的支撑作用，推动对外贸易转型升级和高质量发展，促进产业创新和经济转型。

（二）基本原则

1. 进一步突破体制机制障碍

立足昆山服务贸易发展实际，不断探索破除制约服务贸易发展的现实困难和体制障碍。针对不同行业领域发展中存在的制度性难题、政策机制性短板，积极开展探索创新，寻求突破，努力争取国家相关部委和省、苏州市的支持。

2. 进一步突出开放创新互动发展

聚焦开放与创新的融合互动，通过开放吸引、寻找和主动获取全球创新资源，快速提升科技研发服务能力，形成开放与创新相互促进、双轮驱动的新局面。

3. 进一步推动纵横联动协同发展

全市的服贸重点区镇要顺应服务发展新趋势，强化横向联动和纵向协调，形成工作合力。加强与上级相关部委的汇报沟通，争取更多试点政策。精准定位重点板块、区域的服贸坐标，营造全面发展服务贸易的氛围。

（三）工作目标

通过全面深化服务贸易创新发展试点，继续推进昆山市服务贸易创新功能、扩大规模、优化结构，进一步提升服务贸易在对外贸易中的比例，进一步优化政策体系，进一步创新营商环境，实现服务贸易高质量快速发展。继续扩大服务贸易规模，三年内服务贸易进出口额年均增长10%以上。服务贸易在全市对外贸易中的地位明显提升，到2023年，占全市对外贸易的比例超过7%。

二、主要任务

（一）全面完善服务贸易管理体制

1. 强化试点工作统筹

充分发挥试点工作领导小组的作用，推进已有创新成果的深化，研究试点新政策、新措施，推进服务贸易创新发展试点工作的深入开展，强化服务贸易企业联系服务制度，为企业送政策、送信息、送服务。责任单位：市商务局、领导小组各成员单位

2. 优化管理服务流程

结合重点区镇、重点行业服务贸易创新发展工作的推进情况，对现行服务贸易管理和服务体系进行梳理分析，推行"极简审批"，完善服务标准，探索形成服务贸易领域创新实践经验。责任单位：市商务局、领导小组各成员单位

3. 细化考核评价体系

对苏州下达的考核任务予以细化，对各区镇、相关部门服务贸易创新发展及全面深化试点工作进行考核，激发全市发展服务贸易的积极性，推动服务贸易高质量发展。责任单位：市商务局、领导小组各成员单位

（二）全面扩大对外开放与合作

1. 进一步深化对外开放

严格落实国家全面深化服务贸易创新发展试点工作要求，贯彻执行外商投资"准入前国民待遇+负面清单"管理制度，积极贯彻国家服务贸易负面清单，充分利用昆山深化两岸产业合作试验区、苏州自贸片区联动创新区、昆山市金融支持深化两岸产业合作改革创新试验区（以下简称昆山金改区）先行先试的政策优势，从制度层面和重点领域持续发力，大幅提升对外开放水平。责任单位：市发改委、商务局、金融办、领导小组各成员单位

2. 进一步深化对台服务业合作

加快推进昆山深化两岸产业合作试验区建设，深化对台湾相关服务贸易行业领域的研究，探索合作新机制，扩大服务贸易规模。依托昆山深化两岸产业合作试验区部省际联席会议高位协调机制，推进服务贸易相关改革措施的积极争取和落地实施。责任单位：市委台办、市发改委、领导小组各成员单位

（三）全面提升便利化水平

1. 推进审批流程便利化

积极优化服务贸易相关领域各项审批流程。优化医疗机构设置审批流程，实行符合条件的二级及以下医疗机构设置审批与执业登记"两证合一"。全面推进电子化注册管理改革，对符合条件的医疗机构制发电子证照。优化工程建设项目审批流程，进一步深化分类审批、多图联审、限时办结等方案，明确建设工程施工图"免审抽查"细则。责任单位：市住建局、卫健委、行政审批局

2. 推进人员流动便利化

进一步加大144小时过境免签政策的宣传力度，做好外国人免签入境后在昆山的停留管理工作。深化对外开放领域"最多跑一次"改革，推动国家层面的移民和出入境便利政策细化落实。推进出入境管理、外国人管理服务等领域改革，加大运用科学技术手段，提高出入境有关涉外事项办理的便捷性。持续完善昆山市人才科创发展服务中心建设，探索外国人来华工作许可办理便利化措施。

充分发挥外国高端人才工作、居留"单一窗口"作用，缩短审批时间。在推行"单一窗口"的基础上为符合条件的外国人进一步提供"绿色通道"服务。吸引海外科技人才来昆创业工作，为来昆创业、工作、讲学等外籍高端人才及其科研辅助人员办理工作许可证。面向在苏高校取得学士及以上学位的优秀外国应届毕业生，为其在昆创新创业试行办理工作许可证。对于服务业企业聘用的"高精尖缺"外国人才，经外国人才主管部门认定后，享受 A 类工作许可待遇，一次性给予最长 5 年工作许可。落实《关于支持外籍人才参与科技创新的若干举措》，发挥外籍人才智力支撑作用，提升我市科技创新国际化水平。贯彻《长三角生态绿色一体化发展示范区外国高端人才工作许可互认实施方案》，推动长三角地区外籍人才流动资质互认，推进区域内外籍人才流动政策互动、信息互联。责任单位：市科技局、公安局、外事办

3. 推进资金流动便利化

支持在昆山深化两岸产业合作试验区开展服务贸易外汇收支便利化试点，探索服务贸易分类管理。推动在跨境贸易和投资中更多地使用人民币。依照"本币优先"原则，指导支持服务贸易企业选择人民币进行计价结算，争取人民币在服务贸易领域跨境使用试点资格。支持境外投资者以人民币进行直接投资。对符合条件的优质企业，银行可以在"了解客户、了解业务、尽职审查"原则的基础上，凭企业提交的收付指令，直接实施跨境贸易人民币结算、外商直接投资、跨境融资和境外上市等业务下的跨境人民币收入在境内支付使用。支持符合条件的跨国公司根据业务需要开展跨境资金集中运营管理，吸引跨境结算总部在昆山集聚。支持金融机构为真实合法的贸易结算提供优质服务。进一步提高外汇收支便利化程度，推动银行为企业办理电子单证外汇收支业务，推行服务贸易对外支付税务备案信息网上核验。责任单位：市金融办、人行昆山支行

4. 推进货物流动便利化

深化改革通关监管制度和模式，整合通关资源，优化通关环节，为与服务贸易相关货物进出口特别是检验检测、维护维修、研发设计、展览等相关的货物进出口提供更高效、透明、便捷的通关便利。加快检测区内外联动业务试点，形成"区内带动区外，区外支撑区内"的内外协同发展格局。协助信用记录好、追溯体系完善、申报批次较多的进口产品 3C 免办企业，打通自我承诺便捷通道。扩大高端制造全产业链保税模式覆盖面，支持企业向更多地区、更多产品推广开展研发检测。深入开展进口研发（测试）用未注册医疗器械分级管理试点，试行医疗器械注册人制度，允许医疗器械注册申请人或注册人委托具备相应生产条件的企业生产样品或产品。责任单位：市市场监管局、昆山海关

5. 推进数据流动便利化

支持花桥经济开发区开通昆山直连上海骨干节点的互联网链路，面向昆山企业提供快速便利的通信基础设施服务，提升昆山互联网数据传输速率，推动服务贸易创新发展。责任单位：市工信局、花桥经济开发区

（四）全面创新发展模式

1. 培育一个示范区：国家进口贸易促进创新示范区

准确把握现阶段进口形势，充分利用有利条件，进一步加强示范区进口贸易产业链招商、供应链配套，加强平台建设，以进口出口衔接、内外贸一体化、货物运输服务融合、贸易与投资贯通为方向，充分发挥示范区促进进口、服务产业、提升消费、示范引领的作用，推动示范区进口规模稳步扩大，结构不断优化，服务更趋完善，进一步带动相关产业提质增效。着力提升进口便利化水平，促进进口商品流通，通过创新和降低制度性成本激发进口潜力。扩大技术设备和原材料进口，促进进口与产业深度融合、高效联动，更好地服务实体经济发展需要，为加快发展现代产业体系提供必

要支撑。责任单位：市商务局、昆山开发区（综保区）

2. 用好一个平台：昆山金改区

充分利用昆山金改区先行先试的政策优势，在引进培育各类金融机构、推进供应链金融发展、优化贸易融资模式等方面发力，扩大金融业对外开放，丰富发展金融业态。鼓励金融机构开发适合服务贸易特点的金融产品和服务，提升服务企业跨境交付的能力，为企业提供融资便利。支持银行开展出口项下出口订单融资、发票融资、出口买方信贷等业务。支持银行开展进口项下应付账款融资、海外代付等业务，为企业进口高新技术、关键机械设备等提供便利。支持保险公司开展出口信用保险、进口预付款保险和国内贸易信用保险业务。责任单位：市金融办、人行昆山支行

3. 争取一个平台：花桥海关保税监管场所

放大全省唯一以现代服务业为主导产业的省级经济开发区和国家现代服务业综合试点区平台优势，支持花桥结合自身产业发展需要，积极向上争取设立花桥海关保税监管场所。发挥昆山试验区、昆山海峡两岸电子商务经济合作实验区核心功能区优势，支持花桥引进一批高质量项目，重点发展保税物流仓储、跨境电子商务、保税展示交易、保税研发测试等服务贸易新业态，全力打造全省服务贸易创新发展试点项目。责任单位：花桥经济开发区、昆山海关

4. 做大一个通道：昆盟通

通过全新打造的"昆盟通"通道，依托综合保税区、自贸片区联动创新区优势，抓紧谋划搭建商贸流、信息流、资金流、物流"四流合一"的货物服务贸易大平台。通过开展货物进出口贸易，积极融入东盟跨境国际商贸服务，有效提升我市国际竞争力，鼓励企业积极开展转口贸易、跨境电子商务等服务贸易新业态、新模式，加快推动企业总部、投资中心、销售中心、运营中心、结算中心等高质量项目形成集聚，全力将综合保税区打造成为我市服务贸易发展高地。责任单位：昆山开发区（综保区）、市发改委、交通运输局、昆山海关

5. 做强两个中心：保税维修中心、保税研发中心

扩大保税维修规模。在风险可控、依法合规前提下，在自贸片区联动创新区、综合保税区内积极开展高技术、高附加值、符合环保要求的旧机电产品、医疗装备、电子通信等产品维修和再制造，做大做强以计算机、通信设备、电子模组为代表的高端电子产品全球保税维修业务。精心打造保税研发中心。借助综合保税区进口研发设备和原料保税优势，支持相关企业设立保税研发账册，加快自主创新步伐。重点围绕光电、半导体及生物医药、智能制造等相关高端产业，创新优化营商环境，建设高水平科创载体，努力打造"保税研发中心先导区"。责任单位：昆山开发区（综保区）、昆山高新区、昆山海关

6. 构建一条产业链：咖啡全产业链

积极融入国内大循环、国内国际双循环的新发展格局，通过重点跟踪、精准突破等方式方法加快引进高质量项目，加快咖啡产业链项目布局，着力打造集"亚太咖啡生豆物流分拨中心—亚太咖啡平台交易中心—亚太咖啡研发制造中心—亚太咖啡品牌销售中心"为一体的全产业链，更好地统筹利用国际国内两个市场、两种资源，培育和提升国际竞争新优势，力争通过3~5年的努力，形成新的千亿级咖啡产业集群，进一步提升区域经济影响力。责任单位：昆山开发区（综保区）、昆山海关

7. 设立一个场所：咖啡交易中心

加快推动江苏咖啡交易中心项目落地，形成一个汇聚世界各地咖啡原物料、制成品、咖啡器具、相关衍生品交易，以及各种咖啡品牌荟萃、不同咖啡文化互通共融的国际咖啡产业综合性贸易平台，为咖啡现货交易提供场所，并提供互联网平台交易线下展示、展览服务，帮助咖啡市场交易各方有效解决信息流、资金流、物流等问题。积极培育、引导协成国际等行业龙头及星巴克、咖世家

（COSTA）、越南中原集团等国际知名咖啡连锁品牌在我市设立运营销售总部，实现产业转型升级，带动内外贸易一体化发展。责任单位：昆山开发区（综保区）

（五）全面发挥政策体系作用

1. 认真落实相关促进政策

按照国家和省级财政支持政策、国家对技术先进型服务企业的优惠政策、国家跨境服务增值税零税率及免税政策，引导扩大服务出口。用好公共服务平台扶持政策，促进公共服务平台建设。落实服务外包政策，引导服务外包高质量发展。责任单位：市财政局、商务局、税务局

2. 鼓励昆山金改区支持服务贸易发展

支持金融机构在风险可控、商业可持续的前提下，创新适应服务贸易特点的金融服务，提升服务企业跨境交付的能力，为企业提供融资便利。支持银行业金融机构建立绿色金融评价机制，加大绿色信贷对实体经济支持力度。探索排污权等环境权益抵押质押融资新模式。进一步加强"金融超市"平台建设，鼓励服务贸易企业通过平台对接需求，获得融资支持。探索供应链金融、融资租赁、应收账款融资、人力资本授信。支持服务贸易利用进出口信贷，鼓励保险公司有针对性地创新开发保险产品，扩大出口信用保险覆盖面，鼓励开展出口信用保险保单融资。探索与台湾保险业金融机构合作，进一步扩大台资企业信用保险服务覆盖面，将台湾总部企业的贸易纳入信保服务，实现对台资企业的全球业务进行风险保障。完善知识产权金融政策。健全知识产权评估机制，探索知识产权质押融资风险分担和损失补偿模式，推广质押融资保证保险，畅通质物处理渠道。责任单位：市市场监管局、金融办、人行昆山支行

3. 提供商事纠纷解决便利

打造"一带一路"沿线国家和地区法律服务站点，提升昆山驻越南法律服务工作站，争取设立更多的海外法律服务站点，协助"走出去"企业建立境外风险防范和维护权益机制。责任单位：市司法局

（六）全面健全统计体系

强化服务贸易统计监测，落实商务部、国家统计局《国际服务贸易统计监测制度》，依托商务部"服务贸易统计监测管理系统"及苏州"服务贸易统计直报系统"，组织全市相关企业开展服务贸易统计直报，按时上报每月的服务贸易数据。责任单位：市商务局、领导小组相关成员单位

三、重点行业领域

（一）培育发展数字贸易

积极推动大数据、云计算、人工智能、物联网、区块链、数字支付、工业和移动互联网等新技术在运输、维护维修、研发、医疗、金融、旅游等各领域的应用。加大5G、工业互联网等新型基础设施建设力度，推进国金数据云计算数据中心、中金华东数据中心、京东数字产业园等项目建设。有效发挥花桥服务外包基地功能，引进培育高端数字贸易服务项目落地，打造数字内容生态圈，培育数字贸易"独角兽"企业。促进省、苏州市重点工业互联网平台入围企业创新服务，进一步构建数字贸易公共技术平台和交易促进平台，扩大数字服务出口。发挥京东、唯品会等大型电商企业的引领作用，支持企业运用数字技术提升营销能级，开展精准营销和智能营销，提供在线服务、远程服务、跨境服务和定制化服务。探索数字货币应用，支持企业开发应用场景和商业应用功能。责任单位：市发改委、工信局、商务局、金融办、花桥经济开发区、领导小组相关成员单位

(二) 探索实施保税展示交易

主动对接进博会等重大展会，探索设立昆山市保税展示交易中心，引入品牌产品经销商，叠加国际贸易、保税仓储、商品展示、批发零售等功能，复制推广保税展示交易海关监管创新制度，将展会展品及更多国际市场货物转入保税展示交易中心实施保税展示，推动以展促贸。责任单位：昆山开发区（综保区）、昆山海关、领导小组相关成员单位

(三) 持续发展高端维护维修

依托昆山先进制造业基地优势，推动制造企业向维护维修价值链环节延伸，不断增强企业对高新技术产品的维修能力。积极向有关部门争取先试先行，探索有效解决方案，率先开展"高技术含量、高附加值、无环境污染"的品牌厂商全球保税检测维修业务，加快实现品牌产品从研发、制造到维修的全产业链集聚。吸引跨国公司全球维修中心落户昆山，积极推动本土自主品牌企业在境外设立维修中心或授权第三方开展维修服务。责任单位：市商务局、昆山海关、昆山开发区（综保区）、昆山高新区、领导小组相关成员单位

(四) 持续增强国际物流服务效能

构建面向全球开放立体的综合运输服务体系，依托苏满欧、苏满俄、苏新亚等国际班列基础平台，引导大中型物流企业开展铁路货运服务。打造若干向综合物流业发展的大型国际货代企业，培育一批专项业务优势明显的中小型国际货代企业。发展第三方物流企业，推广先进技术应用，加快智慧物流和冷链物流建设。支持开展供应链管理、跨境电商物流、工程物流、保税物流等业务。责任单位：市交通运输局、领导小组相关成员单位

(五) 鼓励发展研发设计服务

大力吸引知名跨国公司和国内龙头企业在昆设立研发机构。鼓励跨国公司与本地高校、科研机构、企业联合建立研发、实验机构、技术战略联盟。支持海外学术和科研机构在昆设立研发机构或技术转移机构。鼓励有条件的企业建立海外研发中心，引进国际先进技术和其他创新资源。加快引进海外创新资源，探索在世界主要创新策源地布局一批海外创新中心、离岸孵化基地。责任单位：市科技局、商务局（招商服务中心）、领导小组相关成员单位

四、保障措施

(一) 加强组织领导

进一步深化对服务贸易创新发展试点工作的认识，加强对服务贸易创新发展试点工作的组织领导，加强对试点重点工作的督查考核，全面推进试点各项任务的落实。积极开展对上争取和横向协调。

(二) 加强金融服务

重点推进定向设计、利于全市服务贸易创新发展的金融产品创新。积极为中小服务贸易企业拓宽融资渠道，解决融资难问题，为企业拓展国际市场提供金融保险服务。

（三）加强财政支持

加大财政对服务贸易创新发展的支持力度，重点支持各类公共服务平台、服务贸易出口基地建设，支持企业"走出去"拓展国际市场，扩大重点服务贸易进出口额。积极与国家服务贸易发展专项基金对接，为重点服务贸易项目建设引进基金支持。

（四）加强政策配套

认真落实试点配套的支持政策和各项开放便利举措，全面开展政策宣传，鼓励引导用足用好政策，促进企业加快发展。

（五）加强队伍建设

持续推进服务贸易创新发展相关领域行政管理队伍建设，大力培养服务贸易人才，加快建立政府与企业联合培养人才的机制。加大对重点行业领域发展急需的高端人才、领军人才的引进力度。完善高端紧缺人才职业发展、就业创业服务、贡献奖励、住房、就医、社会保障和子女入学保障等方面的支持措施。

苏州市吴江区人民政府办公室文件

吴政办〔2021〕12号

关于印发《苏州市吴江区全面深化服务贸易创新发展试点实施方案》的通知

吴江开发区、汾湖高新区（黎里镇）、吴江高新区（盛泽镇）、东太湖度假区（太湖新城）管委会，各镇人民政府，各街道办事处，区各委办局（公司），各直属单位：

《苏州市吴江区全面深化服务贸易创新发展试点实施方案》已经区政府第78次常务会议审议通过，现印发给你们，请结合实际，认真组织实施。

苏州市吴江区人民政府办公室
2021年2月1日

苏州市吴江区全面深化服务贸易
创新发展试点实施方案

为深入贯彻《国务院关于同意全面深化服务贸易创新发展试点的批复》（国函〔2020〕111号）、《商务部关于印发全面深化服务贸易创新发展试点总体方案的通知》（商服贸发〔2020〕165号）以及《苏州市全面深化服务贸易创新发展试点实施方案》（苏府办〔2021〕4号）等文件精神，推进吴江服务贸易改革创新，结合吴江发展实际，制定本实施方案。

一、指导思想

以习近平新时代中国特色社会主义思想为指导，全面贯彻党的十九大和十九届二中、三中、四中、五中全会精神，紧紧抓住长三角一体化发展国家战略，围绕国内国际双循环发展新格局的建设推进，依托吴江制造业、开放型经济的基础优势，全面推进服务贸易高水平开放发展，充分发挥服务贸易对稳外贸稳外资的支撑作用，推动对外贸易转型升级和高质量发展。

二、工作目标

通过全面深化服务贸易创新发展试点，持续健全管理体制，推进高水平开放，提升贸易便利性，完善促进体系，优化政策体系，创新营商环境，实现服务贸易高质量快速发展。服务贸易规模进一步扩大，服务贸易进出口额年均增长10%以上。服务贸易在全区对外贸易中的地位明显提升，占全区对外贸易的比例逐年递增。服务贸易结构不断优化，到2023年，新兴服务出口额占服务贸易出口额的比例达到65%。服务贸易市场主体的国际竞争力持续强化，形成一批具有较强影响力的服务贸易品牌，建成具有较强集聚能力的特色服务贸易集聚区（园区）1个，到2023年，进出口额超1亿美元的企业3家。国际市场开拓力度进一步加强，与欧盟、日本、韩国、"一带一路"新兴市场国家的服务贸易合作水平明显提升。

三、主要任务

（一）全面探索完善管理体制

1. 健全服务贸易创新发展领导工作机制

完善苏州市吴江区服务贸易创新发展试点工作领导小组（以下简称领导小组）。强化服务贸易创新发展常态化工作联系制度，每年至少召开一次全体会议。健全横向协调促进机制，发挥领导小组办公室协调督导功能。加强试点信息报送，完善信息报送机制，及时向上总结报送创新经验和实践案例。责任单位：区商务局、领导小组各成员单位

2. 建立服务贸易发展考核评价机制

探索建立服务贸易高质量发展考核评价机制，对各区镇服务贸易创新发展及全面深化试点工作

进行考核。鼓励政府各部门和企业积极开展创新探索，对创新经验和实践案例获得国家推广的单位进行表彰奖励，充分调动各部门、各板块发展服务贸易的积极性。责任单位：区商务局、领导小组各成员单位

3. 完善重点企业联系制度

以服务贸易重点企业库为基础，搭建信息交流和服务平台，及时发布或征求相关信息，完善专家指导、政策宣传、参展、金融、知识产权、培训等服务配套，准确把握企业发展动态，及时向上反馈企业发展诉求。引导鼓励企业建立规范的联系制度。责任单位：区商务局、领导小组各成员单位

（二）全面探索扩大对外开放

1. 深化金融服务业的开放

依托苏州湾金融产业园等载体，积极招引国内外银行、保险、信托、证券、租赁等大型金融机构和大型企业，在吴江区分设各类金融事业部和分支机构，着力打造具有国际影响力的综合金融集团和金融总部。支持设立外资专业健康保险机构，支持医疗机构加强与国内外保险公司的合作。支持境外发起的私募基金参与创新型科技企业融资。支持境外投资者以人民币直接参与境内企业国有产权转让交易。责任单位：吴江银保监组、区金融监管局、人民银行吴江支行、商务局、卫健委、国资办

2. 扩大旅游、医疗和教育开放

鼓励港澳服务提供者在吴江设立外商控股或独资旅行社，支持经营入境游。争取放宽外资医疗机构股比限制，支持设立国际医疗部，引入外籍医生为境外人士提供直接便利的医疗服务。大力引进各类康养类医院及疗养机构，推进健康产业园区建设，积极打造汾湖健康服务业核心区。放宽外资教育机构股比限制，允许外国教育机构来苏举办由外方主导、中外合作的，以境外人士为主要招生对象的学校及其他教育机构，更好地满足境外人士子女对国际化教育的需求。责任单位：区文体广电和旅游局、卫健委、教育局、商务局

（三）全面探索提升便利水平

1. 推进人员流动便利化

建设苏州市吴江区高层次人才一站式服务中心，为符合条件的外籍人员在签证、居留、执业资格、职称认定、社会保障、就医和子女入学等方面探索便利化措施。进一步优化144小时过境免签政策，深化对外开放领域"最多跑一次"改革，完善签证便利政策。吸引海外科技人才来吴江创业和工作，为来吴江创业、工作、讲学、经贸交流的外籍高端人才及其科研辅助人员办理长期签证。对于服务业企业聘用的"高精尖缺"外国人才，经外国人才主管部门认定后，享受A类工作许可待遇，一次性给予最长5年工作许可。在吴江就业的外籍高端人才应当依法参加社会保险，由用人单位和本人按规定缴纳社会保险费，符合待遇领取条件的，依法享受社会保险待遇。鼓励用人单位为包括外籍高端人才在内的职工建立企业年金。贯彻《长三角生态绿色一体化发展示范区外国高端人才工作许可互认实施方案》，推动长三角区域内外籍人才流动资质互认，推进区域内外籍人才流动政策互动、信息互联。责任单位：区科技局、人才办、人社局、公安局、外事办

2. 推进货物流动便利化

改革通关监管制度和模式，为与检验检测、维护维修、研发设计、展览等服务贸易相关的货物进出口提供通关便利。加快检测区内外联动业务试点工作进度，形成"区内带动区外，区外支撑区内"的内外协同发展格局。扩大高端制造全产业链保税模式的覆盖面，向更多地区更多产品推广，

支持企业开展研发检测。加快特殊物品、生物材料进口绿色通道建设，开展出入境特殊物品风险评估，探索对低风险特殊物品放宽进境限制举措，对特殊物品、生物材料实施多种查验方式和频次相配合的便捷性监管措施，对低风险的产品实行口岸直通放行。探索优化研发测试用特殊物品、生物材料便捷通关措施，提升通关便利化水平。责任单位：吴江海关、区市场监管局

（四）全面探索重点领域创新发展模式

1. **鼓励发展总部经济**

以大型企业集团、行业领军企业、高科技"独角兽"企业等为重点，以综合性、区域性、功能性企业总部为着力点，发展以现代金融、科技服务、信息技术服务和先进制造业为主的总部经济。依托东太湖度假区（太湖新城）、汾湖高新区（黎里镇）、吴江高新区（盛泽镇）等板块，推动商务楼宇创新运营模式，提高总部经济集聚力度。责任单位：区发改委、商务局、各区镇

2. **提升建筑服务质量效益和影响力**

引导区内建筑服务企业拓宽业务模式，更好地满足海外客户的差异化需求。支持企业对境外技术密集型、资本密集型工程项目进行总承包和总集成。督促企业建立健全境外安全生产和人员安全管理制度，指导企业开展海外形象建设。规划布局吴江对外承包工程服务的整体发展，充分发挥永鼎泰富、亨通光电等大企业带动作用，深度整合区域内能够实现协作发展的资源，推动吴江对外承包工程服务贸易集聚发展，打造成具有广泛影响力的特色服务贸易集聚区。责任单位：区住建局、商务局、各区镇

3. **提高加工服务的技术含量和附加值**

支持有条件的加工贸易企业成立研发中心，积极调整产品结构，导入盈利能力强的新产品，增强出口竞争力。推动工业互联网、大数据、物联网等现代信息技术的广泛渗透，为生产制造企业提供精准化服务，提高加工贸易企业产品技术含量。鼓励加工贸易企业通过加快技术创新和品牌培育提高产品附加值。责任单位：区工信局、商务局、各区镇

4. **优化提升服务外包产业能级**

坚持政府引导和市场运作相结合的原则，承接服务外包企业业务转移，整合产业资源，打造服务外包集聚区，顺应国际服务外包转移趋势，围绕以信息系统应用和基础信息技术服务为核心的信息技术外包（ITO）服务体系、以业务流程设计管理和业务运作数据库服务为核心的业务流程外包（BPO）服务体系及知识流程外包（KPO）服务体系三种主要形式，重点发展公共服务平台、公共技术平台、公共培训平台、知识产权保护平台和公益性基础设施等服务外包平台载体，提升服务外包产业能级。发挥服务外包对吴江制造业升级和生产性服务业发展的促进作用，推动生产性服务业通过服务外包融入全球价值链。责任单位：区商务局

5. **培育发展数字贸易**

积极推动大数据、云计算、人工智能、物联网、区块链、数字支付、工业和移动互联网等新技术在运输、维护维修、研发、医疗、金融、旅游、文化创意、在线教育等各领域的应用。推进信息基础设施建设，引进培育数字贸易高端服务项目，打造数字内容生态圈，培育数字贸易"独角兽"企业，打造数字贸易公共技术平台和交易促进平台，发展数字内容服务贸易，扩大数字服务出口。责任单位：区发改委、工信局、金融监管局、商务局

6. **加快推动知识产权服务贸易发展**

推进光通信知识产权运营中心建设。聚焦"产业安全"与"产业创新"两条主线，共建产业知识产权运营平台及大数据中心，加快推进产业结构优化升级，提升行业核心竞争力。强化知识产权金融保险工作。积极指导企业通过知识产权质押融资和保险，助力企业知识产权运用，释放知识产

权价值。协助企业开展重点产业知识产权布局。鼓励企业开发自主知识产权，加大对发明专利和国际专利申请的支持力度，引导企业积极开展进口技术替代，支持有条件的企业向国际市场输出技术和品牌。责任单位：区市场监管局、各区镇

7. **积极发展保税维护维修**

依托吴江先进制造业发展优势，推动制造企业向维护维修价值链环节延伸，不断增强企业对高新技术产品的维修能力。完善对维护维修等"两头在外"服务业态所需进口料件的保税监管，扩大保税维修规模，积极推动汇晨科技、九昱电子、汇港科技等区内企业做大做强维护维修服务。在风险可控、依法合规前提下，在吴江综合保税区内积极开展高技术、高附加值、符合环保要求的旧机电产品、电子通信等产品维修和再制造，探索开展高端装备绿色再制造试点。责任单位：区商务局、吴江海关、生态环境局、吴江综保区

8. **发展研发设计服务**

大力吸引知名科研院所与吴江企业共建创新联合体，开展企业与大院大所高质量合作，联合建立研发、实验机构，建立技术战略联盟。支持加工服务企业从单纯制造向研发设计等高附加值环节延伸。支持优质科研机构在吴江设立研发机构或技术转移机构。责任单位：区科技局、商务局、各区镇

9. **探索发展新型国际贸易**

抢抓国家进一步扩大市场采购贸易方式试点机遇，推动江苏吴江中国东方丝绸市场采购贸易方式试点进程。与苏州跨境电商综试区线上综合服务平台对接合作，对原有市场采购贸易联网信息平台基础上进行升级，创新开发"跨境电商+市场采购综合服务平台"，为企业入驻、贸易、通关、物流、收结汇、退免税等环节提供一站式外贸综合服务。责任单位：区商务局、吴江海关、人民银行吴江支行、税务局，吴江高新区（盛泽镇）

（五）全面探索优化政策监管体系

1. **落实国家、省、市财政支持政策**

落实国家对技术先进型服务企业的优惠政策，落实国家跨境服务增值税零税率及免税政策，引导扩大服务出口。落实好公共服务平台扶持政策，促进公共服务平台建设，落实服务外包政策，引导服务外包高质量发展。参照市级财政支持办法，设立专项资金支持服务贸易创新发展。责任单位：区商务局、财政局、税务局、科技局

2. **扩大区县级财政支持力度**

进一步优化区级商务发展专项资金对服务贸易创新发展的支持，鼓励重点发展领域的服务进出口；支持特色服务贸易集聚区、公共服务平台建设；支持高规格展会的举办；支持开展重点企业认定、资质认证、人才培训；支持服务贸易统计分析和专项研究工作。责任单位：区商务局、财政局

3. **健全制度化监管规则**

加强商务、外汇管理、税务、海关、出入境管理、金融、文化、旅游等部门之间的信息共享。推行和实施以"双随机、一公开"监管为基本手段、以重点监管为补充、以信用监管为基础的新型监管机制。完善服务贸易市场主体信用评价机制，通过日常监管及时反馈市场主体的许可信息、监管结果和联合惩戒信息，进一步丰富江苏省市场监管信息平台的数据，推进和完善全国信用信息共享平台、国家企业信用信息公示系统、信用中国网站的数据，推动守信联合激励和失信联合惩戒。责任单位：区市场监管局、领导小组各成员单位

（六）全面探索健全统计体系

继续探索优化涵盖跨境交付、境外消费、商业存在和自然人移动等四种服务贸易模式的全口径

统计。持续推进服务贸易统计企业直报工作，优化服务贸易统计监测系统工作机制，建立统计监测数据核查、退回和通报制度。建立健全高效协同的政府部门信息共享和数据交换机制，推动商务、税务、外汇管理、海关、出入境管理、金融、文化、旅游等部门开展数据共享。加强对各区镇服务贸易统计工作的指导。注重运用统计数据对服务贸易的发展情况进行监测、分析与研究，探索建立服务贸易高质量发展指标体系，为服务贸易各项工作提供数据支撑。定期对全区服务贸易发展情况和热点问题进行分析。责任单位：区商务局、统计局、人民银行吴江支行、税务局、公安局、吴江海关

四、保障措施

（一）加强组织领导

进一步深化对服务贸易创新发展试点工作的认识，把服务贸易创新发展试点工作作为重要任务来抓，全面推进试点各项任务的落实。完善领导小组成员单位信息报送机制，定期总结交流各成员单位、区镇和市场主体在制度、政策、业态、模式等方面的创新经验，推进信息共享。积极开展对上争取和横向协调。

（二）加强金融服务

重点推进有利于吴江区服务贸易创新发展的金融产品创新。积极为中小服务贸易企业拓宽融资渠道，解决融资难问题；为企业拓展国际市场提供金融保险服务。

（三）加强财政支持

加大地方财政对服务贸易创新发展的支持力度，重点支持各类公共服务平台建设，支持服务贸易出口基地创建工作，支持企业"走出去"拓展国际区场，支持重点服务进出口。积极与国家服务贸易发展专项基金对接，为重点服务贸易项目建设引进基金支持。

（四）加强试点配套政策措施落实

认真落实试点配套的支持政策和各项开放便利举措，全面开展政策宣传，鼓励引导用足用好政策，促进企业加快发展。

（五）加强人才队伍建设

开展对行政管理队伍的培训，建设一支专业素质较强、管理水平较高的行政队伍。大力培养服务贸易人才，加快推进政府部门、科研院所、高校、企业联合培养人才的机制。建立跨境人才库，加大对重点行业领域发展急需的高端人才、领军人才的引进力度。

苏州市吴中区人民政府办公室文件

吴政办〔2021〕15号

区政府办公室关于印发《吴中区全面深化服务贸易创新发展试点实施方案》的通知

各镇政府、街道办（场），区各委、办、局、公司，各垂直管理部门，度假区、开发区、高新区管委会及所辖各部门、农业园区、太湖新城：

经四届区政府第48次常务（区长办公）会议审议通过，现将《吴中区全面深化服务贸易创新发展试点实施方案》印发给你们，请结合实际，认真组织实施。

苏州市吴中区人民政府办公室
2021年3月3日

吴中区全面深化服务贸易创新发展试点实施方案

为深入贯彻《国务院关于同意全面深化服务贸易创新发展试点的批复》（国函〔2020〕111号）、《商务部关于印发全面深化服务贸易创新发展试点总体方案的通知》（商服贸发〔2020〕165号）和《苏州市全面深化服务贸易创新发展试点实施方案》（苏府办〔2021〕4号）等文件精神，推进各项试点工作措施深化落实，推进各项试点任务全面完成，推进吴中区服务贸易改革创新、加快发展，特制定本实施方案。

一、总体要求

（一）指导思想

以习近平新时代中国特色社会主义思想为指导，全面贯彻党的十九大和十九届二中、三中、四中、五中全会精神，结合长三角区域一体化发展战略，围绕国内国际双循环发展新格局，抢抓《区域全面经济伙伴关系协定》（RCEP）、《中欧双边投资协定》（BIT）等签署带来的利好，以供给侧结构性改革为主线，依托吴中区在检验检测、文化旅游等方面的优势，积极推进服务贸易深层次改革、高水平开放，不断拓展服务贸易发展新空间、新优势、新动能，全力促进服务贸易增量、提质、创效，增强"吴中服务"国际竞争力和影响力，充分发挥服务贸易对稳外贸稳外资的支撑作用，推动对外贸易转型升级和高质量发展。

（二）工作目标

通过全面深化服务贸易创新发展试点，持续健全管理体制，推进高水平开放，提升贸易便利性，完善促进体系，优化政策体系，创新营商环境，实现服务贸易高质量快速发展，服务贸易规模进一步扩大。争取服务贸易进出口额年均增速达10%以上，服务贸易在全区对外贸易中的比例进一步提升，服务贸易市场主体的国际竞争力不断增强，力争建成具有较强集聚能力的特色服务贸易集聚区（园区）。国际市场开拓力度进一步加强，与欧盟、日本、韩国、"一带一路"新兴市场国家的服务贸易合作水平明显提升。

二、主要任务

（一）全面探索完善管理体制

1. **健全服务贸易创新发展领导工作机制**

完善吴中区服务贸易创新发展试点工作领导小组（以下简称领导小组），形成职能更加优化、权责更加一致、统筹更加有力的管理体制。强化服务贸易创新发展常态化工作联系制度，化解服务贸易管理中的交叉管理、条块分割问题，开展部门协调、镇区联动。加强试点信息报送，完善信息报送机制。**责任单位：区商务局、领导小组各成员单位、各镇（区）**

2. **优化考核评价体系**

探索建立服务贸易高质量发展指标体系。对各镇（区）服务贸易创新发展及全面深化试点工作进行考核。对各行业主管部门落实试点任务、开展创新探索的工作成效进行考核,落实目标责任制,增强考核工作实效。鼓励各镇(区)、各部门和企业积极开展创新探索。责任单位:区商务局、领导小组各成员单位、各镇(区)

3. **完善重点企业联系制度**

以服务贸易重点企业库为基础,搭建信息交流和服务平台,及时发布或征求相关信息,完善政策宣传、参展、金融、知识产权、培训等服务配套,准确把握企业发展动态,及时向上反馈企业发展诉求。责任单位:区商务局、领导小组各成员单位、各镇(区)

(二)全面探索扩大对外开放

严格落实国家全面深化服务贸易创新发展试点工作要求,贯彻执行RCEP、BIT等协定中外商投资"准入前国民待遇+负面清单"等管理制度,积极贯彻国家服务贸易负面清单,努力拓展吴中服务贸易对外合作新空间。贯彻落实上级部门在扩大金融、运输、旅游、医疗、法律、建筑等领域的开放政策,简化审批流程,推进人员、技术、资金等流动的便利化;不断完善"走出去"政策促进、服务保障和风险防控体系,推动吴中本地企业在海外设立研发、制造、销售、服务基地,提升产业、技术、人才、资本的全球配置能力。积极发挥苏州自贸片区联动创新区的复制推广功能,从制度层面和重点领域持续发力,大幅提升开放水平。责任单位:区商务局、区外办、领导小组各成员单位、各镇(区)

(三)全面探索创新发展模式

1. **建设总部经济发展高地**

积极创造条件,改善营商环境,强化政策引导,吸引更多跨国公司设立研发、财务、核算、采购、销售、物流、行政管理、信息处理等功能性总部,提升大型企业总部机构的招引力度。责任单位:区发改委、区商务局、各镇(区)

2. **拓展新业态新模式**

鼓励发展服务贸易新业态、新模式,对在国内同行中具有重大创新性、引领性的新业态和新模式承载项目单位给予支持。培育发展数字贸易,促进数字技术在服务贸易各领域的广泛应用。积极开展研发设计、检验检测等"两头在外"新业态。支持"两头在内"(研发设计、订单销售在内,制造在外)新型服务贸易模式。责任单位:区商务局、领导小组各成员单位

3. **优化提升新兴服务外包**

完善服务外包业务结构,实现服务外包高端化发展,不断拓展生物医药研发、工业设计、工程设计、管理咨询等知识流程外包业务,充分发挥服务外包对制造业升级和生产性服务业发展的促进作用。加大开拓海外市场的力度,推动离岸外包和在岸外包协调发展。责任单位:区商务局、领导小组各成员单位

4. **推动传统领域转型**

促进文化服务出口,更好地展示中国形象。深入挖掘吴中旅游服务的国际化潜力,积极培育旅游服务贸易新动能,在疫情防控常态化条件下加强旅游国际合作,不断扩大国际影响力。责任单位:区文体旅局

(四)全面探索健全促进体系

1. **聚焦重点领域培育企业**

加大对检验检测、文化、旅游等重点发展领域的支持力度,培育若干具有较强行业影响力的头

部企业和一批具有独特竞争优势的中小型服务贸易企业。落实技术先进型服务企业所得税优惠政策，大力实施"服务业创新型示范企业"创建工程。责任单位：区商务局、区发改委、区科技局、区财政局、区税务局，领导小组相关成员单位

2. **加快服务贸易集聚发展**

加强服务贸易集聚发展的引导，按照"信息集聚、要素集聚、资源集聚"原则，重点在检验检测领域培育服务贸易集聚发展示范区，推动服务贸易集聚发展、特色发展。责任单位：区商务局、区发改委、区市场监管局、开发区

3. **建设服务贸易促进机制**

推动吴中服务贸易企业品牌化发展，提升"吴中服务"整体形象。组织开展境内外推广活动，支持企业参加"中国国际服务贸易交易会""中国国际进口博览会"等高规格展览。责任单位：区商务局、区委宣传部、区大数据局、区发改委、区工信局、区市场监管局、领导小组相关成员单位、各镇（区）

（五）全面探索健全统计体系

持续推进服务贸易统计企业直报工作，加强商务、税务、海关、金融、文体旅等部门之间的信息共享，加强对各部门、各镇（区）服务贸易统计工作的指导。注重运用统计数据对服务贸易的发展情况进行监测、分析与研究，为服务贸易各项工作提供数据支撑。责任单位：区商务局、区统计局、区金融监管局、区税务局、吴中公安分局、度假区公安分局、苏州海关驻吴中办事处、领导小组相关成员单位

三、重点领域

（一）提升检验检测服务

充分发挥现有国家、省级检测中心和重点实验室等优势资源，叠加苏州自贸片区联动创新区优势，不断优化提升全区检验检测产业发展层次，促进检验检测服务积极融入国际市场。立足新兴制造业发展和传统制造业转型需要，加快集聚培育一批生物医药、高低压电器、电子信息等优势领域的国际化检验检测企业，引导检验检测企业从终端产品检验检测向全产业链其他环节渗透。支持检验检测机构积极参与国际、国家、行业标准研制，承办国际、国内重要标准化活动。鼓励行业协会牵头制定检验检测行业服务规范等地方标准，促进产业健康发展。强化品牌建设，发挥质量标杆企业的示范引领作用。培育优势检验检测机构参与各类质量奖项申报，努力在检验检测服务业中打响"吴中检测"品牌。责任单位：区市场监管局、区发改委、领导小组各成员单位、开发区

（二）扩大文化服务出口

发挥吴中作为吴文化发源地优势，鼓励和支持文化企业面向国际市场，创作开发展现吴文化、江南水乡文化的文化产品和服务，积极开展跨国文化交流活动。在振兴传统文化产业的同时，加快发展新兴文化产业，创新"文化+"产业发展模式，鼓励和支持基于大数据、云计算等新技术的文化业态，重点发展动漫游戏、创意设计、网络视听、数字出版、影视创制、演艺娱乐等领域，引导文化产业集聚发展，打造一批重点文化贸易项目、文化开放载体、对外文化交流品牌、外向型骨干文化企业和海外文化贸易平台，不断增强全区文化产业整体实力。责任单位：区文体旅局、领导小组相关成员单位、度假区、开发区、高新区、木渎镇

（三）挖掘旅游服务国际化潜力

以打造"全域旅游"为目标，推动吴中旅游全域化、国际化、精品化、高端化发展。深入挖掘吴中历史文化资源，开展"吴中旅游"推介活动，创新旅游产品和营销模式，提升吴中旅游的国际形象。激发新兴产业与旅游业跨界融合发展，实现多产业融合，构建新型"旅游+"，加大国际市场推广力度。依托太湖国际会议中心等载体，积极承办重要的国际展览、会议、演出和马拉松等国际体育赛事，促进入境游发展，提升吴中旅游的国际形象。推动旅游服务体系和治理水平与国际接轨，构建太湖旅游休闲度假区全域景观系统、特色交通网络、公共服务体系，打造国际一流的旅游平台和旅游服务企业，提高吴中旅游业整体服务水平。责任单位：区文体旅局、领导小组相关成员单位、度假区、开发区、木渎镇、甪直镇、东山镇

四、保障措施

（一）加强组织领导

强化领导小组对服务贸易创新发展试点工作的组织领导，全面推进试点各项任务的落实，加强督查考核。强化领导小组成员单位间的横向联动，定期总结交流各部门、各镇（区）和市场主体在制度、政策、业态、模式等方面的创新经验，推进信息共享。

（二）优化财政支持

落实国家、省、市对服务贸易领域的扶持政策。进一步加强区级资金对服务贸易创新发展的支持力度，鼓励重点发展领域的服务进出口，支持开展市场开拓活动，支持开展市级以上重点企业、园区、公共平台的认定，支持服务贸易统计分析和专项研究工作。

（三）加大人才培育

持续推进对服务贸易创新发展相关领域行政管理队伍的培训，支持其参与国际交流合作。大力培养服务贸易人才，加快推进政府部门、科研院所、高校、企业联合培养人才的机制。鼓励各类市场主体加大人才培训投入，支持建立服务贸易培训机构和实训基地。

苏州市相城区服务贸易
创新发展试点工作领导小组文件

相服贸试点办〔2021〕1号

关于印发《相城区全面深化服务贸易创新发展试点实施方案》及《相城区全面深化服务贸易创新发展试点工作考核办法》的通知

经开区、苏相合作区、高新区、高铁新城管委会、度假区管理办（阳澄湖镇政府），各镇（街道）政府（办事处），区服务贸易创新发展试点工作领导小组各成员单位：

现将《相城区全面深化服务贸易创新发展试点实施方案》及《相城区全面深化服务贸易创新发展试点工作考核办法》印发给你们，请结合工作实际，认真贯彻实施。

苏州市相城区服务贸易创新发展试点工作领导小组办公室
2021年9月14日

相城区全面深化服务贸易创新发展试点实施方案

为贯彻落实《国务院关于同意全面深化服务贸易创新发展试点的批复》（国函〔2020〕111号）、《商务部关于印发全面深化服务贸易创新发展试点总体方案的通知》（商服贸发〔2020〕165号）和《苏州市全面深化服务贸易创新发展试点实施方案》（苏府办〔2021〕4号）等文件精神，推动相城区服务贸易改革创新、加快发展，特制定本实施方案。

一、工作目标

通过全面深化服务贸易创新发展试点，持续健全管理体制，推进高水平开放，提升贸易便利性，完善促进体系，优化政策保障，创新营商环境，实现服务贸易高质量快速发展，服务贸易规模进一步扩大，服务贸易进出口额年均增长12%以上，到2023年服务贸易进出口额达4.5亿美元。服务贸易在全区对外贸易中的地位明显提升，到2023年，占全区对外贸易的比例超过7%，服务贸易入库企业150家以上，服务贸易进出口额超2 000万美元的企业3家以上，建成具有较强集聚能力的特色服务贸易集聚区（园区）1个。国际市场开拓力度进一步加强，与欧盟、日本、韩国、"一带一路"新兴市场国家的服务贸易合作水平明显提升。

二、主要任务

（一）全面探索完善服务贸易发展体制

1. 健全服务贸易创新发展领导工作机制

进一步提升各成员单位对服务贸易工作的认识和重视程度，形成任务更加明确、推进更加有序、统筹更加有力的管理体制。建立定期会商制度，开展跨部门协调，强化整体合力，化解服务贸易管理中的交叉管理、条块分割问题。责任单位：区商务局，各领导小组相关成员部门、各板块

2. 建设服务贸易平台机制

组织开展境内外推广活动，支持企业参加"中国国际服务贸易交易会""中国国际进口博览会"等高规格展览。加强与虹桥商务区的联动，支持并积极参与数字货币先行先试区和金融科技应用服务示范区建设。责任单位：区商务局，区委宣传部（网信办）、发改委、市场监管局、区工信局，各领导小组相关成员部门、各板块

3. 探索创新统计工作机制

持续推进服务贸易统计企业直报工作，探索数字贸易等新兴领域的统计方法。建立健全高效协同的政府部门信息共享和数据交换机制，推动商务、税务、海关、金融、文化、旅游等部门开展数据共享。加强对各部门、各板块服务贸易工作的指导，注重运用统计数据对服务贸易的发展情况进行监测、分析与研究，为服务贸易各项工作提供数据支撑。责任单位：区商务局、统计局、税务局、海关相城办，各领导小组相关成员部门、各板块

4. 完善重点企业联系制度

以服务贸易重点企业库为基础，搭建信息交流和服务平台，及时发布或征求相关信息，完善政

策宣传、参展、金融、知识产权、培训等服务配套，准确把握企业发展动态，及时向上反馈企业发展诉求。引导和鼓励企业建立规范的联系制度。责任单位：区商务局，各领导小组相关成员部门、各板块

5. 探索优化政策体系

落实国家对技术先进型服务企业的优惠政策，落实国家跨境服务增值税零税率及免税政策，引导扩大服务出口。落实好公共服务平台扶持政策，促进公共服务平台建设，落实服务外包政策，引导服务外包高质量发展。进一步优化区级商务发展专项资金对服务贸易创新发展的支持，鼓励重点发展领域的服务进出口。支持特色服务贸易集聚区、公共服务平台建设。责任单位：区科技局、财政局、商务局、税务局

6. 优化考核评价机制

落实深化试点工作要求，建立服务贸易创新发展考核机制。对各板块服务贸易创新发展及全面深化试点工作进行考核，将服务贸易指标纳入相关部门及各板块的考核体系。对各行业主管部门落实试点任务、开展创新探索的工作成效进行考核，落实目标责任制，增强考核工作实效。充分调动各部门、各板块发展服务贸易的积极性。责任单位：区商务局，各领导小组相关成员部门、各板块

（二）全面探索扩大对外开放

1. 持续探索开放新路径

严格落实国家全面深化服务贸易创新发展试点工作要求，贯彻执行外商投资"准入前国民待遇+负面清单"管理制度，积极贯彻国家服务贸易负面清单，充分利用苏州自贸片区先行先试的政策优势，积极发挥中日联动创新区的复制推广功能，加快推进省联动创新发展区创建，探索从制度层面和重点领域提升开放水平。责任单位：区商务局、市场监管局，各领导小组相关成员部门、各板块

2. 深化服务贸易国际合作

重点围绕中日、中欧、中美合作，积极探索合作新机制、新路径，不断拓展相城区服务贸易对外合作新空间。深化中日合作发展，紧紧围绕借助中日（苏州）地方发展合作示范区建设，加强科技创新、数字金融、数字治理、数字产业、数字贸易和数字生活等领域的合作。积极推动黄桥街道青苔中日工业设计村、中日（相城）文化交流中心、阳澄湖中日（消泾）手作村等建设，加强在文化、文创方面的合作。深化中欧合作发展，加快中荷（苏州）科技创新港、欧洲创新创业走廊等载体建设，加大在科技创新、研发服务等方面的合作。深化中美合作发展，依托国家发改委国际合作中心等平台，推动对美贸易相关活动与项目的引进，挖掘中美合作潜力。责任单位：区商务局、发改委，各领导小组相关成员部门、各板块

3. 扩大专业服务领域开放

吸引国际知名的规划、建筑设计、工业设计、法律等专业服务机构。探索国际通用的建筑工程设计咨询服务模式，持续推进全过程工程咨询工作，鼓励设计企业开展建筑师负责制实践。贯彻《市委办公室市政府办公室印发〈关于促进苏州与台湾经济文化交流合作的若干措施〉的通知》（苏委办发〔2018〕97号）文件精神，允许台湾居民在苏州参加注册城乡规划师等职业资格考试并在本地执业。引入国际高水平知识产权服务资源，鼓励支持外国专利代理机构等知识产权服务机构在相城设立常驻代表机构，争取国际高水平知识产权服务资源落地。引进国外知识产权优质人才来创业发展，探索支持符合条件的外国人在本地专利代理机构中执业，允许成为专利代理机构的合伙人或股东。根据上级部门相关政策，探索港澳与苏州地区律师事务所设立合伙联营律师事务所，以合营所名义开展相关法律事务。责任单位：区委统战部（台办）、区司法局、市场监管局，各领导小组相关成员部门

4. 扩大金融服务业的开放

相城高新区、高铁新城等板块积极引进符合条件的港澳银行业、保险业企业在相城设立分支机构。支持设立外资专业健康保险机构，支持医疗机构加强与国内外保险公司的合作。金控集团积极引进境外发起的私募基金参与创新型科技企业融资。区金融监管局大力支持符合条件的内资和外资机构申请设立银行卡清算机构，参与国内人民币银行卡清算市场。责任单位：区金融监管局，商务局、卫健委、各板块

5. 扩大旅游、医疗、教育开放

以"文旅融合、文经互动"理念，打造全域旅游发展新模式，争创国家级全域旅游示范区。支持阳澄湖度假区创建国家级旅游度假区、北太湖旅游风景区创建省级旅游度假区。支持综合医院开展国际化医疗合作，引入外籍医生为境外人士提供直接便利的医疗服务。放宽外资教育机构股比限制，允许外国教育机构在相城举办由外方主导、中外合作形式的，以境外人士为主要招生对象的学校及其他教育机构，更好地满足境外人士子女对国际化教育的需求。责任单位：区文体和旅游局、卫健委、教育局，各板块

(三) 全面探索提升便利水平

1. 简化审批流程

进一步优化日企服务窗口，探索建立欧洲企业服务窗口，积极优化服务贸易相关领域各项审批流程。优化医疗机构设置审批流程，实行二级及以下医疗机构设置审批与执业登记"两证合一"，全面推进电子化注册管理改革，对符合条件的医疗机构制发电子证照。参与优化外资旅行社审批流程，缩短审批时限，实行企业承诺制。参与优化工程建设项目审批流程，进一步深化分类审批、多图联审、限时办结等方案，明确建设工程施工图"免审抽查"细则。责任单位：区文体和旅游局、卫健委、行政审批局

2. 推进人员流动便利化

持续完善相城区高层次人才一站式服务中心，设立外籍人才服务窗口，为符合条件的外籍人员在签证、工作许可、居留、执业资格、社会保障、就医和子女入学等方面探索便利化措施。吸引海外科技人才来相城创业和工作，为来相城创业、工作讲学、经贸交流的外籍高端人才及其科研辅助人员办理长期签证。对于服务业企业聘用的"高精尖缺"外国人才，经外国人才主管部门认定后，享受 A 类工作许可待遇，最长一次性给予 5 年工作许可。鼓励用人单位为包括外籍高端人才在内的职工建立企业年金。责任单位：区科技局、人社局、外办、行政审批局、市场监管局、人才办、公安分局

3. 推进资金流动便利化

推动在跨境贸易和投资中更多地使用人民币。依照"本币优先"原则，指导支持服务贸易企业选择人民币进行计价结算，争取人民币在服务贸易领域跨境使用试点资格。支持境外投资者以人民币进行直接投资。支持符合条件的跨国公司根据业务需要开展跨境资金集中运营管理。积极支持符合条件的支付机构开展跨境支付业务，支持金融机构为真实合法的贸易结算提供优质服务。进一步提高外汇收支便利化程度，推动银行为企业办理电子单证外汇收支业务增量扩面，推行服务贸易对外支付税务备案信息网上核验。探索跨境电子商务数字人民币结算和外币数字钱包境内数字人民币换算支付等创新场景。鼓励相城区金融机构结合区内外贸企业实际需求及自身业务特色，开展对境外企业跨境人民币融资业务，对试点企业实行服务贸易便利化，给企业提供跨境并购、跨境托管、内保外债（贷款）、海外发债等综合服务方案。责任单位：区金融监管局，各领导小组相关成员部门

4. 推进货物、技术、数据流动便利化

发挥保税仓优势，探索"保税+"服务贸易监管方式，完善对研发设计、检验检测、维护维修等"两头在外"服务业态所需进口料件的保税监管。依托中国（苏州）知识产权保护中心相城分中心，搭建专利快速审查、快速维权、保护协作、导航运营一站式知识产权服务平台。配合完善苏州市知识产权服务业相关扶持政策，为境外机构在相城设立代表机构试点工作提供政策支持，争取国际高水平知识产权服务资源落地。推进公共数字技术平台建设，依托长三角数字金融数据中心、苏州高铁新城智能驾驶产业公共服务平台、中国诚信基础设施（CTS）等平台，为数字人民币、智能车联网、大数据、区块链、工业互联网、技术研发等领域的数字服务贸易企业提供重要的超算基础设施和增值超算服务。责任单位：区市场监管局、工信局、海关相城办，各领导小组相关成员部门、各板块

（四）全面探索创新发展模式

1. 建设总部经济发展高地

积极创造条件，改善营商环境，强化政策引导，吸引更多跨国公司设立研发、财务、核算、采购、销售、物流、行政管理、信息处理等功能性总部，提升大型企业总部机构的招引力度。责任单位：区发改委，区商务局，各板块

2. 拓展新业态新模式

鼓励发展服务贸易新业态、新模式，对在国内同行中具有重大创新性和引领性的新业态和新模式的承载项目单位给予支持。培育发展数字贸易，扩大数字内容服务贸易，促进企业以数字交付的形式开展产品和服务的国际交易，促进数字技术在服务贸易各领域的广泛应用。积极开展研发设计、维护维修、检验检测等"两头在外"新业态。支持"两头在内"（研发设计、订单销售在内，制造在外）新型服务贸易模式。责任单位：区商务局，各领导小组相关成员部门、各板块

3. 优化提升新兴服务外包

完善服务外包业务结构，加快服务外包高端化发展。大力发展基于云计算和大数据的高端业务流程外包，不断拓展生物医药研发、工程设计、管理咨询、金融分析、物联网研发等知识流程外包业务。加大开拓海外市场的力度，推动离岸外包和在岸外包协调发展，形成更加合理的市场格局。发挥服务外包对制造业升级和生产性服务业发展的促进作用，推动生产性服务业通过服务外包融入全球价值链。责任单位：区商务局，各领导小组相关成员部门、各板块

4. 推动传统领域转型

促进文化服务出口，更好地展示中国形象。构建世界一流的综合运输服务体系，运用先进技术助推物流企业发展，提升国际物流服务效能。提高境外工程项目的技术和资本密集度，发挥对外工程承包对货物出口、技术输出的带动作用。责任单位：区交运局、文体和旅游局，各领导小组相关成员部门、各板块

三、重点领域

加强对服务贸易集聚发展的引导，按照"信息集聚、要素集聚和资源集聚"的原则，加大对研发设计、知识产权、检验检测、文化贸易、工业设计、国际人才合作、金融服务、国际教育服务、数字经济、服务外包、国际物流、建筑服务等重点发展领域的支持力度，培育一批服务贸易集聚发展示范区，培育若干具有较强行业影响力的头部企业和一批具有独特竞争优势的中小型服务贸易企业，推动服务贸易集聚发展、特色发展。

(一) 着力扩大新兴服务贸易规模

1. 大力发展研发设计服务

紧紧围绕大研发产业定位，依托长三角国际研发社区、青苔中日工业设计村等载体，借助海鹰空天材料研究院、长三角先进材料研究院、中日工业设计中心等平台，大力吸引知名跨国公司和国内龙头企业在相城区设立研发机构。引导服务外包企业更多地开展知识流程外包业务。支持加工服务企业从单纯制造向研发设计等高附加值环节延伸。大力支持外商投资企业加强技术研发和升级改造。鼓励长三角先进材料研究院、省产业技术研究院在相城机构与跨国公司联合建立研发、实验机构，建立技术战略联盟。支持海外学术和科研机构在相城设立研发机构或技术转移机构。鼓励有条件的企业建立海外研发中心，引进国际先进技术和其他创新资源。责任单位：区科技局、商务局，高铁新城，各领导小组相关成员部门

2. 培育优化知识产权服务

支持相城积极争取中国（苏州）知识产权保护中心相城分中心建设发展，积极搭建新兴产业专利快速审查、快速维权、保护协作、导航运营一站式知识产权服务平台，促进新兴产业全产业链高质量发展。协助企业开展重点产业知识产权布局。支持产业转型升级亟须技术的引进消化吸收再创新，重点支持与生物医药、人工智能、新材料、新能源等相关的先进技术服务进口。引导企业加快质量管理数字化转型步伐，培育一批质量水平高、质量管理方法先进、服务质量好、创新能力强、市场影响力大的"苏州制造"品牌群体。鼓励企业开发自主知识产权，引导企业积极开展进口技术替代，支持有条件的企业向国际市场输出技术和品牌。责任单位：区市场监管局，科技局、商务局、相城经开区，各领导小组相关成员部门

3. 加快发展检验检测服务

积极参与苏相合作区苏州市质量技术监督综合检验检测中心建设，打造国际检验检测服务高地，推动高端检测装备与测试分析仪器的资源共享，建设区域性公共服务平台。立足于新兴制造业发展和传统制造业转型的需要，着力提高生物医药、高低压电器、电子信息等领域的检验检测能力，促进检验检测服务积极融入国际市场。责任单位：区市场监管局，苏相合作区，各领导小组相关成员部门

4. 持续扩大文化出口服务

以国家级文化产业示范园区、"运河十景"等重点载体建设为抓手，以数字文化产业为核心增长极，聚焦动漫游戏、影视制作、数字出版、网络文化等数字文化细分领域，拓展创意设计、工艺美术、文旅融合、会议展览、数字装备制造等重点行业，提升文化产业核心竞争力和产业增加值。支持阳澄湖中日（消泾）手作村、中日天文台、青苔中日工业设计村建设，进一步推动海外文化交流。责任单位：区文体和旅游局、外办，相城高新区、高铁新城、度假区（阳澄湖镇）、望亭镇、太平街道，各领导小组相关成员部门

5. 加快工业设计企业集群培育

完善工业设计发展支撑体系，更好地发挥工业设计对产业转型升级的引领带动作用。积极引进国内外知名工业设计企业（机构）落户相城，鼓励工业设计企业发展壮大，提升规模能级，增强设计服务能力，鼓励争创国家级、省级、市级工业设计中心、工业设计研究院，支持企业引进国内外高端工业设计人才来相城就业。鼓励企业申报具有影响力的国内外工业设计奖项，支持开展有影响力的工业设计大赛、产业论坛、设计师沙龙等活动。责任单位：区工信局，各领导小组相关成员部门、各板块

6. 加强国际人才合作交流

建立相城日本联络处，依托国际精英创业周相城分会场，阳澄湖创客大赛，北大、清华、同济

大学等高校校友会等平台，加速对接国际高端资源，深入开展"双招双引"，加快集聚产业项目和各类要素资源。拓展海外人才合作组织等平台资源，新建日本海外引才联络站，举办形式多样、内容实用的项目路演、人才对接、交流互动等活动，促进服务贸易企业突破瓶颈、长远发展。鼓励各类市场主体加大人才培训投入，支持建立服务贸易培训机构和实训基地。支持服务贸易企业开展技能人才自主评价，大力推进服务贸易企业技能人才队伍建设。鼓励本地人力资源行业做大做强，引进人力资源外资公司，保障服务贸易企业人力资源需求。责任单位：区人才办、人社局、科技局、工信局、金融监管局、各板块

7. 加快金融服务创新步伐

充分发挥国家服务贸易创新发展引导基金作用，带动社会资本支持服务贸易创新发展和贸易新业态培育。引导各大金融机构及金融科技、区块链等数字金融企业，为服务贸易企业提供覆盖全生命周期的创新融资支持和金融服务，鼓励支持服务贸易企业对接国内外资本市场。支持外资银行、保险、证券、公募基金、持牌资产管理机构、理财子公司等金融机构落地相城，形成外资金融机构集聚发展态势。责任单位：区金融监管局、金控集团，各领导小组相关成员部门、各板块

8. 提升国际教育服务能力

支持国际优质资源进入教育领域，引进和建设高水平国际学校，加快形成尖端教育资源要素的集聚效应。引导国际学校高质量发展，鼓励国际学校开发精细化育人模式，打造个性化办学特色，构建有实质性内涵的质量话语体系，为区域高层次人才子女提供高品质、适切性的教育服务，树立相城教育多元融合、开放悦纳的品牌形象。责任单位：区教育局、市场监管局、行政审批局、各板块

9. 全面推进数字经济发展

以数字金融、智能车联网、工业互联网、区块链、数字电竞几个细分领域为主，围绕"大研发、大文化、大健康"三大方向，积极招引各大行数字人民币运营总公司、金融科技子公司，强化与央行合作2.5层企业、消费互联网企业在数字金融领域的创新合作，建设支撑智能网联汽车大规模应用的道路与城市基础设施，打造"5G+工业互联网"产业公共服务平台，建设区块链基础设施"一平台五中心"，着力做大做强数字新经济产业，加快推进产业数字化、数字产业化、治理数字化。不断壮大数字影音、动漫游戏、数字学习、数字出版等数字内容服务贸易，加快会计、审计、法务等数字贸易配套服务企业集聚发展，形成专业化、规模化优势。责任单位：区发改委、科技局、工信局、文体和旅游局、卫健委、金融监管局、商务局，各领导小组相关成员部门、各板块

10. 探索发展新型国际贸易

支持符合条件的新型国际贸易企业申请进入市级技术先进型生产性服务业企业库、申请总部企业认定，享受相应优惠政策。依托中国人民银行数字人民币试点工作，支持企业开发应用场景和商业应用功能，推动数字人民币在跨境交易中的应用。责任单位：区发改委、科技局、工信局、文体和旅游局、卫健委、金融监管局、商务局，高铁新城，各领导小组相关成员部门

（二）不断提升传统服务贸易新动能

1. 优化提高加工贸易技术含量和附加值

支持有条件的企业引进工业机器人和大数据技术等先进技术改造生产线，促进生产自动化、智能化，提高产品品质和生产效率。引导加工贸易企业开展资本密集型、技术密集型制造，着重培育在高端制造业、新兴产业的制造能力。支持加工贸易企业向研发设计、营销、仓储、维修检测等高附加值环节延伸，推动制造业服务化。鼓励企业参与协同创新，带动关键技术、共性技术系统的合力攻关，建立产业技术孵化体系。责任单位：区商务局、工信局、海关相城办，各领导小组相关成

员部门、各板块

2. 增强国际物流服务效能

构建面向全球开放立体的综合运输服务体系。依托苏州市望亭国际物流园,打造一批向综合物流业发展的大型国际货代企业,培育一批专项业务优势明显的中小型国际货代企业。发展第三方物流企业,推广先进技术应用,加快智慧物流和冷链物流建设。支持开展供应链管理、跨境电商物流、工程物流、保税物流等业务。鼓励物流龙头企业建设境外仓储物流配送中心。推进黄桥街道建设中日(苏州)地方发展合作示范区保税仓,加强中日两国经济技术合作,逐步发展成为国际保税物流中心,提升全球资源配置力。责任单位:区交运局、工信局、商务局、海关相城办,望亭镇、黄桥街道,各领导小组相关成员部门

3. 挖掘建筑服务质量效益

相城经开区、相城高新区、高铁新城等大型建筑企业集聚的板块,要积极引导企业拓宽业务模式,支持企业对境外技术密集型、资本密集型工程项目进行总承包和总集成,鼓励建筑规划设计、工程设计、施工建设、运营维护等建营一体化服务输出。督促企业建立健全境外安全生产和人员安全管理制度,指导企业开展海外形象建设。积极支持符合条件的对外工程承包企业开立境外外汇账户。责任单位:区住建局、商务局,相城经开区、相城高新区、高铁新城,各领导小组相关成员部门

四、保障措施

(一)加强组织领导

成立由区政府主要领导任组长、区政府分管领导任副组长,区委宣传部(网信办)、区委统战部(台办)、区发改委、统计局、教育局、科技局、工信局、司法局、财政局、人社局、住建局、交通运输局、商务局、文体和旅游局、卫健委、外事办、行政审批局、市场监管局、金融监管局、人才办、公安分局、税务局、海关驻相城办以及各板块为成员单位的领导小组。进一步强化对试点工作的督查考核,全面推进试点各项任务的落实,加强服务贸易创新发展常态化工作联系制度,定期召开领导小组会议,积极开展对上争取和统筹协调。领导小组办公室设在区商务局,由商务局主要负责人兼任办公室主任。

(二)加强政策落实

加大对服务贸易创新发展的支持力度,重点支持各类公共服务平台建设,支持企业"走出去"拓展国际市场,支持重点服务进出口。认真落实试点配套的支持政策和各项开放便利举措,全面开展政策宣传,鼓励引导用足用好政策,促进企业加快发展。

(三)加强金融支持

重点推进定向设计、有利于相城区服务贸易创新发展的金融产品创新。积极为中小服务贸易企业拓宽融资渠道,解决融资难问题;为企业拓展国际市场提供金融保险服务。

(四)加强人才队伍建设

开展对行政管理队伍的培训,建设一支专业素质强、管理水平高的行政队伍。加快政府、高校与企业共同培育服务贸易人才的机制建设。加大对重点行业领域发展急需的高端人才、领军人才的引进力度。

附 录

自 2016 年以来,服务贸易创新发展试点形成了一批可复制推广的经验做法。试点地区围绕改革管理体制、健全促进机制、创新发展模式等方面积极探索、先行先试,取得了积极成效,培育了一些新业态新模式。商务部先后分 3 批印发了 74 条经验和最佳实践案例,对于苏州下一步推动服务贸易发展具有重要借鉴意义。

附录1

深化服务贸易创新发展试点第一批最佳实践报告

创新"网展贸"服务新模式
打造中小服务贸易企业统保平台
建设全链条、全生态的知识产权运营服务体系
创新服务企业信用评定与融资"粤信融"模式
创新开展服务贸易中小微企业融资试点"信易贷"
中韩"四港联动"海空港联动多式联运
"全球云端"零工创客共享服务平台
创新第三方医学检验检测实验室共享模式
建立"保税货物+租赁贸易"新模式
集聚大数据探索服务贸易新业态新模式
推进生物医药研发外包实验用生物材料通关便利
搭建生物医药集中监管和公共服务平台
实行进口研发（测试）用未注册医疗器械分级管理
推行跨境电商进口客对商电子商务模式（B2C）包裹退货新模式
创新知识产权质押融资模式
云税贷"以税获贷"助力小微企业发展
设立"国际生物医药保险超市"
建设跨境金融区块链服务平台
开展技术进出口"不见面"备案
将服务贸易管理事项纳入国际贸易"单一窗口"

创新"网展贸"服务新模式

(杭州市提供)

传统展览模式不同程度上存在买卖双方信息不对称、不共享、不信任等缺陷。杭州市发挥政府引导和市场主体作用,依托米奥兰特国际会展公司打造了跨境贸易服务境外推广平台。平台以杭州市政府在"一带一路"沿线重点国家主办的线下展览为载体,依托互联网,创新办展及参展模式,推出"网展贸"服务新模式,为企业提供"展览+互联网+供应链"三位一体的跨境贸易服务。

一、主要做法

(一)"网"即互联网

线上平台及移动 App 分设买家客户端和卖家客户端,利用大数据分析进行买卖双方匹配推荐,支持多语种人工翻译,解决双方语言交流障碍,提供展前线上邀约见面,展中线下展厅看样体验,展后海外仓物流服务。

(二)"展"即数字展览

展览前,平台精准匹配推荐买卖双方、上传供应商信息和提供小语种翻译软件为买家进行"数字预展"做好准备;进行数字预展的供应商在展中可线上线下邀约到达展会现场的匹配买家,买家在进行"数字参展"过程中可生成二维码名片、启动 App 即时聊天和谈判事项记录功能等,帮助展后跟进订单。

(三)"贸"即供应链服务

传统外贸从下单到业务结束耗费的时间周期与资金成本远远高于建立海外仓提供的服务时长与成本。目前,米奥兰特会展公司已在迪拜建立当地海外仓,极大地缩短了业务往来时长和物流成本。

二、实践效果

(一)在"一带一路"重要节点布局

2019 年分别在墨西哥、巴西、尼日利亚、南非、肯尼亚、埃及、波兰、土耳其、约旦、哈萨克斯坦、印度、阿联酋等 12 个全球商贸中心、区域贸易节点国家布局,积极打造中国在"一带一路"新兴市场规模最大、布局最广的跨境贸易促进平台。

(二)辐射全球市场

平台贸易辐射全球 50 个国家、8 万亿美元市场。经过多年深耕,2019 年全年展览面积超过 20 万平方米,服务 26 个省、直辖市和港澳地区的 4 315 家参展企业。其中波兰、土耳其、墨西哥、巴西、南非、约旦、埃及、哈萨克斯坦、印度、阿联酋展获得了国际展览联盟(UFI)认证,年展览面积超过15万平方米。

(三) 助推中国产品和服务走出去

帮助中国品牌企业产品和服务走出去,提高中国品牌在"一带一路"沿线国家的知名度。在"一带一路"重要国家建立特色商品展区和销售链条,开辟海外市场,在全球范围内配置资源,提高竞争力。

三、下一步工作思路

(一) 办好阿联酋服务贸易展

全力办好中国(阿联酋)服务贸易博览会,努力将其打造成为中国在境外和京交会相呼应的服务贸易展销平台。进一步推进"海外杭州"展览货物贸易与服务贸易联动发展,扩充服务贸易参展领域,增加企业参展数量,实现货物贸易、服务贸易双促进。

(二) 增加"全球投资"服务模块

开通全球57个国家、68个城市的在线投资咨询,为杭州企业对外投资提供及时、个性化的投资顾问咨询服务和落地服务,打造针对本地区企业对外投资的服务体系。

(三) 推动中国服务走出去

联合各相关省市、服务贸易创新发展试点城市、国家级服务出口基地等"抱团出展",通过展会展现中国服务贸易成果,促进服务贸易企业对外交流和合作。

打造中小服务贸易企业统保平台

(南京市提供)

服务贸易企业在"走出去"过程中经常遇到应收账款风险防范问题,现有的应收账款保险产品对这类需求的适用性较差,大多针对货物贸易,且现有的一些保险产品门槛较高,投保成本也超出了中小企业的承受能力。南京市推出中小服务贸易企业统保平台,由政府提供保费资助,中信保为中小服务贸易企业开发低费率、适用性保险产品,帮助中小服务贸易企业初步建立风控体系,逐步提升企业竞争力。

一、主要做法

(一)确认受益范围

南京市商务局与中国信保江苏分公司依照"政府搭建平台,信保最大优惠,企业自愿参加,风险全面覆盖"原则,签订《南京市服务贸易企业统保平台合作协议》。企业覆盖范围包括工商注册地在南京市、2018年服务贸易出口收汇金额在50万美元至800万美元的企业。被保险企业逐一填写投保单予以确认。

(二)明确服务要素

根据财政国库集中支付管理制度预付平台保险费50万元,费率为0.1。按照"先到先得"原则,预算资金使用完毕即停止接受企业投保。如单一被保险人自愿投保扩展承保方案,保险服务费率另行约定,并由该被保险人自行缴费。此次统保平台服务期限为2019年11月1日至2020年10月31日。保险责任项下损失的赔偿比例为80%,单一被保险人最高赔偿限额为30万美元。

(三)加强企业服务

针对中小服务贸易企业的现状,中信保组建专业团队,设立咨询热线和短信平台,以分区域集中宣讲培训、定期上门拜访、电话沟通回访等方式对所有平台投保企业进行保单讲解培训和具体业务指导,让相关企业熟悉政策内容,了解保单功能,用活用好信保工具,并优化理赔流程,简化理赔单证,提高理赔结案速度。

二、实践效果

(一)政策受益面不断扩大

统保平台适用于上一年服务贸易结算金额在50万美元以上、800万美元以下的中小企业。第一年预计企业覆盖面可达近20%,超出现有国家、省服务贸易企业投保政策性险种的覆盖面。

(二)提升企业风险保障水平

统保平台有利于中小企业建立健全自身的风控体系,依托政策性保险公司的多方面服务和政府的积极宣传引导，帮助企业了解海外风险，增强抵御风险的能力，保证企业经营的稳定性。

三、下一步工作思路

（1）注重政策宣讲，通过召开政策培训会以及与重点企业一对一对接，让更多企业知晓相关政策。

（2）加强重点突破，在货代等细分领域做好承保工作，形成示范引领效应。

（3）开展质押试点，与相关银行开展合作，对参保的中小服务贸易企业开展保单融资试点。

建设全链条、全生态的知识产权运营服务体系

(苏州市提供)

为支撑创新发展和优化营商环境,苏州市以建设知识产权运营服务体系为抓手,以产业促进、服务业发展和公共服务体系建设为重点工作,积极发挥知识产权作为全市深化服务贸易创新发展试点重点行业的引领作用,促进和服务全市服务贸易的发展。

一、主要做法

(一)建设产业知识产权运营中心

全面落实《苏州市重点产业知识产权运营中心建设指导意见》,在昆山光电产业,高新区医疗器械产业,吴江光通信产业,工业园区纳米、人工智能、生物医药产业,吴中智能制造产业等产业集中地区分别设立了产业知识产权运营中心。目前,5个产业知识产权运营中心都已分别挂牌运行,设置了相关机构,配备有专门人员,搭建了运营平台和交流网络,建立了产业知识产权数据库,开展产业知识产权分析,产业知识产权运营已初具雏形。

(二)打造知识产权运营交易平台

自2016年10月开始,重点推动江苏国际知识产权运营交易中心建设,主要开展知识产权展示交易、金融、运营等各类服务。目前,中心系统"一站式全产业链服务云"已上线运行,整合工商、知识产权以及司法涉诉等各类大数据资源,注册会员2 000多家。搭建苏州市知识产权金融工作平台,江苏银行、交通银行、中国银行等8家银行入驻平台并发布金融产品,开展线上线下融资对接服务,完成知识产权质押贷款项目备案26笔,贷款金额8 279.6万元。积极开展知识产权交易运营服务,协助苏州一家企业完成22件国际专利购买,交易金额达865万美元。推动苏州技术进出口备案业务窗口入驻,搭建服务与需求的对接平台。

(三)增强知识产权运营主体能力

制定并实施《苏州市知识产权运营服务体系建设项目管理办法》《姑苏知识产权人才计划实施细则(试行)》等一系列政策文件,对企业引进知识产权进行转化实施给予资助补贴,对运营机构进行奖励,对来苏工作的高端知识产权人才给予最高250万元的安家补贴等,加强对知识产权运营主体能力的培育和提升。苏州4家企业被列入国家专利运营试点,20多家知识产权运营机构分别形成了各自的知识产权运营模式。苏州大学、中科院苏州纳米所等高校院所设立了专门的知识产权运营部门。

二、实践效果

(一)企业知识产权实力进一步提升

组织实施知识产权登峰行动计划、企业知识产权战略推进计划、高价值专利培育计划等省市

各项计划项目，企业知识产权实力显著增强。截至目前，全市累计有44家企业成为国家知识产权示范企业，107家企业成为国家知识产权优势企业，通过知识产权贯标第三方认证的企业近1 000家。全市专利质量和效益不断提升。2019年，苏州32项专利获中国专利奖，占全省获奖数的28%，连续四年位居全省第一位；13项专利获江苏省第十一届专利奖；20个项目获苏州市优秀专利奖，5人获苏州市杰出发明人奖。

（二）知识产权金融服务效果良好

苏州市知识产权运营基金运作良好，已投资2支子基金，投资金额达5 000万元，间接投资金额达20亿元，放大财政资金40余倍。2019年，全市知识产权质押贷款额达23.7亿元，完成全年目标任务的131%。

（三）知识产权服务支撑不断强化

在国家知识产权服务业集聚发展示范区中，服务机构已超过80家，品牌服务机构和品牌服务机构培育单位占比超过40%。全市知识产权服务业已形成知识产权权利化、商用化、产业化全链条的业务形态。成立知识产权服务业商会，搭建知识产权服务超市，实现"知识产权服务+互联网"的模式。与英国普雷塞斯中心合作开展国际注册技术经理人认证（RTTP）系列培训，培养180多位专业化、国际化的高端技术经理人。

三、下一步工作思路

（1）重点推进知识产权运营服务体系建设，形成完整的生态圈。
（2）增强企业知识产权综合实力，制定实施知识产权重点企业培育工程方案，促进产业发展。
（3）提高知识产权公共服务水平，推进信息利用。
（4）促进知识产权服务业发展，提升服务水平。

创新服务企业信用评定与融资"粤信融"模式

(广州市提供)

中国人民银行广州分行牵头搭建广东省中小微企业信用信息和融资对接平台（以下简称"粤信融"），探索运用大数据等技术手段创新中小微企业信用等级评定模式，为服务贸易企业等各类市场主体融资创造有利条件，在实践中取得明显成效。

一、主要做法

（一）强力推动数据集中

搭建覆盖省、市的数据库，依托广东"数字政府"改革和广东省社会信用体系建设协调机制，推动全省中小微企业税务、市场监管、社保、海关、司法、科技以及水电气等数据集中，有效解决金融机构发放贷款过程中存在的数据来源少、标准不统一、查询不便等问题，为精准评价企业信用等级夯实数据基础。截至2019年年末，"粤信融"累计采集省有关部门、21个地级以上市、1 100多万家市场主体的约3.6亿条数据信息。

（二）构建信用评价机制

"粤信融"运用人工智能、大数据等技术，建立企业信用评价和评分体系，对企业进行"画像"，帮助金融机构精准识别企业经营和信用情况，促进企业依靠良好的信用记录获得信贷资金。探索运用区块链等技术建立信息共享、隐私保护等机制。

（三）优化融资对接服务

引导有信用、有资金需求的中小微企业在"粤信融"发布融资需求引导发布信贷产品，支持银企双方通过智能匹配手段实现线上交互。企业注册成为用户后，可在"粤信融"互联网界面了解扶持政策，申请合适的信贷产品；金融机构可查询企业信息，在线进行融资审核，大幅缩短审贷时间，最快可缩短至1个工作日。

二、实践效果

（一）快速提升银企融资撮合效率

金融机构在"粤信融"签订授信合同，处理贷款审批，有效缩短审核时间，提升了企业融资撮合效率。截至2019年年末，"粤信融"累计撮合银企融资对接6.02万笔、金额1.07万亿元。其中，2019年新增2.64万笔、金额2 494.39亿元，分别同比增长78.11%、30.57%。

（二）持续扩大金融服务覆盖面

金融机构在"粤信融"运用完善的信用评价信息判断企业经营状况，推动金融机构金融服务覆盖面迅速扩大。截至 2019 年年末，广东 1.36 万家金融机构网点无成本接入"粤信融"；发布信贷产品 3 139 个，较年初增长 177.04%；查询企业信息 159.12 万次。

（三）增加企业融资机会和可得性

企业在"粤信融"互联网统一界面查看和比较不同金融机构发布的信贷产品，竞争机制倒逼金融机构适当降低利率。同时，依托线上信息共享机制，降低了搜寻企业的成本，低成本促进中小微企业融资机会和可得性大幅提高。

三、下一步工作思路

（一）加强与地方政府有关部门协调，推动关键量化数据采集和集中

加大工作力度，推动金融机构较为关心的纳税明细、用水量、用电量、用气量、公积金、社保缴存等价值密度较高的量化数据采集和集中，以高质量数据建成高质量平台。

（二）加强大数据等创新技术应用，完善企业信用评价体系

运用数字技术对海量企业数据进行深加工，实现对企业更精准"画像"。构建企业异常监控和预警机制，帮助金融机构主动进行贷后管理，防范金融风险。

（三）加强配套制度建设，提升"粤信融"公信力与影响力

推动地方政府部门针对"粤信融"应用情况，研究设立专项基金等综合性配套措施，对应用"粤信融"大量发放信用贷款、支持中小微企业发展而产生损失的金融机构给予相应补贴或其他支持措施。

创新开展服务贸易
中小微企业融资试点"信易贷"

(重庆两江新区提供)

重庆两江新区精准聚焦中小微企业特别是服务贸易中小微企业融资难、融资贵问题，进一步增强金融服务实体经济的能力，由两江新区管委会联合国家信息中心、工商银行总行和数联铭品科技有限公司在两江新区直管区开展以金融科技为核心的数字普惠金融业务，成为全国服务贸易中小微企业融资创新试点。

一、主要做法

（一）精准聚焦试点对象

针对注册、纳税关系在两江新区直管区范围内的中小微企业推出融资产品"信易贷"。此款产品为信用贷，单户贷款金额最高不超过 500 万元，原则执行同期贷款基准利率。两江新区对工商银行以同期基准利率发放的贷款额度予以一定比例的利息补贴。

（二）有效整合数据资源

有效整合全国信用信息共享数据、政府部门登记的企业信用和企业市场信用数据，实现企业融资服务领域的整合应用；建立企业金融大数据库，国家信息中心指导数联铭品科技有限公司开发建设企业融资服务大数据平台，工商银行在平台运行大数据信用贷风控决策模型，实施"信易贷"从客户筛选到贷款发放的全流程业务。

（三）多方共担防控风险

两江新区、工商银行、数联铭品按照 7∶2∶1 的比例建立贷款本金损失共担机制；两江新区和数联铭品按照 87.5%∶12.5% 的比例设立前期 3 000 万的风险补偿基金；建立风险预警机制，当风险补偿金达到累计发放贷款金额的 3% 和 5% 时，分别启动书面风险预警和暂停放贷处理。

（四）协同建设信用体系

通过大数据平台聚焦企业信用行为，积极推进两江新区社会信用体系建设，构建守信者获得激励、失信者处处受限的奖惩机制，不断提升两江新区企业信用水平。

二、实践效果

"信易贷"采取"政府主导、企业主体、专业支撑、多方参与、协同创新"的运营模式，利用大数据智能化技术深度融合各主体的数据资源；以信用建设和普惠金融服务为核心的新尝试，有效完善了两江新区多层次、广覆盖的融资服务体系。目前，"信易贷"储备企业412家，提交贷款申请的企业有135家，申请总金额为4.9亿元，平台通过企业98家，意向金额为3.7亿元。

三、下一步工作思路

（1）建立健全联席工作机制，进一步梳理流程，研究资金管理、收益分配、风险预警、风险补偿、债权认定、资金追偿、账户拨付等细化管理办法。

（2）加快完成两江新区中小微企业大数据库、通道式信息共享系统、企业融资服务大数据平台。

中韩"四港联动"海空港联动多式联运

(威海市提供)

为深化服务贸易创新发展试点、中韩自贸区地方经济合作示范区和国家跨境电商综试区建设，威海市充分利用与仁川在区位、交通、政策等方面的优势，依托两地海港、空港开展"四港联动"，开展陆海空多式联运，实现物流一体化协同发展，构建以威海、仁川为节点的东西互联互通国际物流大通道。

一、主要做法

(一) 建立联动推进机制

交通运输部先后三次召开专题会，研究工作推进情况。山东省政府将其作为重点督办工作，与仁川市签署《威海—仁川打造东北亚物流中心谅解备忘录》。

(二) 构建立体交通体系

一是拓展空中通道。威海机场新增大邱、清州两个全新对韩通航城市，每周7个航班。目前，威海市对韩航班每周42个，对韩机场覆盖及客运能力进一步提升；开通至仁川机场的货运包机业务，并逐步由通航初期的每周2班加密至5班。

二是拓宽海上通道。威海港整体划入青岛港。"中创威海—青岛集装箱航线"和"威海—青岛双向对开集装箱海铁联运班列"相继开通；"威海—潍坊"集装箱航线也正式开通，使威海能够充分运用全省港口资源，加强与全球航运巨头深度合作，做大辐射东北亚的中转网络体系，加快内陆港和海铁联运布局。

三是推进海铁联运。积极探索发展海铁联运，先后开通了威海至德国杜伊斯堡、乌兹别克斯坦塔什干、蒙古乌兰巴托等铁路班列，开通了"威海—重庆"的冷链班列业务。同时，探讨开展中韩整车运输业务，将其作为衔接海铁联运的重要方式，组织开展韩国整车在威海境内从事运输业务的模拟测试。

(三) 开发多式联运服务平台

一是推进威海国际多式联运中心建设。威海国际多式联运中心运营企业已完成注册手续。规划建设中的"日韩—威海—欧亚"东西双通道海铁公多式联运项目被评为"第三批山东省多式联运示范工程项目"。

二是推进综合保税区创新发展。综保区封关验收后，不断完善园区基础配套设施，大力发展跨境电商直购出口和保税进口业务，提升产业承载力和吸引力，已引进快递公司国际快件一级分拨中心、仓储物流等项目。综保区成功入选山东省服务业特色小镇培育名单。

三是发挥威海港国际集装箱多式联运综合服务中心效用。自项目正式投入使用以来，已实现"一次申报、一次查验、一次放行"的"三个一"通关作业模式，为进出口企业提供一站式通关服务，提高验放作业效率和货物的集疏港作业速度，特别是对于韩国进口货物，整体上实现了"当天到港、当天提货"。

四是加快威海国际物流园发展。完善并提升园区保税仓储、分拣分拨、展示交易等配套功能，吸引70多家跨境电商产业链企业在园区聚集，平均每月进出口跨境电商货物400标准箱（TEU）以上，货值2.8亿美元，占青岛关区业务量的80%以上。

二、实践效果

（一）连接交通链，强化枢纽优势

"四港联动"的提出，重新定义了威海在全国乃至东北亚地区的交通地位，使威海从原本的全国交通支端末梢变为连接国内腹地和日韩、东北亚的重要节点与枢纽城市。

（二）完善供应链，丰富对外贸易渠道

"四港联动"进一步丰富威海市对外贸易渠道和路径，运输模式从海运到海空联运、空空联运、海陆海联运、海铁联运，形式多样，连贯顺畅，为国内货物出口日韩、欧美及日韩货物进入国内或转至欧亚打通了国际物流大通道，有力地促进了对韩贸易的发展，尤其是跨境电商的发展。

（三）增强价值链，提高物流服务水平

"四港联动"构建以威海、仁川为节点的国际物流大通道，使经威海出口至仁川、转运至欧美的货物价格、运输能力及货物种类比南方港口及空运方式具有相对优势，且威海市良好的口岸营商环境和高效的通关效率，都进一步增强威海市物流价值链。

（四）延伸产业链，促进双向投资

在韩国设立海外仓，搭建以海外仓为支点的集货、配送中心；威海国际物流园开设仁川保税海外仓，提供日本、欧美等在仁川中转的国际跨境电商和海运快件包裹类货物的运输、报关和配送。智慧供应链产业园、国际快件一级分拨中心等项目正在加快建设。

三、下一步工作思路

（一）加强软联通，推进口岸营商环境优化

一是积极推进物流制度创新。对接中韩两国相关主管部门，争取在中韩自贸协定框架下，发挥威海—仁川中韩自贸区地方经济合作示范区的"试验田"作用，开展中韩整车运输业务测试，增强威海市口岸物流优势。

二是优化口岸营商环境。推动口岸相关部门进一步简化流程，提高查验通关效率，深化通关一体化改革，争取海关各项改革措施在威海先期探索实施，打造"速度最快、费用最低、服务最好"的口岸。

三是深入开展中韩口岸协作。协调两地海关进行业务对接，梳理"四港联动"业务货物监管流程，明确监管方式，简化通关手续。

（二）完善硬联通，促进物流一体化体系建设

一是加快物流通道建设。适时增加海、空新航班或航线。探讨开通中俄班列，开发欧亚班列回

程业务,研究开展欧洲拼箱业务和中欧班列冷藏箱运输等。积极与"一带一路"重要节点省市深度合作,探讨物流资源合作方案,强化陆港深度合作,加快转运效率,进一步畅通物流通道。

二是丰富物流产品。探讨开通威海港至欧洲的卡车航班业务,开辟除海运、空运、铁路运输之外的新运输模式,构建日韩货物经威海到欧洲的陆运新通道。研究威海经韩国至日本的中韩日海陆海联运线路,形成联通中韩日的黄金走廊。

三是建设平台载体。尽快启动威海国际多式联运中心相关配套设施及工程建设,提升专业化物流服务和贸易服务水平,以高效物流吸引产业聚集,以产业支撑物流通道。

"全球云端"零工创客共享服务平台

(陕西西咸新区提供)

西咸新区秦汉新城充分发挥"自贸+服务贸易+双创"三试联动优势,由人社、税务、市场监督、出入境等部门牵头搭建"全球云端"零工创客共享服务平台(以下简称平台)。该平台有效解决了复转军人、特殊人群、失地农民等各类国内灵活就业人员和部分持有来华工作许可证的外国人就业,提升了外国人来华工作、投资的便利性,满足了企业对于灵活就业人员的需求,彰显了政府保障就业的公益普惠性和服务精准性。

一、主要做法

(一)提供岗位精准匹配

平台主要发布登记注册企业的用工需求,并优先匹配与企业要求相适应的各类就业人员信息。特别是对有聘请外国人需求的企业,平台对已持有来华工作许可证且有意愿就业的外国人实施定向匹配,最大限度地实现供需双方的"云端握手"。当双方达成用工意向后,签订三方电子劳务合同,由平台与人社部门、劳动监察部门联动,对合同履行情况同步同频全过程监督,保障各方权益不受损害。

(二)扩展场景应用范围

平台与政府部门联动,通过数据共享、平台共建的模式,持续拓展应用场景。比如,注册的各类企业每月定期将灵活就业人员的工资结转至平台,由平台统一为各类灵活就业人员提供工资结算、个税代缴、社保缴纳、公积金缴存、创业孵化等服务,包括外国人在内的各类已签订三方协议的就业人员可依托平台一站式领取工资,办理社保、公积金缴存、代缴个税等业务。这些业务无须再通过传统渠道办理,既及时支付了灵活就业者的工资,又解决了相对零散税源的收缴问题。各类企业则通过平台在线办理社保账户开设等业务。

(三)提升国际服务外包内涵

平台与外籍人力资源服务机构对接,根据外籍就业者的需求,有针对性地提供国内业务发包方,并为国内灵活就业人员提供国际业务。同时,为外籍人员来华工作在线提供就业许可证办理、币种结算、签证咨询、翻译、住宿等服务,为来华投资兴业的企业提供咨询服务、法律服务、知识产权、企业开办、税务登记、投资准入等一站式服务,提高了外籍人员来华工作的便利性,拓展了区域服务贸易便利化水平和开放程度。

(四)创新外国人来华工作与投资服务

突出制度性创新与安排,与出入境管理部门、人社部门联动,简化外籍人员来华工作许可流程和材料,实施预审制与容缺办理机制,审批时限由原先的5个工作日压缩到2个工作日以内;与人行西安分行、各主要商业银行协作,对于外籍人员首次办理个人人民币一类结算账户时,可同步开通外币账户功能,自由选择工资结算币种,平台将按工资结算发放当日利率实现转换、发放,并扣缴个税、社保等费用;针对平台上的外商投资企业或个体商户,实施"负面清单+国民待遇+正面鼓励+跨部门联动"服务,并在资质许可、注册登记、产业政策、员工招聘、跨境结算等领域实施创新改革,一对一专项服务,有效提升投资贸易便利化水平。

二、实践效果

(一)提升服务供需双方对接精准度

平台自 2019 年 4 月正式运营以来,累计注册创客人数近千人,注册企业百余家,实现收益的创客 900 多名,购买服务的企业近 60 家,交易额超过 3 000 万元,纳税额突破 150 万元,有效解决了灵活就业人员的需求和企业用工的需求,供需双方满意率高达 90% 以上。同时,构建的多重闭环管理模式,实现了合同履行、工资结算、社保缴纳等全过程监督,不仅实现了分散税源、社保等的有效归集与征收,而且确保了供需双方的劳动权益。

(二)提高外国人来华就业、投资便利性

平台通过多部门联动,来华工作许可证办理等可实现一网通办、限时办结,特别是工资、社保、个税等可自由选择币种实时结算、缴纳,减少了外籍就业人员办理业务的时限,极大地提高了外籍就业人员的服务保障功能。同时,平台的一站式投资服务联动,为外商投资与贸易提供了极大的便利性。

(三)扩大服务普惠性与保障性

平台自运营以来,开辟大学生创业窗口、复转军人双创窗口、特殊人群直通车等特定人群服务专栏。比如,为高精尖技能人才提供人才定向经纪服务;为低收入人群提供技能培训和创收课程;结合国家扶持政策,对接民政、扶贫等相关部门,为贫困人口、失地农民、"两劳"人员等特殊群体提供各类法定补助,有效兑现了"兜底"承诺。同时,通过网站、自媒体、服务号和创客服务端、城市分站等端口辐射布局全国,与国内外人力资源机构协作,吸引了更多包含外籍人员在内的就业人员、境内外企业加入,并通过大数据实现精准匹配,有效实现模式输出与灵活就业人员的导入。

三、下一步工作思路

(一)深度打造平台集成服务功能

西咸新区将充分挖掘自贸试验区、服务贸易创新发展试点和双创示范基地的叠加优势,争取更多的改革突破与制度创新,打通平台连接渠道,持续完善和丰富平台功能,在现有社保、个税等在线缴纳的基础上,扩展灵活就业人员的职称评审、档案管理、工作认定、补贴申领、创业扶持等集成性场景应用和一站式服务。

(二)加强外籍人员服务能力

制作多语种外国人来华工作、投资手册,开展大批量外籍人员资格认定,并与省、市、新区有

关部门联动,出台更具操作性的外国人来华工作、投资集成性的改革与服务措施,确保外国人在华的合法权益,切实提升外国人来华工作就业、投资贸易便利化水平。

(三)构建闭环监管服务体系

平台将与各部门联动,发挥信息归集和共享的优势,展开制度解构与重构、流程再造等,优化监管和服务模式,重点构建事中事后监管服务体系,形成高效、快捷的闭环管理,确保平台各类主体和灵活就业人员的合法权益,切实提升平台服务的普惠性。

创新第三方医学检验检测实验室共享模式

(陕西西咸新区提供)

西咸新区秦汉新城按照服务贸易深化改革试点要求,突破现有第三方医学检验资质审批制度,在全国探索开展第三方医学检验检测机构持有人制度,以共建共享实验室为核心,以闭环管理制度为保障,全面落实检验全生命周期责任,有效压缩了医学检验资质获批时限,降低非公立医疗检测机构准入门槛,促进了医疗检测行业快速集聚。

一、主要做法

(一)建设可共享的标准实验室

借鉴上海药品上市许可持有人制度及医疗器械上市许可持有人制度,在秦汉新城内试行第三方医学检验机构持有人制度。由政府投资建设可共享的标准实验室,配备专业检测设备,开发涵盖取样、运输、送检、结果应用等多功能的检验服务系统。标准实验室建成并经行业主管部门验收达到国家标准后,交由具备资质的机构专业化运营管理。区内其他第三方医学检验机构无须再自建实验室,可自由选择标准实验室以持有人身份申请医学检验资质,在获取资质并与实验室签订合同后开展检验业务。

(二)严格保障闭环管理制度

按照国家标准,制定实验室使用与管理闭环制度体系,重点在仪器设备使用、样本取样、送检检测、冷链存储、制剂使用、检测溯源、结果运用、过程监管等关键环节,形成严格的制度体系和标准化的操作流程,确保实验室绝对安全,检测结果可靠。第三方医学检验机构在开展检测业务时,须严格按照规章流程操作,并接受实验室全过程质控。

(三)提升服务功能与内涵

实验室根据检测能力,先期确定可共容的检测单位数量和检测业务并对外公布。第三方医学检验机构将送检标本,通过冷链物流体系送至实验室,开展检测服务。检测完毕后,将检测结果及解读、诊疗建议等内容第一时间上传至平台服务系统,供送检单位下载查看。同时,个人用户也可以在实验室申请基因检测、血型化验等服务,用户可以直接通过微信公众号等方式下单,平台提供采血、取样、送检、报告解读、健康建议等全流程服务。

二、实践效果

(一)医学检验资质申请效率大幅提升

自第三方医学检验机构持有人制度试点以来,已投资建成两个面积各达1 200平方米的标准共享实验室和办公区,并通过了行业主管部门的验收,目前由具备资质的专业机构开展试运营。区内3

家第三方医学检验机构通过共享实验室以持有人身份获批了医学检验资质，申请手续较原先减少了40%以上，获批时限缩短了1年半，节约成本约50%，有效促进了区域医疗健康产业的快速发展。

（二）有效缓解医院的检测服务压力

目前，注册在西咸新区秦汉新城的第三方医学检验机构有12家，已使用实验室的第三方医学检验机构有3家，实验室可提供两大类超过15项的检测内容，服务范围已覆盖全国200多家医院，涵盖各类等级的医院和乡镇（社区）卫生院，日检测量达50项，有效缓解了各类医疗机构的检测压力。

（三）实现经济效益和社会效益的双丰收

组建以中科院院士为核心的质检专业团队和政企联动的过程监管体系，确保医学检验符合国家标准，结果可靠可信。截至目前，没有出现一例违检、漏检及检验事故，获得了各类医疗机构的好评。同时，有效加速了第三方检验检测业务集群式发展，入驻的第三方医学检验机构2019年营业收入已达到1 500万元。2020年度实验室预计新增两大类检测业务，年检测量达到3万份，收益将突破5 000万元。

三、下一步工作思路

（一）建设国际一流的共享实验室

以构建标准化检验服务体系为依托，不断提高实验室使用的准入条件，以共享模式降低投资成本，加快设备更新升级，力争达到国际一流水准，吸引更多的国内外第三方医学检验机构依托实验室申请检验资质。

（二）丰富检测内容，强化结果互认

把握分级诊疗机遇，与省内外三级甲等医院进行联动，根据医院需求，及时增加检测项目，下沉并前置服务内容，逐步承接更多社区医院、乡镇医院等基层医疗机构的检测业务，并依托大数据平台，实现省内医联体之间的结果互认，有效提升诊疗效率。

（三）持续促进医疗检验检测行业高质量发展

与行业主管部门密切联系，进一步优化实验室操作规范和流程，丰富检测大数据系统，强化全过程溯源追踪服务，建立健全第三方医学检验机构的监督机制，完善全过程监管体系，组建专家队伍，确保检测结果可靠可用。同时，组建医学检验检测行业协会，牵头组建龙头企业，出台政策扶持各类医学检测主体快速发展，切实引导区域内第三方医学检测业务高质量发展。

建立"保税货物+租赁贸易"新模式

(天津市提供)

根据《国务院办公厅关于促进金融租赁行业健康发展的指导意见》(国办发〔2015〕69号)中"鼓励通过金融租赁引入国外先进设备,提升国内技术装备水平"的相关精神,天津市发挥融资租赁产业特色,创新推出了进口保税设备租赁业务模式。

一、主要做法

天津市主要采用"保税货物+租赁贸易"新模式。根据相关规定,海关特殊监管区域内企业之间货物自由流转,不征收增值税和消费税;区内企业从境外购买设备享受保税政策。租赁公司在海关特殊监管区域设立租赁特殊目的公司(Special Purpose Vehicle,SPV),以SPV公司为出租人,采购租赁标的物入区保税,以租赁贸易方式报关后,交付承租人使用,以租金方式分期缴纳关税和进口环节增值税。进口保税设备租赁业务模式如图1所示。

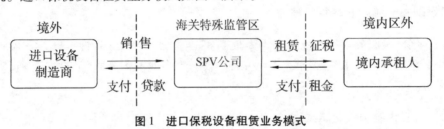

图1 进口保税设备租赁业务模式

二、实践效果

(一) 现金流压力缓解

采购租赁标的物入区保税,并以租金方式分期缴纳关税和进口环节增值税,减少对企业资金的占用,缓解企业现金流压力。

(二) 应用范围广

该业务模式不仅适用于港口设备的进口,而且可应用于成套设备进口中的多个行业。在企业资金不充足的情况下,可帮助其及时采购生产工具,抢抓市场发展机遇。

(三) 功能发挥全

进口保税设备租赁还可以与链式租赁、厂商租赁等模式相结合,进一步拓展制造产业上下游企业,进一步发挥融资租赁所兼具的融资与融物相结合的功能。

(四) 合作空间大

该模式可以实现跨海关特殊监管区域之间的合作,突破了海关特殊监管区域SPV公司设立的地域限制，可与其他海关特殊监管区域间采取"1+N"的模式进行推广，减少了企业对 SPV 公司管理的难度。

三、下一步工作思路

（1）进一步扩大租赁标的物范围，如重点支持高新技术、医疗器械等设备。
（2）争取金融租赁公司在海关特殊监管区域内设立 SPV 公司开展进口保税设备租赁业务。
（3）加强新模式推广，了解企业需求，探索更多试验。

集聚大数据探索服务贸易新业态新模式

(贵州贵安新区提供)

自2018年6月国务院批准深化服务贸易创新发展试点以来,贵安新区积极利用大数据集聚企业、融合产业、创新业态,探索服务贸易发展新路径,以数据服务为引领的贵安服务贸易创新发展之路越走越宽。

一、主要做法

(一)坚持用大数据集聚服务贸易新产业

试点以来,贵安新区规划建设了以综保区、大学城为核心的服务贸易高端产业集聚区,奋力打造以大数据为引领的电子信息制造、数据中心、软件及信息技术服务三大产业集群。充分利用地质、气候、能源供应等优势规划建设大型数据中心项目11个、服务器360万台,其中国内三大运营商数据中心等一批引领性项目已经建成投运,苹果云服务(iCloud)数据中心、华为全球云数据中心、腾讯七星数据中心、500米口径球面射电望远镜(FAST)天文大数据中心等一批示范性项目正在加快建设,以大数据为主导的上、中、下游产业正加速集聚,服务贸易发展的产业基础不断厚植。

(二)坚持用大数据催生服务贸易新模式

试点以来,贵安新区按"市场引导、企业主导、政府支持"的模式,出台"贵安新区大数据+产业深度融合行动计划"等政策措施支持大数据与工业、农业、服务业深入融合,促进实体经济向数字化、网络化、智能化转型,用数字产业化推动产业数字化、贸易数字化,服务贸易新业态、新模式层出不穷。

(三)坚持用大数据探索服务贸易新路径

试点以来,贵安新区依托大数据探索适合于贵安新区服务贸易创新发展之路。按照"以服务业为主体,以大数据和服务贸易为两翼"的模式,探索服务贸易国际合作新路径,如与苹果公司成功合作云服务项目,以及支持白山云科技公司在美国设立子公司,在关注行业最新发展动态的同时积极开拓美国数字服务市场。依托数博会、贵洽会、中国—东盟教育周等展会论坛打造服务贸易交流合作平台,促进服务贸易领域投资、技术、人才培训等交流合作。依托亿蜂、鼎韬等打造服务贸易综合服务平台,推动服务贸易各类要素聚合、业务融合、资源整合。按照"政产学研"合作模式,探索大数据、服务贸易人才培养新路径。

二、实践效果

(一)产业集聚有新突破

2019年贵安新区大数据产业招商落地项目21个,总投资340.62亿元;实施大数据重点项目13

个，完成投资额 36.89 亿元，尤其是贵阳·贵安国家级互联网骨干直联点完成建设，以数据中心为引领的信息基础设施投资位居全省第一位。国内三大运营商数据中心服务器安装使用 6.15 万台，承载能力已达 26.5 万台。先后集聚苹果、华为、微软、国际商业机器公司（IBM）、富士康、浪潮等一批标志性的国际大公司落户，云上贵州、白山云、数据宝、贝格等本土大数据企业快速成长。2019 年软件和信息技术服务业营业收入达 43.09 亿元，同比增长 42.54%。

（二）模式创新有新突破

贵安新区数据中心产业由仓储业态加速向全国领先的"云+端"大数据应用业态转型升级，服务贸易数字化等服务贸易新业态、新模式不断涌现。比如，白山云科技公司自主研发的云链、"数聚蜂巢 API"等数字服务模式，为微软、腾讯、搜狐等近 300 家知名互联网企业和中国 70% 的互联网用户提供服务，相继入选全球顶级内容分发网络（CDN）服务商和《中国企业家》发布的"科创企业百强榜"。贝格大数据公司推出的"数据+算法+算力"整合云服务的理念及模式，致力于"零门槛"提供大数据和人工智能应用。白山云科技、瀚弘科技、聚嘉科技等企业积极开拓数字服务出口市场，2019 年新签信息技术离岸服务外包合同 4 570 万美元，同比增长 168.52%，市场涉及美国、英国、新加坡等国家和中国香港地区。

（三）发展路径有新突破

贵安新区坚持发展服务贸易、人才先行。依托华为大数据学院、印度国家信息学院（NIIT）、IBM、微软与大学城相关院校合作，推进大学城各高校探索"人才+项目+团队""人才+基地"等人才培养新模式，打造大数据、服务贸易人才梯队，先后引进一批大数据人才和团队到贵安创业就业。利用 2019 年数博会举办"构建 IDC 产业生态赋能数字化转型"贵安主论坛，与思爱普、中电四建设、贵州广电等公司签约 20 个大数据项目。

三、下一步工作思路

（一）进一步集聚产业要素

加快打造贵安综保区、大学城、绿色金融港等服务贸易核心区，加快大数据、数字经济、电子信息、服务外包等产业园区和基地建设，探索数字服务出口基地建设，推动服务贸易向高端集聚发展。

（二）进一步创新业态模式

认真落实国家关于服务业开放相关政策和便利举措，积极推进服务业双向开放，鼓励高端服务企业"引进来""走出去"，学习借鉴和利用国际先进的技术、商业模式。充分利用大数据产业优势，探索推进服务贸易数字化，运用数字化技术提升服务的可贸易性，积极为全省乃至全国服务贸易发展开辟新路径。

（三）进一步探索发展经验

加快整合产、学、研等领域的资源和优势，加强对数字服务贸易管理体制、促进机制、监管制度、发展模式等方面的探索研究，深度探索大数据和数字服务贸易新模式、新技术、新经验，力争形成成熟的经验并向全省甚至全国推广。

推进生物医药研发外包
实验用生物材料通关便利

（上海市提供）

生物医药产业作为我国大力扶持的战略性新兴产业，其对实验用生物材料具有较大的进口需求，创新监管模式，推进生物医药研发外包实验用生物材料快速通关，能有效助力生物医药等产业的快速发展。上海市在生物医药领域实施的特殊物品通关便利化等创新举措，为未来在更大范围内生物医药研发外包实验用生物材料通关便利化推广积累了经验。

一、主要做法

（一）建立风险评估体系

为加快推进生物医药研发监管模式与国际接轨，上海市商务、海关、药品监督管理部门就跨境研发所涉及的关键环节和问题进行梳理，以生物医药研发用特殊物品的风险评估为突破点，建立"研发单位分类管理+产品风险分级"的检疫监管体系，对低风险产品实行"一次审批、多次核销"，对高风险物品建立生物医药跨境研发用特殊物品的入境通道。建设生物医药特殊物品风险评估信息平台，建立海关特殊物品风险评估流程和技术要点标准，实现评估无纸化、流程可视化、结果可预期。

（二）优化关企服务模式

考虑到生物医药企业的"科研生态"需求，针对其研发用品种类多、数量少、批次频、贮存要求高、查检条件特殊、通关时效强等特点优化管理流程。生物医药研发企业登录"科创e家"信息化平台，可享受在线申请、单证电子传输、办理预审核、通关实时查询和提示、政策信息发布及实时互动等"一站式"海关服务。依托上海海关跨境贸易大数据平台，对符合一定条件的生物医药科研机构，减少事中干预，对特殊情况需要查检的进口用品优先实施查验、抽样、检测等作业。

二、实践效果

（一）特殊物品风险评估时效大幅提升

将风险评估由原先的9个环节减少为5个，评估时长压缩四分之一，进一步提升企业的体验度和获得感。

（二）服务企业更为便捷

依托"科创e家"信息化平台，实现"让科研机构少跑腿，让数据多跑路"。同时，借助张江跨境科创监管服务平台的口岸分拨直通优势，对研发机构的空运进口货物，做到即到即查，当天货当天清,让进口的特殊物品更快到达上海的实验室。

三、下一步工作思路

一是完善通关便利制度。推广北京中关村生物医药国检试验区、广州华南生物材料出入境公共服务平台等成熟经验,完善检疫监管体系,进一步压缩通关时间;推动延长卫生检疫审批单有效期;建立跨境生物材料入境"绿色通道";简化风险判定流程,缩短风险评估时间。

二是搭建公共服务平台。依托自贸试验区、服务贸易创新发展试点、服务业扩大开放综合试点等平台,发挥综合保税区优势,在生物研发企业集中的地区,建设一批生物材料出入境公共服务平台,安排海关、药监、环境、卫生等有审批事权的部门入驻,为企业提供报关报审、专岗查验、快速通关、保税监管、业务咨询等"一站式"服务。

三是加强事中事后监管。建设全国生物材料全流程监管服务信息系统,完善跨境生物医药研发业务管理模式,加强对生物材料进口、使用、销毁全流程的数据管理,探索对生物企业实行诚信分级管理,不断强化事中事后监管,营造良好的制度环境。

搭建生物医药集中监管和公共服务平台

(南京市提供)

南京江北新区紧密结合建设自主创新先导区战略定位，积极复制借鉴"出入境生物材料制品风险管理""动植物及其产品检疫审批负面清单制度"等改革试点经验，搭建生物医药集中监管和公共服务平台，进一步创新检验检疫监管模式，提升公共服务效能。

一、主要做法

(一) 简化审批流程

依托生物医药公共服务平台，建立完善基于"企业诚信管理、产品风险评估和企业生物安全管理"的特殊物品生物安全控制体系，实现特殊物品生物安全风险全流程管理。简化审批手续，在企业分类管理的基础上，对经过专家组评估为生物安全风险等级"三级""四级"的低风险生物制品，审批方式由原来的逐批审批调整为年度一次审批、分批核销。

(二) 实行集中监管

搭建出入境生物医药集中监管平台，江北新区海关检验检疫部门依托集中查验监管系统实行集中监管，减少物流环节，提高通关效率。同时，积极探索入境特殊物品检验检疫无纸化操作，优化监管流程。企业不需要到窗口递交纸质单据、办理检验检疫业务，只要将原先需要提供的纸质单证通过电子文件的形式上传平台，就能实现足不出户办理入境特殊物品检验检疫业务。

(三) 优化公共服务

依托江北新区生物医药公共服务平台，采用"门户+服务"运行模式，优化整合江北新区生命健康领域服务资源，为生物医药研发企业提供医药研发检测、基因测序、企业孵化、高端试剂配送等专业、高效、便利的一站式配套服务。

二、实践效果

(一) 大大提升生物制品通关效率

生物医药集中监管和公共服务平台运行后，对单克隆抗体、蛋白质药物、小分子药物、血液及其制品等生物制品，在进口环节审批由原先20~30个工作日缩减为1~3个工作日。拿到"入境特殊物品卫生检疫审批单"，再通过无纸化报检，在电子信息齐全且正确的情况下，1天之内即可顺利通关放行，大大降低了因过长的通关周期造成的生物制品活性受损的可能性。

(二) 有效促进生物医药产业集聚

南京生物医药谷被评为南京市服务贸易发展集聚示范区。该示范区打造健康医疗大数据中心公共测序平台，引进全球领先的（超高）（通量）人类全基因检测设备，吸引美国帝基生物、诺禾致源、安诺优达、世和基因等业界一流企业入驻。在医疗器械及诊断试剂产业链，吸引了微创、双威、宁创、宁健、世帝、美宁康诚、天纵易康、巨鲨医疗等一批核心企业入驻。

三、下一步工作思路

（1）进一步学习和借鉴上海、浙江等先进地区在推动生物医药产业研发创新等方面的做法经验，积极争取更大的政策支持力度。

（2）进一步完善生物医药监管和公共服务平台运行机制，提升专业化服务能力。

（3）进一步简政放权，创新优化监管服务模式，为推动生物医药产业创新发展提供更多优质的公共服务。

实行进口研发（测试）用未注册医疗器械分级管理

(苏州市提供)

苏州市针对研发用未注册医疗器械产品及零部件的进口实行分级管理，即由准入企业履行进口报备手续、制定自主管理方案，由职能部门加强事中事后监管，海关部门根据苏州工业园区（以下简称园区）经济发展委员会、科技信息化局和市场监管局出具的情况说明函，按照相关规定执行通关手续，从而提升进口通关效率和便利化程度。

一、主要做法

（一）制定进口研发（测试）用未注册医疗器械分级管理办法

分级管理办法明确了备案产品范围和分级标准，规定了申请企业的具体准入条件，并明确在业务流程上设立单一服务窗口，由园区特殊生物制品物流平台做好企业的前期辅导和资料一窗受理，后续也由平台负责向园区市场监管局、经济发展委员会和科技信息化局递交企业申请资料，为企业提供清晰的指引。

（二）强化申请企业的主体责任

企业要切实履行主体责任，建立起一整套覆盖进口研发（测试）用未注册医疗器械全生命周期的质量管理制度，明确高层管理人员和专管员，建立登记、领用台账并严格逐笔记录，确保产品用途合规，主动接受和配合监管部门的监管。

（三）加强事中事后监管

相关部门各司其职，定期会商，协调配合，加强事中事后管理，确保管理安全可控。园区经济发展委员会负责制定备案企业准入标准和企业清单，科技信息化局负责认定企业研发能力、判断研发能力与进口产品和数量之间是否匹配，市场监管局协助判断进口未注册医疗器械或零部件的分类等级和后续监管，海关给予企业进口未注册医疗器械或零部件的通关便利。

二、实践效果

（一）帮助企业解决实际需求

进口研发（测试）用未注册医疗器械分级管理办法自实施以来，已为强生医疗、贝朗医疗、百特医疗等企业通过备案进口了几十批研发用未注册医疗器械。

（二）激发企业创新积极性

截至2019年9月底，园区已有6家申请单位提交了25批进口研发（测试）用未注册医疗器械或零部件产品的进口备案申请。通过备案后，相关企业的研发产品将得以顺利通关，尽快投入研发，加快医疗器械产品的开发与上市速度。如贝朗医疗进口动脉/静脉（A/V）血路管、透析液过滤器用于研发透析机项目，目前该项目已进入了法规事务（RA）注册阶段，预计2020年一季度开始量产，产量可达1 000台/年，预计将实现销售额7 000万元。分级管理办法的试行，将进一步激发园区医疗器械创新研发要素集聚的优势，促进生物医药产业高质量发展。

三、下一步工作思路

（1）加强对通过该分级管理方法备案进口产品的跟踪检查，特别是分类中未注册医疗器械产品，确保这些产品真正用于研发。

（2）对申请备案的医疗器械企业做好指导，加快备案顺利开展。

（3）及时做好进口研发（测试）用未注册医疗器械分级管理办法试点的成果和经验总结，为分级管理办法进一步推广至全国提供借鉴。

（4）继续积极向上反馈，建议海关和药监部门加强沟通，优化医疗器械商品HS编码分类，从源头上解决企业困难，优化营商环境。

推行跨境电商进口客对商电子商务模式（B2C）包裹退货新模式

(杭州市提供)

2019年年初，天猫国际、网易考拉等大型电商平台反映其平台存在大量"退货难"问题。针对上述问题，杭州市改革创新，打通政策、程序等方面的阻塞节点，在全国率先推出跨境电商零售进口包裹退货新模式，解决了货物超期积压的问题，为企业和消费者破解难题。

一、存在问题

电商平台反映的"退货难"问题主要包括：

（1）"非整单或非良品"无法退运和二次售卖。据了解，因非整单或非良品无法退单的比例，天猫国际与网易考拉分别为45%和50%。

（2）物流链条较长导致部分退单商品难以在海关放行30日内运抵综保区内，影响消费者额度返还。经统计，因该原因导致无法在30日内完成退货的商品约占整个退货商品的40%。

（3）超过30日的退货商品无处置路径，导致这部分退货商品积压在区外，给企业造成极大的成本负担与资金压力。

二、主要做法

（一）拓展退货形态

在前期"整单良品类"试点退货模式的基础上，允许"非整单""非良品"类包裹退货入区，提升消费者体验。

（二）精简退货流程

制定出台《跨境电商零售进口网购保税退货业务监管方案》，在综保区内设置保税区退货专用仓以替代企业原设于区外的退货专用仓，开辟非申报通道允许国内快递车辆直接入区。

（三）探索超期退货监管机制

对于保税进口商品超期退货的历史遗留难题，研究提出可行性解决方案。2019年8月，在全国范围内率先被海关总署赋权探索超过30日的退货商品退回综保区内重新上架销售的监管模式，一揽子解决跨境电商网购保税零售进口商品历史积压退货处置问题。

三、实施成效

(一) 有效降低企业经营成本

自2019年5月退货新模式实施以来,共有10余家企业享受到新模式带来的红利,极大地减少了企业运营成本。据网易考拉统计,企业共节省仓储费用50余万元,盘活积压的退货商品资金700余万元。截至2019年10月底,退货申请共有14.1万单,占企业总退单数的90%以上,整体退货量较新政实施前环比增长42%,实现"应退尽退"。

(二) 有效缩短企业退货时间

通过区内设立公共退货中心仓、允许退货包裹直接退货入区等方式,减少退货商品在区外的滞留,提高了企业整体退货效率,有效缩短退货时间5天左右,为更多退货商品30日内入区提供保障。

(三) 先行先试,推动制度创新

截至2019年10月底,天猫国际、网易考拉等已有1 000单超期积压退货商品退运至杭州综保区,准备做二次销售处理。杭州海关作为首个实际解决超期30日商品无法退货的关区,为全国复制推广超30日退货商品的处置提供了经验。

四、下一步工作思路

(一) 围绕数字经济,探索跨境电商发展新模式

立足于通过深化创新引领数字贸易发展,在全面提升制度建设创新、政府管理创新、服务集成创新、产业协同创新上做好文章,促进跨境电商业务进一步发展。

(二) 打造"全球中心仓",实现仓储功能最大化

在现有跨境保税仓库的基础上打造全球中心仓,构建一区多功能,一仓多形态,实现出口贸易与进口贸易同仓调拨、小额交易与大宗贸易同仓交割、外贸与内贸同仓一体等,逐步形成全球跨境电商分拨中心,促进物流服务高效发展。

创新知识产权质押融资模式

(北京市、上海市、武汉市提供)

知识产权质押融资对缓解企业融资难具有重要意义。其作为一种新型的融资方式，区别于传统的以不动产作为抵押物向金融机构申请贷款的方式，企业或个人以合法拥有的专利权、商标权、著作权中的财产权，经评估后作为质押物，向银行申请融资。为构建完善的知识产权金融服务体系，自开展服务贸易创新发展试点以来，北京市、上海市、武汉市等试点地区通过整合银行、企业、政府部门、担保公司等相关部门，探索创新知识产权质押融资运作模式，着力解决服务贸易领域中小微企业融资难、融资贵等问题。

一、主要做法

(一) 北京市中关村知识产权金融服务模式

一是搭建平台，努力实现企业融资需求与知识产权金融服务的精准对接。成立中关村知识产权投融资服务联盟，已吸纳包括银行、创投、保险、担保、评估和知识产权运营等各类机构40余家。举办联盟沙龙，召开质押融资对接会，探索构建"贷前有辅导，贷时有选择，贷中有监测，贷后有补贴"的全链条、一站式知识产权金融服务平台。

二是加强研究，不断深化知识产权融资担保服务。开展高精尖产业知识产权现状及融资担保贷款需求课题研究，深入了解人工智能、医药健康等高精尖产业核心专利技术发展状况。推动北京首创融资担保有限公司与北京知识产权运营管理有限公司、北京中小企业信用再担保有限公司形成深度合作，推出基于"知识产权运营+投保贷联动"模式的"智融保"产品。

三是主动上门，积极打破政企"信息不对称"瓶颈。自2018年以来，走访梦之墨科技、握奇数据等数十家中关村企业和金融机构，深度沟通知识产权质押融资工作。制作并发放《企业知识产权质押融资政策辑要》。

四是贴息资助，帮助企业降低融资成本。为10家中关村企业提供了100万元的知识产权质押贷款贴息支持。自2007年中关村国家知识产权制度示范园区知识产权质押贷款贴息专项资金正式实施以来，累计向100家中关村企业发放知识产权质押贷款贴息专项资金1 110万元，支持贷款金额12.09亿元。

五是风险共担，构建知识产权质押融资保险"中关村模式"。北京市知识产权局正式推出适合中关村的知识产权质押融资保险产品，并推动北京知识产权运营管理有限公司与人保财险签订知识产权质押融资保险合同，为45个未到期的存量专利质押贷款项目购买保险，保费共计249.23万元，涉及贷款金额2.063亿元。

(二) 上海市多样化的专利权质押模式

一是加大政策支持力度。在2018年修订的《上海市专利资助办法》中，对开展质押融资业务涉及的专利进行一定的资助，引导企业利用知识产权质押贷款。指导各区出台专项政策支持中小企业申请进行专利权质押贷款,对开展专利权质押融资的企业进行贷款贴息。奉贤区设立400万元的政府补偿基金,建立贷款、保险、财政风险补偿捆绑的专利权质押融资模式。

二是推出各具特色的融资产品。工商银行推出"评估机构+银行+处置平台"三方合作的产品模式。通过引入第三方服务机构对企业专利进行价值度评估,分为"优""良""一般""差""不可"五级,以把控专利自身风险。银行通过信用体系把控企业运营风险,依托国际运营(上海)平台对坏账进行处置。浦发银行在原"银行+评估机构+担保机构"风险共担的产品机制下对产品进行改良优化。上海银行引入担保机构,对担保机构进行间接授信,其中以安信农保公司作为担保公司的授信在350万元以下的、以徐汇融资担保公司作为担保公司授信在1 000万元以下的可快速放款,融资速度较快。

(三)武汉市"银行+保证保险+第三方评估+风险补偿+财政贴息"模式

一是引入评估机构,对企业已获授权的专利进行评估,出具正式价值评估报告,为保险公司和银行提供参考。确定5家评估机构为武汉市知识产权质押贷款的评估机构,畅通知识产权质押贷款的流通渠道,为商业银行开展知识产权质押评估提供便利。

二是引入保险公司,根据专利权价值评估报告等资料,组织下户调查,出具承保意向书,最终开具保证保险保单。

三是银行对企业专利权价值评估报告组织下户调查、评审,出具贷款通知书,见到保险机构保险保单后发放贷款。

四是政府启动相关配套机制,保险公司、财政、银行按5:3:2的比例实行风险共担机制,同时为企业提供利息补贴及保费补贴。对通过专利权质押获得贷款并按期还本付息的企业,保费享受保险补贴60%,对专利权质押贷款利息总额的50%给予贴息。

二、实践效果

(一)更好地满足轻资产企业融资需求

2019年,上海市受理登记的专利权质押融资达到13.58亿元,同比增长91.3%。截至2019年三季度,武汉市通过专利权、著作权以及注册商标专用权等各类知识产权质押贷款累计为600余家中小微企业提供融资76.44亿元。

(二)进一步降低融资成本

在融资过程中,企业仅承担贷款利息、保险费、信用评级等少数费用,还可享受科技保险补贴、利息补贴等政府补助政策,大大降低融资成本。

(三)提高企业授信额度

引入保险和政府风险分担方式对企业贷款进行增信,企业无须再提供固定资产等抵押物,也无担保公司提供担保,减小专利权质押融资贷款风险系数,提高轻资产企业授信额度,推动实现企业专利权价值转化。

(四)解决专利权定价难题

通过引入第三方评估机构,可以客观地确定企业知识产权市场评估价值,为开展融资提供参考。

三、下一步工作思路

（一）完善知识产权质押融资相关政策

对知识产权质押融资相关政策进一步补充完善，持续优化营商环境。进一步扩大财政专项资金的风险补偿范围，优化风险补偿模式，为银行"敢贷、愿贷、能贷"提供制度保障。

（二）加大知识产权质押融资宣传力度

以多形式、多渠道向相关企业宣传知识产权质押贷款风险补偿和财政补贴政策，鼓励有条件的企业积极参与知识产权质押融资活动，实现知识产权质押融资业务的"扩面增量"。

（三）构建知识产权质押融资的有效机制

实现全过程服务，多产品组合，多元素参与，为企业提供高效便捷的全链条、一站式融资服务，真正实现风险共担、风险补偿。

云税贷"以税获贷"助力小微企业发展

(武汉市提供)

在深化服务贸易创新发展试点中,武汉市以破解中小企业融资难、融资贵为重点,创新金融服务,拓宽企业融资渠道,不断丰富小微企业金融服务方式和内容。其中,"云税贷"是武汉市联合中国建设银行,基于小微企业涉税信息,运用大数据技术进行分析评价,采用线上自助贷款流程,针对诚信纳税优质小微企业发放的用于短期生产经营周转的可循环的人民币信用贷款业务,在实践中产生了积极的社会效益和经济效益。

一、主要做法

(一)联动税务部门,实现银税直连

建立以征信互认、信息共享为基础的银税合作机制,税务部门主动共享企业真实可靠的纳税信息,银行根据纳税记录对企业经营能力及信用水平进行判断。只要满足一定的纳税条件,无须抵(质)押担保,银行可为小微企业提供"纳税信用贷",实现以税换贷。

(二)贷款额度灵活

"云税贷"以小微企业纳税情况为基数,将企业纳税额转化为信用资产,额度是在企业上一年度纳税的基础上放大5~7倍,纳税信用等级越高、缴税越多,贷款额度越高,最高为200万元,贷款期限一年,随借随还,在贷款额度和期限内可循环使用,更好地满足小微企业的融资需求。

(三)采用"互联网+税务大数据"模式

通过建设银行的电子渠道,实行全流程网络系统化操作(图1),实现在线申请、实时审批、签约、支用和还款的快捷自助贷款业务;打破时间空间限制,实现7×24小时自助全流程线上操作,最快3分钟即可到账,第一时间满足客户"小、频、急"的融资需求。

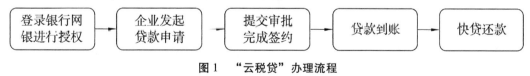

图1 "云税贷"办理流程

二、实践效果

(一)创新企业融资渠道

"云税贷"运用税务信息,弥补小微企业财务信息不充分、不准确的缺陷,根据纳税记录对企业的经营能力及信用水平进行判断,为按时足额、诚信纳税的小微企业群体提供信用贷款,无须抵(质)押担保,实现以税换贷。截至2019年年底,"云税贷"授信客户数13 595户,授信金额83.7

亿元，贷款客户数 12 349 户，贷款余额 72 亿元。

（二）降低企业融资成本

"云税贷"按缴纳的增值税、企业所得税纳税额放大 7~9 倍，10 万元纳税额最高可获得 90 万元贷款，额度可循环使用，随借随还；且"云税贷"实行按日计息，在申请额度下用款才计息，不用款不计息，极大地降低了企业实际资金成本。

（三）优化社会信用环境

"云税贷"的推出实现了纳税服务产品的迭代升级，深度挖掘了纳税信用评价体系在社会商业活动中的潜在价值，形成了企业税法遵从与企业信用价值相互促进的良性循环，真正实现了"以税授信、以税促信、增信增值"。

三、下一步工作思路

（1）进一步加强与税务部门合作，充分发挥各方宣传阵地和载体作用，加大"云税贷"业务的推广力度，扩大业务覆盖范围，进一步激发小微企业发展活力。

（2）进一步加强信用数据共享工作，优化完善信用平台，提高政府部门互联互通范围，加强信用信息归集共享，建立数据长效更新机制，提升信用信息数据质量，做好信用信息的应用服务，实现银税互动扩面提速。

（3）进一步健全守信激励机制和失信惩戒联动机制，建立健全"事中密切跟踪+事后分析问效"的纳税信用管理机制，促进市场主体诚信自律，持续优化市场环境，提升银税互动和纳税信用的影响力。

设立"国际生物医药保险超市"

(成都市提供)

为了提升生物医药产业功能区发展能级,加快构建生物产业生态圈体系,完善生物医药产业链,2019年8月,成都市高新区诞生了全国首家"国际生物医药保险超市",由太平洋财险四川分公司投资建设运营,以金融链构建为突破口,具备集成境内外生物产业全链条保险产品、形成境内外生物产业保险衔接机制和提供一站式保险服务三大功能,为生物企业提供集成匹配生物医药的全链条、全周期保险产品。

一、主要做法

(一)搭建"一站式"服务通道

保险超市为生物企业开通"一站式"个性化绿色服务通道,提供事前风险预防、事中风险控制、事后理赔服务,指定专人全流程对接。

(二)探索"政府+保险+企业"产业培育新模式

不断增强政府对生物医药产业发展的培育力度,强化保险对产业的服务保障能力,降低生物企业临床试验、生产、上市流通全生命周期的风险,免除企业的后顾之忧。

(三)形成"政府+企业+高校+基金"新药成果落地转化机制

政府通过参与基金介入项目,实现封闭交易,缓解新药转化的资金压力和不确定风险。在院校科研成果产业化过程中,政府给予资金、载体和产业环境保障,全周期赋能,加速成果转化进程。

二、实践效果

(一)增强企业抗风险能力

创新性地引入金融手段,与国际生物医药产业相互衔接,构建"生物医药+金融"的合作方式,为本地生物医药企业打开了"金融保护口"。通过提供完善便捷的国际保险产品服务,企业可以在当地购买用于境外开展临床试验、境外实施物流运输所需要的保险产品,降低企业研发风险和压力。

(二)完善产业保护机制

以全链条和全周期方式为生物医药企业"保驾护航",完善企业经营范围以外的保护机制,补齐产业流程中的保护链。

三、下一步工作思路

持续开展针对生物医药产业和大健康领域专业保险产品的创新研发，引入国外先进保险产品。未来三年将继续深化"政府+企业+高校+基金"的新药成果落地转化机制，预计 20 个项目可取得临床批件，20 个项目可获得生产批件。

建设跨境金融区块链服务平台

(天津市、重庆两江新区提供)

天津、重庆作为国家外汇管理局跨境金融区块链服务平台试点城市，全面开展跨境金融区块链服务平台（以下简称平台）建设，着力降低银行融资业务风险，提升银行融资业务办理意愿和效率。

一、主要做法

（1）利用区块链分布式账本的不可篡改和数字签名等技术，建立银企间信息交换和有效核验、银行间贸易融资信息实时互动等机制，把企业提交融资申请、融资受理、融资审核、放款登记到还款登记的整个业务流程，放在平台上进行管理，实现对传统融资业务流程的优化再造。

（2）将出口贸易融资中的核心单据"出口报关单"信息通过区块链平台进行查验，验证该单据的真实性，自动计算对应报关单的可融资余额，防止重复融资和超额融资，融资效率大大提高，一笔传统进出口融资由1~2天缩短至15分钟内完成。

二、实践效果

（一）有效缓解中小企业跨境融资难、融资贵问题

传统模式下，中小企业往往由于经营规模小、资产资金少、管理不规范、信用信息匮乏等原因，造成银行对其跨境融资非常谨慎。跨境区块链平台的应用，大大缩短了融资申请周期，有效降低了企业的财务成本。截至2019年11月底，天津通过平台完成应收账款融资18笔，放款金额近600万美元，服务企业8家，全部为中小企业融资。2019年重庆两江新区28亿美元便利化贸易融资，较传统模式节省超过90%的核验时间。

（二）解决融资"痛点"

传统模式下，银行缺少核查质押物真实性的有效、便捷渠道。由于信息不对称、数据缺乏共享等原因，银行难以掌握企业在同业融资的具体情况。平台提供的质押物信息真实可信，银行间融资信息实时互动与有效核验，有助于及时遏制重复融资风险，解决银行虚假融资和重复融资"痛点"。

（三）助力外汇事中事后监管

传统模式下，监管部门需花很大精力进行非现场监测分析，现场核查、检查虚假欺骗性融资交易。通过在平台嵌入业务和监管规则，实现资金收付、质押物凭证、融资申请、放款等在内的多种信息共享。外汇部门能够看到银行、企业办理融资业务各环节的真实信息，及时发现交易过程中的异常，既达成跨境金融服务目标，又满足了真实性监管要求，真正体现寓监管于服务。

三、下一步工作思路

（1）深入探索打破区块链技术数据孤岛，实现数据共享、数据确权和数据交易，进而发掘数据价值，提高跨境交易融资的安全性和效率。

（2）引导企业大量进入区块链服务平台，创建具有信用的数据生态体系，后期企业相关的数据也可实现数据交易。

（3）深化拓展试点范围，推动现有业务快速发展，加快区块链技术脱虚向实，更好地服务实体经济。

开展技术进出口"不见面"备案

(苏州市提供)

为惠企便民,打造更便捷的服务流程,提高技术进出口合同备案登记事项服务质量和效率,苏州市依托江苏国际知识产权运营交易中心(以下简称苏知中心),探索开展技术进出口"不见面"备案服务,树立对企服务良好形象。

一、主要做法

(一)试点先行,积累经验

2019年5月,苏州市在高新区先行先试,试点将区技术进出口备案综合服务窗口入驻苏知中心,探索开展技术进出口"不见面"备案。截至2019年12月底,共受理239笔技术进出口合同登记申请,合同金额29 504万美元。

(二)制定方案,明确规范

在实地调研和可行性分析的基础上,制定《苏州市技术进出口备案业务进驻江苏国际知识产权运营交易中心工作方案》,拟将全市(工业园区除外)的技术进出口备案工作迁移到苏知中心。该方案对新窗口的工作职责、业务办理流程、窗口迁移工作步骤等做了详细规定,并明确了费用、用章、人员安排等具体事项。

(三)扩大范围,优化流程

2020年1月初,苏州大市范围内(工业园区除外)技术进出口备案综合服务窗口正式入驻苏知中心。中心安排专门人员,建立专用渠道,负责苏州大市范围内(工业园区除外)除禁止和限制类技术的技术进出口合同的审核、登记和证书发放工作外,实现企业技术进出口备案工作"不见面"。

新冠肺炎疫情暴发生后,苏州市按照商务部《关于疫情防控期间进一步便利技术进出口有关工作的通知》文件精神,进一步探索全面推进技术进出口合同登记无纸化流程,最大限度地推行"不见面"服务。目前企业通过商务部业务系统统一平台在线提交申请资料,待线上审核通过后,苏知中心统一经邮政特快专递服务(EMS)寄送合同登记证书至企业,整个办理流程无须企业前往窗口,实现全流程"不见面"办理,真正做到"流程网上走、登记不见面、企业不跑腿"。

二、实践效果

(一)提高服务企业效率

通过网上咨询、初步审核、寄送材料等"不见面"操作流程,技术进出口备案工作效率进一步提升,减轻企业负担,为企业办证取证节省了时间和运营成本。

(二) 强化数据统计分析

苏知中心通过汇集企业数据，可对全市技术进出口情况进行专业分析。2020年1—2月，苏知中心共登记技术进出口合同61份，合同总金额41 821.93万美元。经分析，专利技术与专有技术进口占技术进口总额的91.67%，技术进口来源地集中在日本、美国和中国台湾，通信设备、计算机及其他电子设备制造业是技术引进的重点行业。

三、下一步工作思路

(一) 打造综合服务平台，便利企业线上申报

开发企业服务系统，为企业业务办理与查询提供信息服务，解决因线上办理产生的其他问题。目前该系统正处于开发过程中，预计一季度将完成审核进度查询、证书办结通知及邮寄物流信息查询等功能模块。

(二) 实现数据可视化，探索事中事后监管新路径

打造数据综合分析系统，通过对技术进出口的各项关键数据，包括但不限于知识产权分类、技术进口来源地与技术出口目的地分布、技术进出口所属行业等信息的统计分析，形成阶段性报告。下一步系统还计划打通与科技、知识产权等相关业务部门的对接渠道，逐步完善技术进出口数据分析的维度，为政府部门精准招商、政策完善等工作提供参考依据，并探索加强技术进出口事中事后监管的新路径。

将服务贸易管理事项纳入国际贸易"单一窗口"

（上海市、天津市、海南省提供）

国际贸易"单一窗口"以"一个平台、一次提交、结果反馈、数据共享"为原则，企业可以通过"单一窗口"一个平台一次性递交贸易监管所需的所有材料，监管部门也可以通过一个平台将结果反馈给企业，实现企业与监管部门之间、监管部门相互之间的数据共享和国际贸易相关手续的"一网通办"，有效地压缩环节、提高效率、降低成本。

一、主要做法

上海市在全国率先将服务贸易管理事项纳入国际贸易"单一窗口"。在技术贸易和服务外包管理事项纳入国际贸易"单一窗口"的基础上，推动技术贸易出口退税及收付汇业务纳入国际贸易"单一窗口"，推进技术贸易无纸化改革试点，探索在"单一窗口"内设置服务贸易专区。

天津市将"天津市国际货代行业管理（明码标价公示）平台"纳入天津国际贸易"单一窗口"，拓展"单一窗口"服务贸易功能。"单一窗口"还与市税务局系统对接，实现国际贸易"单一窗口"集成出口退税综合服务平台，实现企业可在"单一窗口"进入出口退税综合服务平台办理退税业务。

海南省将境外游艇、金融服务、跨境电商等服务贸易管理试行纳入国际贸易"单一窗口"。在8个开放水域，通过陆基雷达、海上浮台、Ais系统（船舶自动识别系统）、光电、北斗对境外游艇的轨迹实施监控，实现了放得开、管得住的任务要求。

二、实践效果

（一）提高办事效率

目前，上海国际贸易"单一窗口"已集成技术贸易和服务外包管理事项，如针对技术贸易可以集中办理合同备案、出口退税和收付汇等业务。自2019年11月技术贸易出口退税无纸化试行以来，共办理业务30笔，大大提升了企业办事的便利度。通过拓展"单一窗口"，推动了商务、税务、外汇等部门的数据共享和交流，逐步形成跨部门的数据共享合作机制。

（二）降低企业成本

国际贸易"单一窗口"实行免费政务申报，每年可为企业节省大笔费用，企业在市场竞争中的底气和信心会更足。

（三）规范行业管理

天津通过国际贸易"单一窗口"项下的货代平台对货代企业统一管理，使货代行业管理逐渐走向规范化、信息化。目前已有2 800家货代企业纳入平台规范管理，占正常开展经营货代业务企业的96%以上。

三、下一步工作思路

(1) 结合服务贸易企业特点，探索将更多服务贸易领域纳入国际贸易"单一窗口"。
(2) 在现有的"单一窗口"内设置服务贸易专区。
(3) 进一步优化技术贸易和服务外包办事流程，提升服务效率。
(4) 继续推广技术贸易无纸化改革。

附录 2

深化服务贸易创新发展试点第二批最佳实践报告

优化事业单位对外籍人员的管理和服务
川菜做"媒",促进美食产业双向开放
推动设立全球性研发中心和开放式创新平台
拓宽境外融资渠道　助力企业复工复产
打造特色服务贸易集聚区
建立文化贸易境外促进中心
开通中新(重庆)国际互联网数据专用通道
积极推进邮轮服务贸易新业态发展
创新在线数字展览模式
加快智能城市建设　助力服务贸易新业态发展
通过铁海联运扩大海运集装箱流转范围
创新国际物流运输模式　促进贸易通关便利化
创新铁路提单交易模式和规则
打造智慧物流服务平台
船舶边检查验"零待时"
探索国际远程会诊和国际医生执业资格互认模式
创新服务贸易国际化人才服务机制
打造一站式综合金融服务平台"金融超市"
探索"杭信贷"融资闭环模式
应收账款融资服务助力中小微企业发展

优化事业单位对外籍人员的管理和服务

(海南省提供)

高层次、国际化人才的培养和引进是服务贸易国际竞争力提升的重要支撑。海南省以出台事业单位聘用外籍人才管理办法为契机，推动解决事业单位聘用外籍人才的岗位限制问题，为深化服务贸易创新发展试点及自由贸易港建设提供强大的国际人才支撑。

一、主要做法

(一) 明确适合聘用外国人才的工作岗位

明确面向社会提供公共服务的事业单位中的专业技术高级岗位和工勤技能一级、二级岗位可用于招聘外籍人才。为确保人才质量，要求应聘上述岗位的外籍人才应具备以下条件之一：曾在国（境）外高校、科研院所或医院等机构工作过的专家、学者；曾在国际组织、金融机构或世界500强企业等中担任中高级职务，精通相关领域业务和国际规则的专业技术或经营管理人才；具备较高的科技创新能力、研发水平、科研成果为同行公认，达到国内一流水平的研究人才；属于海南省旅游业、现代服务业和高新技术产业等三大产业以及种业、医疗、教育等重点领域急需的创新人才等。

(二) 建立学术评审委员会考核评价外籍人才机制

通过建立学术评审委员会考核评价外籍人才机制，全面、有效、客观地评价外籍人才。建立学术评审委员会既解决了我国专业技术资格、职业技能与国外认定体系不对等、不一致等问题，又为综合考核评价外籍人才提供了新的思路和途径，是与国际人才招聘制度接轨的创新举措。

(三) 允许采取市场化方式先期发现、挖掘、招聘外籍人才

允许和鼓励事业单位采取市场化方式先期发现、挖掘外籍人才，实行定向招聘，能解决信息不对等、渠道过于狭窄等问题，有利于提高招聘的精准率。

(四) 采取灵活多样的薪酬分配方式

创新提出事业单位聘用的外籍人才可采取年薪制、协议工资制、项目工资制等灵活多样的分配形式，能够较好地解决岗位待遇低、不利于人才引进的问题，同时也能为行政机关、社会团体引进高端人才提供借鉴。

二、实践效果

(一) 优化放宽外籍人才岗位限制的制度安排

围绕能不能编内招聘外籍人才、用什么岗位招聘外籍人才、聘用的外籍人员适用何种薪酬待遇等问题，初步探索出一条解决路径，从制度上建立了外籍人才"招得来、留得下、用得好"的长效

管理机制。

（二）外籍人才招聘模式实现新突破

海南博鳌乐城国际医疗旅游先行区内企事业单位共招聘了 45 名外籍医务人员。2020 年 3 月，海南大学招聘了 2 名外籍教师，5 名具有博士学位的外籍教师正在签署聘用协议。海南师范大学、海南热带海洋学院等高校均聘用了一定数量的外籍人才。

（三）加速海南人才国际化进程

聘用外籍人才不仅开阔了海南省事业单位、法定机构选人用人的视野，而且加速了海南省人才队伍的国际化进程。2020 年 4 月，在"海南自贸港面向全球招聘人才活动"的岗位征集中，全省共有 32 家事业单位、法定机构申报了 180 多个招聘外籍人才的岗位。

三、下一步工作思路

（一）坚持市场导向引进外籍人才

指导海南省各市县、省直有关主管部门编制出台外国人工作指导目录，帮助用人单位和外国人了解当地对外籍人才的需求情况。加大以市场需求为导向的外籍人才引进力度，增强引进外籍人才和智力的科学性、针对性。

（二）加大线上招聘力度

引导招聘单位主动运用新技术、新手段，通过网络、视频招聘的方式，加大线上招聘力度。

（三）大力转变招聘模式

组织省内高校、科研事业单位走出国（境）门，到"一带一路"沿线国家和地区开展人才招聘，将"坐等上门"变为"登门揽才"。

川菜做"媒",促进美食产业双向开放

(成都市提供)

成都美食产业作为促进文化和旅游深度融合的重要支撑,发挥了增进城市交往、深化文化互动的桥梁作用。近年来,成都在打造国际美食之都的过程中,以川菜为媒介,全面拓展成都美食文化的国际交流空间,开放成都美食与国际美食双向交流的合作平台,诠释"蜀都味"与"国际范"的价值内涵,演绎国际版的"老成都"故事,品味"舌尖上"的中国文化。

一、主要做法

(一)注重规划引领和顶层设计

2018年以来,成都相继出台《建设国际美食之都三年行动计划》《2019年成都国际美食之都建设工作计划》《2019年重点美食企业专项招引计划》《2019年重点美食企业专项培育计划》等系列指导文件,起草《关于进一步扩大对外开放,加快国际美食之都建设的实施意见》,制定国际美食之都建设的考核办法、统计监测办法。

(二)培育美食载体,营造美食多业态消费场景

按照"一街一品,一街一主题"要求,形成一批各具文化特色、多元业态融合的特色美食街区,打造商场楼宇美食圈和社区餐饮服务圈。创新发展绿道田园美食、乡愁美食、夜宴美食等,丰富夜间餐饮业态,打造"夜游、夜食、夜市、夜展、夜秀、夜节、夜宿"等主题消费新场景。

(三)面向海内外拓展国际美食节庆展会平台

为了提高成都美食的国际美誉度,连续举办"亚洲熊猫国际美食节""旧金山·成都美食文化节""国际美食文化高峰论坛""国际美食文化特展""亚洲美食汇""成都美食文化周"等活动,整合国际国内高端资源,打造海内外美食文化互动交流平台。在日、韩、欧洲、澳大利亚等地举办多场海外系列美食文化推广活动。

(四)设立川菜海外推广中心

目前,成都已在旧金山、洛杉矶、莫斯科、维也纳、东京设立了5个"川菜海外推广中心"和"郫县豆瓣·川菜原辅料海外推广中心",积极搭建各类国际性交流平台,扩大成都美食整体品牌的国际影响力和消费吸引力。

(五)出台国内首个餐饮业明码标价行业规范

开展餐饮标识精细化管理工作。全市共有1 905家餐饮商家完成餐饮标识规范建设,45个4A级及以上景区基本实现餐饮标识标准化、精细化、全覆盖。

二、实践效果

(一) 提升川菜和"中国味道"的国际影响力

通过在海外举办各种川菜推广活动,加快了川菜文化的传播力度,提高了中餐的国际影响力。例如,海底捞、老房子、成都映像、大龙燚、蜀大侠等近50家知名川菜企业在境外开设200余家餐饮店,涉及近20个国家和地区;银芭餐厅入选2019年度La Liste国际美食排行榜。

(二) 丰富成都本地的国际餐饮业态

成都积极建设国际美食之都,引进多家国际餐饮品牌企业,丰富了本地国际餐饮消费市场,创设更加国际化、多元化的餐饮业态。2019年,成都外国餐厅数量已经超过2 000家。"首店经济"中餐饮首店在首店业态中占比最高,达到46%,包括19家特色餐厅的中国首店与西南首店。

(三) 推动成都餐饮服务业全方位发展

近年来,川菜积极参考国际菜系的制作流程和规范机制,促使川菜制作与国际接轨,树立国际标杆,体现国际品质。2019年,成都市实现餐饮收入1 123.9亿元,同比增长24.9%,引进多家海内外知名餐饮品牌企业。美食经济作为成都市服务业的重要内容,成为拉动城市消费的主要动力。

三、下一步工作思路

(1) 加快建设国际美食传播中心、国家美食文化交流创新中心、川菜标准制定和发布中心、特色美食人才培养和输出中心。

(2) 打造以春熙路、太古里、宽窄巷子等为代表的国际性地标美食集聚区和以东部新城、交子公园等为代表的国际新区核心美食圈,吸引一批国际性美食企业汇聚成都。

(3) 深化国际美食人才队伍建设,搭建国际交流合作大平台,支持建立国际美食专业推广机构,引入国际权威评价机制,加快建设区域性国际美食评价中心。

(4) 持续推进美食海外推广宣传活动,塑造成都建设国际美食之都的优质形象。

推动设立全球性研发中心和开放式创新平台

(上海市提供)

近年来,上海坚持全球视野、国际标准,持续扩大对外开放,集聚发展外资企业及外资研发中心,推动形成以总部经济及研发经济为核心的发展新格局。

一、主要做法

(一) 构建完善主体多元、开放协同的科研力量布局和研发体系

按照"一所(院)一策"原则,探索试点"三不一综合"(即不定行政级别,不定编制,不受岗位设置和工资总额限制,实行综合预算管理);加快培育国家实验室、高水平创新机构等承接国家重大创新任务的科技力量;发展科技创新服务业,加强高校、科研院所技术转移专业服务机构建设;大力发展技术市场,整合集聚技术资源,完善技术交易制度;聚焦成果转移转化,从供给端、需求端、服务端共同强化对创新创业全链条的服务支撑。

(二) 处理好政府和市场的关系,促进各类创新主体发展

加快转变政府职能,更加重视加强创新服务,把工作重心转移到抓好战略规划、重大攻关、政策标准制定、体制改革、法治保障等方面,着力抓好营造环境、引导方向、提供服务等基础性、公共性工作。营造公平的市场环境,进一步完善企业服务机制,继续支持国有企业创新发展,大力培育发展民营科技企业,鼓励支持民营科技企业承担政府科研项目和创新平台建设。

(三) 进一步激发科技创新人才活力

建立事业单位绩效工资总量正常增长机制,提高科研人员收入水平。对全时全职承担重大战略任务的团队负责人以及引进的高端人才,实行一项一策、清单式管理和年薪制,年薪所需经费在项目经费中单独核定。

(四) 为科创中心建设提供优质的知识产权服务

上海漕河泾开发区深化国家知识产权服务业集聚发展示范区建设,着力创新知识产权运用和保护机制,出台扶持政策引导知识产权服务业发展,集聚知识产权交易中心、知识产权服务中心2个中心和160多家各类专业服务机构,拥有丰富完整的知识产权服务资源;依托中欧知识产权促进中心、上海市知识产权服务业协会,加强国际交流,扩大国际影响力,为上海中外资各类企业、研发中心提供优质专业的知识产权服务,形成以知识产权服务业为特色的科创服务体系,对推动科创中心建设发挥了重要作用。

二、实践效果

(一) 推动在华新设研发中心提升能级

截至 2019 年年底,上海累计设立外资研发中心 461 家,全球研发中心 46 家。其中,一些跨国公司正在不断提升上海研发中心在其全球战略体系中的层级,在上海设立全球性或区域性研发中心,推动在沪外资研发中心在上海乃至全球获得一系列研发成果。例如,科勒(中国)投资有限公司于 2019 年 4 月在上海设立全球研发中心,从事厨卫产品的技术研究与开发,目前该研发中心拥有注册专利 243 项,共拥有研发人员 156 名,汇聚了一批技术中坚骨干力量;总投资 8.63 亿元的罗氏上海创新中心于 2019 年 10 月在上海张江高科罗氏园区落成,现拥有约 150 名科研人员从事药物发现和早期临床开发工作,90%以上为本土科学家。

(二) 外资与本土的创新元素加速融合,中外合作共享创新成果

鼓励外资企业为初创企业提供创新枢纽内的优势资源,如人才与导师、大型企业与高校、资金支持等,加速创新元素融合,推动企业高速成长。微软加速器(上海)是微软全球第 8 个加速器,一期共为 14 家初创企业成功加速。其中 10 家企业在加速期间获得总额 4.2 亿元的新一轮融资,企业总估值超过 66 亿元,是加速前的 3 倍以上;1 家企业在新三板上市。2019 年 6 月,强生公司的开放创新生态体系、亚洲首个初创企业孵化平台(JLABS)在上海张江启用,可以容纳超过 50 家生命科学和医疗健康领域初创企业,并将与强生亚太创新中心、新兴市场创新中心等机构展开合作,共同打造辐射全球的亚太创新基地。

三、下一步工作思路

(1) 聚焦重点项目,引进一批优质企业、优质项目,推动更多跨国公司地区总部和外资研发中心落户。

(2) 以跨国公司地区总部、外资研发中心提升能级,推进跨境要素流动的制度创新,进一步发挥外资研发中心在基础研究、应用研究和技术创新上的溢出效应,支持外资研发中心在促进创新要素跨境流动和全球配置、知识产权保护和落地、服务外资研发活动等方面取得新突破。

拓宽境外融资渠道　助力企业复工复产

(武汉市提供)

受新冠肺炎疫情影响，武汉市服务贸易领域企业面临资金困难、产能下降、成本上涨、员工紧缺等困境。为帮助企业解决资金困难问题，武汉市积极协调中国银行湖北省分行等金融机构创新金融服务模式，拓宽融资渠道，帮助企业利用金融信贷纾困。

一、主要做法

（一）创新企业跨境融资产品和服务

通过加强境内外、本外币联动，致力于服务实体经济，扩大客户融资渠道。通过跨境融资满足中资企业境内融资需求，帮助企业有效利用境外低成本资金，不占用资产负债表内人民币信贷规模，积极拓宽中资企业境外融资路径和规模。一是内保外贷下的海外直贷。银行将辖属公司客户有效的授信总量切分给海外分行，在切分的授信总量内担保境外行给该客户提供授信支持；同时向境外行开具融资性保函担保给该客户提供授信支持。二是协议融资。银行海外机构根据与境内分行的事先约定，应境内客户的申请，在贸易结算或贸易融资项下为客户提供短期融资便利。基础贸易融资产品包括出口押汇、出口商贴、订单融资，以及国内供应链及保理、国内信用证项下融资等。

（二）积极推进跨境人民币结算便利化

中国银行湖北省分行作为湖北省外汇和跨境人民币业务自律机制牵头单位，密切与监管部门沟通协调，加强同业交流合作，落实《全国外汇市场自律机制系列培训银行外汇业务展业原则之服务贸易外汇业务展业规范》，确保服务贸易企业合规经营；制定《湖北省自律机制优质企业跨境人民币结算便利化方案》，在中国（湖北）自由贸易试验区武汉片区开展贸易投资便利化试点，确定35家优质跨境人民币结算企业，进一步推动湖北省和武汉市人民币国际化进程。

（三）建立银政合作服务企业新机制

出台支持深化服务贸易创新发展试点十项措施，推出包括优化服务贸易外汇业务服务、推进人民币在服务贸易领域的跨境使用、拓宽服务贸易融资渠道、加强服务贸易重点领域出口信贷支持、加强金融风险监测管理、加大中小企业扶持力度等一揽子支持措施；同时，建立服务贸易创新发展试点协作机制，在城区各行建立服务贸易业务工作专班，为企业提供专业化金融支持和服务，全面支持武汉深化服务贸易创新发展试点和服务外包示范城市建设工作。

二、实践效果

（一）拓展信贷资源，拓宽企业融资渠道

通过实施中外资企业跨境融资平等化政策，在为企业降低融资成本的前提下，将境内企业融资

需求转化成跨境融资，有效拓宽了中资企业境外融资渠道。例如，针对建筑服务领域部分企业承建国内外项目需要先垫资建设、业主方支付账期较长带来的流动资金紧缺问题，向客户宣传全口径跨境融资宏观审慎管理政策，量身设计海外直贷产品，解决上述企业信贷规模问题；同时，积极发挥国际化经营优势，联合中国银行首尔分行、东京分行、伦敦分行等海外机构，共同为客户提供低成本跨境融资。目前，累计为客户办理短期及中长期海外直贷超 50 亿元，降低了此类企业的财务成本。

（二）丰富产品组合，为企业提供个性化服务

充分利用中国银行国际化优势，在融资的过程中丰富外汇保值、利率掉期等多元化产品搭配，最大限度地帮助企业在特殊时期节约资金成本。例如，针对武汉市电子信息产业领域民营科技企业出口业务交易结算方式多是赊销、普遍存在补充生产经营资金融资需求的情况，量身设计协议融资与订单融资产品组合方案，即针对出口订单的金额、支付方式、账期，匹配订单融资缓解企业生产备货阶段的资金压力；同时联动境外机构，对接协议融资产品，运用境外低成本资金降低企业融资成本，近期累计为该类企业办理了超 10 亿元融资，为企业节省融资成本近千万元。

（三）创新服务措施，助力服务贸易发展

加大对武汉市发展服务贸易的支持力度，先后与软通智慧、烽火技术服务、软件新城、纬创软件、传神语联网、领航动力、佰钧成等服务贸易和服务外包领军企业签署战略合作协议，协议总金额近 100 亿元，帮助企业拓展国内外业务。此外，与小码联城等数字技术领军企业合作，帮助武汉软件新城等重点园区建立智能公共服务平台，上线园区交通智慧支付系统等项目，丰富数字技术服务场景，助力武汉市重点产业园区打造数字服务示范园区和数字服务出口基地。

三、下一步工作思路

（一）加强政策评估

加强与行业主管部门的沟通协调，充分运用国家政策和区域利好措施，制定符合区域发展的管理办法，与政府相关部门加强合作，在招商、洽谈、落户、培育和业务发展等方面对服务贸易领域企业给予一揽子支持。

（二）优化产品设计

深入了解"轻资产"型服务贸易企业需求，进一步优化产品组合，提升服务品质。借助中国银行在上海、海南、天津等重点区域服务自贸区的丰富经验，积极复制、推广全国性优秀金融产品，为武汉市企业提供更优质的金融服务。

（三）加强政策宣传

强化银政企对接，通过举办全口径跨境融资银企对接宣传活动，扩大产品宣传力度。进一步开展多渠道的宣传工作，通过举行政策宣讲活动、深入企业调研等形式，开展上门送政策、送服务。

打造特色服务贸易集聚区

(威海市提供)

威海市把优先发展服务贸易作为推动经济转型升级和新旧动能转换的重要突破口，规划建设威海服务贸易产业园（以下简称园区），走出一条全链条精准培育、轻资产专业招商的"威海路径"。

一、主要做法

（一）黄金地段"腾笼换鸟"，国际水准"筑巢引凤"

（1）大胆创新园区用地性质。出台《关于加强创新型产业用地管理的意见》，舍弃50亿元的土地出让收益，将园区地块由商住用地变更为创新型产业用地，最大限度降低入园企业初创期用地成本，进一步提升园区的吸引力。

（2）高标准定位园区规划设计。借鉴美国硅谷、印度班加罗尔软件园等国际知名园区模式，聘请中关村专业机构对园区进行产业导入式规划，实现园区产业定位、规划建设与精准招商同步衔接，确保以高水准规划引领园区建设。

（3）市场化推进园区开发运营。出台《关于扶持威海服务贸易产业园企业发展的意见》，采取"管委会+园区+公司"模式，全面负责园区的规划设计、开发建设、招商引资和运营服务，提升园区的吸引力和竞争力。

（二）优化打造"服务平台"，着力构建"生态链条"

（1）搭建完善的创新创业政策保障平台。设立1亿元园区产业引导基金，与50多家投融资机构建立合作关系，已协助40多家入园企业解决融资问题。协调政府部门建立联络员制度，实现服务企业零距离、服务项目零收费、优惠政策零障碍的"三零"服务，打通企业入驻发展的快捷通道。

（2）搭建专业的创新创业技术服务平台。与中国联通、华为、阿里云、浪潮等知名云服务运营商建立技术合作关系，在园区建立全市首批5G基站，形成创新价值链的体系建设，为入驻企业提供优质的网络技术服务。

（3）构建一流的创新创业人才交流平台。园区与201家高校、58家人力资源及培训机构建立合作关系，采取"订单式"培养方式，实现校企双赢。建立4个人才工作站，搭建88人的"专家智库"，形成一整套引才体系，成功帮助企业引进人才700余名。

二、实践效果

威海服务贸易产业园稳步集聚服务外包、电子商务、科技研发、信息技术、总部经济等五大产业群，目前已完成投资18.6亿元，建成楼宇34.3万平方米，已有软银全球外包软件园、阿里巴巴跨境电商本地服务中心、日立解决方案山东研发中心、浪潮"一带一路"国家云服务运营中心等166家企业入驻运营，其中世界500强企业8家，国内外上市公司7家，吸引各类人才2 000余人入驻办公，入驻企业实现产值15亿元，各项税收1 500万元。威海服务贸易产业园先后获评山东省现代服务业集聚示范区、山东省科技企业孵化器、山东省数字经济园区名录库入库园区。

三、下一步工作思路

（一）加快园区建设

推动软银全球外包软件园加快建设，2年内完成28万平方米的开发建设，力争用3年时间全部完成园区126万平方米的开发建设，促进服务贸易创新发展和新旧动能转换。

（二）突破园区招商

坚持招大引强、龙头引领，力争全年新引进项目60个，5年内引进企业500家，聚集世界500强、中国500强及上市公司50家以上，实现产值300亿元，打造服务贸易创新示范基地、区域性企业总部基地。

（三）加大人才引进

重点与威海本地和省内高校深入对接，努力探索"人才+项目+产业"的创新型模式，采取"嵌入式"校企合作，为园区订单式培养人才；积极对接中船重工716研究所、国科大创新研究院等大院大所，引进一批高层次人才。

建立文化贸易境外促进中心

(杭州市提供)

杭州市不断探索常态化文化服务推广模式，加快推动中华优秀传统文化和文化创新品牌"走出去"。通过与英国诺丁汉市加强合作，建立文化贸易境外促进中心，不断提升城市文化国际化水平，打造讲好"新时代杭州故事"、展示世界名城独特魅力的重要平台。

一、主要做法

(一) 探索常态化文化服务海外推广模式

杭州市与英国诺丁汉市签署战略合作协议，合作建立"杭州英国文化创意产业交流中心"。中心以"政府支持、市场运作、社会参与"的方式运营，杭州市给予政策支持，诺丁汉市政厅提供优惠场地并给予配套服务；委托专业会展机构负责具体运营，伦敦中国设计中心为中心落地内容提供支持；杭州市文创机构通过中心开展品牌推广活动、促进文化交流。中心于2018年5月25日在诺丁汉市正式揭牌落地，有效提升杭州文创产业国际化水平。

(二) 打造文化贸易发展的三个平台

中心承接杭州优秀文创品牌特展、文创人才交流等活动，努力打造杭州文创产业境外推广的三个平台，即杭州文创产业境外常态化展示平台、杭州文创产品展售贸易平台和两地文创产业合作交流平台。

(三) 组织开展推广活动

成功举办中国杭州传统工艺创新展、杭州设计师品牌英国推广活动、法国M&O展、意大利佛罗伦萨手工艺博览会等十余场展览，先后开展2019杭州设计师品牌英国推广活动、诺丁汉春节庙会等活动，推广杭州文化创意产品和服务。

二、实践效果

(一) 举办系列文创活动，助推杭州品牌"走出去"

中心促成近40家杭州文创品牌走向欧洲，帮助优秀品牌落地欧洲。杭州博乐设计旗下十几个品牌每年在欧洲的营业额达8 000万元，并与德国汉堡当地设计中心达成长期设计研发合作协议；杭州本来设计每年在欧洲市场销售达300余万元。

(二) 吸引知名品牌机构，共赢平台初具雏形

中心立足英国、辐射欧洲，吸引了众多欧洲知名艺术家和机构前来洽商，寻求与杭州交流合作的机会。中心已逐步成为杭州文创企业进军欧洲市场的重要跳板，为杭州与欧洲的创意产业合作、

商贸往来、资源共享、产业升级合作提供了共赢平台。自运营以来，中心陆续促成了60多家英国企业参与杭州文博会、杭州国际工艺周，两年累计销售额达5 000万元。

（三）促成合作协议签订，促进文化推广常态化

中心发挥在欧洲的链接优势，促成爱尔兰、瑞士、法国、意大利等国家文创机构共同参与杭州会展活动。爱尔兰西科克郡工艺与设计联盟分别与杭州文化会展公司、杭州钱塘智慧城管委会签订了合作备忘录，通过互相参展、人才交流等形式，促进杭州与爱尔兰之间在传统工艺创新上的合作共赢；瑞士设计师联盟与杭州文化会展公司签订合作协议，成功举办"中瑞设计交流"活动。

三、下一步工作思路

（一）提升杭州文创形象

重点承接杭州对英、对欧文创形象推广的有关项目和活动，将杭州的产业、文化、发展成果及优秀企业推向世界，获取更多国际资源，提升杭州文创的国际影响力。

（二）深化文创产业合作

展示推广杭州文创产业项目、政策、产品、企业，向英国文创业界全方位介绍、推广杭州文创产业的相关情况，帮扶文创企业打开海外市场、促成交易，同时吸引优秀企业、项目、人才来杭合作。

（三）密切两地人才交流

定期组织两地文创产业精英、创业青年、文创产品设计师开展交流互访。与英方知名创意设计类高校合作，举办设计专业大学生见习营活动，培养杭州本土设计力量。

开通中新（重庆）国际互联网数据专用通道

(重庆两江新区提供)

中新（重庆）战略性互联互通示范项目是重庆发展服务贸易的重要依托。2019年2月，中新（重庆）国际互联网数据专用通道（以下简称中新国际数据通道）获工业和信息化部批复，于同年9月建成开通，成为全国首条批准建设、针对单一国家、点对点的国际互联网数据专用通道，为中国—新加坡服务贸易、数字贸易提供快捷便利化通道。

一、主要做法

（一）高起点规划互联互通战略

重庆市政府与新加坡资讯通信媒体发展局签署《关于共建中新（重庆）国际互联网专用通道的战略合作备忘录》，双方明确共同致力于推动中新国际数据通道的建设和发展，将该通道打造成为连接"一带一路"与"国际陆海贸易新通道"的主要信息传输通道，并逐步形成以重庆—新加坡为"双枢纽"、服务中国西部与东南亚的国际通信网络体系，促进贸易、服务与信息互联互通。同时，推动西部12省（区、市）和海南省签订关于合作共建西部陆海新通道框架协议，将中新国际数据通道打造成为西部地区面向新加坡及东南亚地区的信息高速公路。

（二）高标准建设数据专用通道

在中新两国政府有关部门联合推动下，中国电信、中国移动、中国联通与新加坡新电信SingTel、星和电信StarHub等运营商加强合作，共同商讨明确通道技术对接标准方案，迅速开展联调测试，通道比预定时间提前3个月建成运营。作为我国首条针对单一国家"点对点"的数据专用通道，首期开通总带宽1.5 Gbps（中方三家运营商各开通500 Mbps带宽），逐步扩容到260 Gbps，重庆至新加坡时延约70~80 ms，比互联网降低75%；丢包率不高于0.5%，比互联网降低80%。

（三）高水平探索服务贸易应用场景

积极瞄准远程医疗、远程教育、智慧旅游、高清视频、跨境金融、智能制造、跨境电商、电子竞技等领域，深入分析典型应用和企业需求，充分挖掘潜在用户资源。目前已有近50家中新企业基于通道开展远程医疗、智慧物流、协同研发等领域的应用合作。

（四）高质量吸引信息服务企业集聚

设立市、区两级中新数据专用通道三年补助资金，降低用户租用通道成本，使通道价格比市场价格降低60%。设立中新信息通信联合创新资金，支持中新企业围绕数据通道应用、大数据、区块链、智慧城市等领域开展联合研发与应用合作。成立中新（重庆）信息通信创新合作联盟，首批吸引100余家中新互联互通项目信息通信技术（ICT）领域企业加入。

二、实践效果

（一）数字贸易"高速公路"通道功能初步显现

作为我国首条针对单一国家"点对点"的数据专用通道，其具备高速率、大带宽、低时延、高可靠性的特点，为推动两国开展远程医疗、远程教育、智慧旅游、智慧物流、超高清视频传输等服务贸易领域的广泛合作提供了相应保障，将吸引更多企业在协同设计、联合研发、数据处理、远程检测等方面进行深度合作。

（二）服务贸易的集聚效应显著增强

目前重庆市内两江新区数字经济产业园、渝北区仙桃数据谷、中国智谷（重庆）科技园、永川高新区软件产业园等园区是首批示范园区。腾讯、立信数据、仙桃前沿、海扶医疗、医渡云、汇燧科技、金窝窝、迪肯科技和新加坡万国数据、柔联、泰来供应链、创客、国立癌症中心等企业成为首批通道用户。

三、下一步工作思路

（一）进一步扩大服务贸易应用领域

抓住5G机遇，发展超高清视频传输、智慧医疗、智慧教育、智慧旅游、智慧物流等应用领域。加快双方数字贸易的发展，重点推动科技金融、版权交易、服务外包等数字领域的合作。

（二）进一步扩大双边服务贸易合作区域

借助新加坡的国际区位优势，增强对周边国家的吸引力。同时以成渝地区双城经济圈建设为契机，进一步深化与西部12省（区、市）和海南、广州等地的中新国际数据通道共建共享机制，建设以"重庆—新加坡"为双中心、辐射东南亚国家的服务贸易伙伴集群。

积极推进邮轮服务贸易新业态发展

(上海市、天津市提供)

近年来,中国邮轮旅游产业蓬勃发展,短短十年间已经跃升为全球第二大邮轮市场。上海、天津等试点地区认真落实《关于促进邮轮经济发展的若干意见》,大力发展包括邮轮服务贸易在内的各类服务贸易新业态、新模式,邮轮经济成为当地经济增长的新亮点。

一、主要做法

(一)加强宏观政策引导

上海市发布《关于促进本市邮轮经济深化发展的若干意见》《关于支持宝山区发展邮轮服务贸易的若干措施》,天津市印发《邮轮旅游发展三年行动方案(2018—2020年)》,围绕加强邮轮港口建设、丰富邮轮旅游产品、延伸邮轮产业链、加强政策保障等方面提出具体工作举措,指导推进本地邮轮服务贸易发展。

(二)提高通关便利化水平

上海市主动对标国际最高标准,探索应用以5G为基础的"大数据+物联网+AI"等新技术,推广应用便捷通关条形码以及自主研发的自助申报系统,实现安全和便利的高度统一。天津市积极落实京津冀部分国家外国人144小时过境免签政策,简化过境通关流程,提升通关效率,吸引更多外籍旅客赴京津冀短期旅游。

(三)开展邮轮船票制度试点

上海市自2018年1月起实行邮轮船票试点工作,搭建统一的邮轮公共信息服务平台,实施"凭票进港、凭票登船",满足游客快速便捷出入境的邮轮旅行需求。在上海试点经验的基础上,自2019年8月起邮轮船票管理制度已在全国推广实施。

(四)延伸邮轮经济产业链

上海市推动邮轮旅游发展示范区建设,国内最大的邮轮港进境免税店落地上海,并在第二届进口博览会前启动运营;吸引多家全球船舶维修领域的龙头企业入驻洋山保税港区,为邮轮提供直供维修服务。天津市结合东疆保税港区的功能特点,建设邮轮旅游岸上配送中心,开展国内采购物资按贸易方式供船等创新业务。

二、实践效果

(一)进一步提升通关速度

通过优化通关流程,减少旅客等候时间,旅客满意度和获得感不断提升。上海成功应对邮轮港单日3.6万人次的最大客流量，并顺利保障邮轮口岸单日单船、最大量的保税过境物资快速供船。首创邮轮通关条形码，邮轮旅客可通过现场电脑端和微信客户端进行提前申报，最快3秒可完成全部通关手续。

（二）增强旅客及企业体验感

通过配套邮轮免税店，完善境外商品展示等功能，进一步增强"邮轮购物"的体验感；通过引入船舶维修领域的龙头企业，为邮轮提供直供维修服务，满足了邮轮企业快响应、零等待的维修养护需求。

（三）带动当地邮轮经济发展

2019年，上海吴淞口国际邮轮港接待国际邮轮240艘次，进出境旅客187.13万人次；其中接待母港邮轮225艘次，进出境旅客181.07万人次。天津邮轮母港共接待国际邮轮121艘次，进出境旅客72.56万人次；其中接待母港邮轮104艘次，进出境旅客68.6万人次。

三、下一步工作思路

（1）在境内外疫情得到基本控制、恢复出境入境游经营活动后，从严、谨慎研究国际邮轮航线恢复问题。结合本地疫情防控工作需要和能力，进行科学评估和决策，稳妥推动国内邮轮航线恢复。落实属地责任，细化工作方案及应急预案，落实人员、物资、场地保障和"四早"（早发现、早报告、早隔离、早治疗）措施，依照相关法律法规及国家相关规定和相关行业主管部门要求，做好指导、组织协调工作。

（2）积极支持上海首个"中国邮轮旅游发展实验区"建设，打造邮轮经济高质量发展全国样板。吸引更多邮轮企业地区总部和全球运营中心落户，打造具有全球影响力的邮轮总部基地。

（3）支持做大做强邮轮口岸出境和进境免税店。

（4）全力提升邮轮船供和港口服务产值，大力发展邮轮服务贸易，打响"邮轮服务"品牌。

创新在线数字展览模式
(杭州市提供)

新冠肺炎疫情给全球线下展会按下"暂停键",给外贸企业开拓海外市场带来困难。为应对疫情带来的冲击,浙江省、杭州市有关部门联动,依托专业展览公司,创新在线展览模式,搭建"浙江数字服务贸易云展会"平台(以下简称"云展会"平台),助力服务贸易企业采用数字化手段开展精准营销、开拓国际市场。

一、主要做法

(一) 部门联动、政企合作

浙江省商务厅、浙江省中医药管理局和杭州市商务局、杭州市数据资源管理局等省、市部门联动,充分利用杭州市数字经济、数字技术优势,依托专业展览公司,搭建"云展会"平台,实现线上展示、洽谈、撮合、交易,促进数字化服务出口。

(二) 汇聚全球龙头会展资源

"云展会"平台汇聚全球优势展会资源,联合全球智慧城市(Smart City)博览会、世界移动通信大会(Mobile World Congress,MWC)主办方西班牙巴塞罗那展览中心、影视交易会戛纳电视节(Mipcom)主办方法国励德展览集团、数字营销展览(Dmexco)主办方德国科隆展览集团、英国国际教育技术及设备展(BETT)主办方英国海维(HYVE)展览集团,以及海湾信息技术展(GITEX)主办方阿联酋迪拜国际展览中心等全球知名展览集团。

(三) 覆盖服务贸易多领域

"云展会"平台按需开设数字城市服务、动漫游戏、中医药服务、影视文化、数字教育、智慧零售、IT通信技术、国际物流和数字金融等服务贸易领域行业主题展。服务贸易企业可按领域上传企业信息、产品和服务介绍等,采用线上数字营销手段进行宣传和推广。

(四) 数字化展示交易

搭建服务贸易企业数字化展示空间,将线下的产品和服务引导至线上展览展示,并提供线上互动交流、配对洽谈等服务。通过365天全天候展示,最大化供应商和客户的合作机会,为中国企业和国外买家的贸易及信息交流提供一站式服务。

(五) 开展"云展会"培训

平台专设"云展会培训"模块,运用跨境主流视频工具和在线翻译软件解决时差和语言困境。通过举办线上主题培训活动,帮助企业在疫情期间高效参与线上展会,解决企业在"云参展""云对接""云交易"过程中遇到的困难。

二、实践效果

(一)举办专场活动,促成交易

截至2020年5月中旬,云展会已举办数字城市服务专场、动漫游戏服务专场、中医药抗疫服务专场三个专场活动。数字城市服务专场有50余家企业参与平台举办的"疫情下的数字城市解决方案"和"疫情之下城市出行的模式将如何转变"等论坛活动,吸引了来自中国、西班牙、英国等15个国家和地区的数百位专业观众关注参与,专场活动访问量累计超过2.2万人次。动漫游戏服务专场有170多家动漫游戏企业参与"云展会"平台特设的国际互连协议(IP)授权、外包项目发布和国际专场发布等板块活动,吸引了来自中国、美国、加拿大等20多个国家和地区的2 000多位专业观众关注参与。开展一对一视频商务会议近百场,专场活动访问量累计达2.3万人次,意向成交金额约200万美元。中医药抗疫服务专场吸引了来自意大利、荷兰、英国的20家海外中医诊所、药房、康养机构等与浙江25家中医药服务贸易企业在线洽谈,实现精准对接、精准匹配,意向成交额达42万美元。

(二)推进国际合作交流

浙江省商务厅与巴塞罗那展览中心、迪拜展览中心等国际展览平台签订《浙江省数字服务贸易云展会战略合作备忘录》;杭州市中医药龙头企业甘草医生会同浙江省中医药学会与荷兰Oxrider医疗集团、英国中医学院等签署《浙江省中医药服务云平台战略合作备忘录》,计划围绕中医药人才培养、中医药研发注册等领域开展合作,实现中医药服务线上线下融合,助力浙江中医药服务贸易创新发展。相关各方致力于将云展会专业化、系列化、长效化,为我国与世界各国加强国际服务贸易合作贡献力量。

(三)拓展"杭州服务"品牌影响力

人民网、新华网、央视网等网站和微信公众号、今日头条等新媒体平台多渠道宣传推广"云展会"平台,提升了云展会知名度,吸引了更多国内外专业观众的关注。国内服务提供商积极展示,与国外买家持续在线洽谈、互动,拓展了"杭州服务"品牌影响力。

三、下一步工作思路

(一)推动云展会专业化、系列化、长效化

在成功举办数字服务、中医药、动漫游戏专场的基础上,开设影视内容、数字教育、智慧零售、IT通信技术、国际物流和数字金融等领域的主题展会,打造永不落幕的云端展馆,帮助企业在疫情期间高效开展"云参展""云对接""云交易",拓展国际服务贸易业务。

(二)线上树品牌、线下立标杆

线上持续做好云展会专场活动,在全球服务贸易展会业内树立口碑;待疫情缓解后依托云展会平台资源,向线下落地,树立线上线下一体化发展标杆,推进浙江省、杭州市服务贸易各领域的国际交流合作。

(三)开设"数字杭州"板块

在"云展会"平台开设"数字杭州"板块,举办"数字服务""文化创意""数字旅游"等专场活动,充分展示杭州在数字经济、文化、旅游等方面的特色和亮点,打响"杭州服务"品牌,助推杭州国际化发展。

加快智能城市建设　助力服务贸易新业态发展

(河北雄安新区提供)

在深化服务贸易创新发展试点过程中，雄安新区坚持数字城市与物理城市同步规划、同步建设的智能城市建设理念，围绕智能基础设施、智能城市建设标准、城市智能化建设、智能化应用等方面，开展智能城市顶层设计，为服务贸易发展提供全方位的底层技术支撑和全领域示范应用场景。

一、主要做法

(一) 推进"一中心+四平台"建设

以"超算云中心"为基础设施，以块数据平台为核心，通过建筑信息模型系统（BIM）在工程建设项目审批和城市信息模型平台（CIM）建设中的应用（简称 BIM/CIM）平台、城市物联网平台、视频一张网平台，形成采集汇聚城市物理空间与活动空间数据的"一中心+四平台"公共基础平台体系。

(二) 系统研究智能城市建设标准体系

以现有国标、相关地方标准和行业标准为参考，结合新区智能城市建设目标和建设思路，推动研究制定涵盖智能基础设施、智能化应用、公共平台、数据、网络安全、新技术等六大类 60 余项标准。目前，基本完成第一批 12 项标准的研究，已启动第二批 6 项标准的研究工作。

(三) 全面推动物理工程与智能化融合设计

在以雄安高铁站、商务服务中心、容易线为代表的大型综合场站、商务园区、城市重要基础设施三个重要场景先行试验，分别组建物理建筑工程设计团队与智能化设计团队协同攻关，挖掘智能化建设需求，探索物理工程设计方案与智能化设计方案的融合。研究形成智能小镇建设思路，部署建设智能基础设施，为城市智能化建设、管理、运行、生活服务开展先期探索。

(四) 设立区块链创新实验室，打造金融科技发展样板

研究设立区块链实验室，探索项目进站、人才进站、资金进站的开放实验室建设模式，有效融合大数据、云计算、人工智能、物联网等技术，打造"区块链+"技术生态体系。研究将数字货币与新区数字身份体系、绿色积分体系相结合的建设思路，搭建跨银行、跨行业、跨环节，全流程、安全、闭环的官方数字货币试验场景，实现法定数字货币从数字零售（2C）场景到生活服务领域的拓展，打造"信用+金融+绿色"的数字金融生活新形态。

(五) 推动 5G 规模化部署与示范应用

研究制定新区重点项目建设的 5G 规划建设方案和通信设施规划方案，组建通信工作专班，围绕通信规划建设发展开展工作，为新区即将开工建设区域提供通信保障，推动中国电信在新区进行 5G

与 LTE-V（专门针对车间通信的协议）车路协同网络部署与应用示范工作。

二、实践效果

（一）初步制定智能城市建设标准

制定出台首个国际智慧城市建设标准——《智慧城市参考架构标准》，为国际智慧城市建设提供了范本。新区将在先期建设的信息化系统中验证、迭代更新数据目录、数据开放共享等数据标准；在物理工程设计过程中，试验、验证、迭代更新物联网、通信等建设导则。推动标准适时转化为地方标准、国家标准，形成可复制、可推广、完备的智能城市建设标准体系。

（二）初步实现 5G 规模化部署，并在金融领域应用

目前新区共部署开通 5G 基站 634 个，实现三县县城、白洋淀景区、市民服务中心、重要道路的 5G 覆盖，覆盖率均达到 95% 以上，单用户下行峰值速率达到 1 Gbps 以上。落地中国农业银行 5G 银行，利用网点 5G 网络环境，通过"智慧货架+刷脸支付+智能配送技术"的配合使用，将银行与周边商圈进行深度融合。根据新区企业发展阶段、生产规模、企业性质和行业特色，针对性地提供金融保障方案，并结合 5G 网络远程专家座席，提供实时咨询服务，打造企业全自助、顾问式金融服务场景。

（三）全球领先的城市智能基础设施体系正在成形

边缘计算、云计算和超级计算（简称边云超）协同的城市计算中心体系正在加快建设。前期率先形成"云边"协同的计算能力，随着超级计算中心的建设，逐步形成"边云超"协同的城市级计算服务能力，在真正意义上实现政务数据汇聚融合共享，从源头上打破数据孤岛。

三、下一步工作思路

（一）持续推进智能城市标准体系研究

形成物理城市与数字城市共用的一套标准、一套设计思路、一套协同机制，实现物理城市与智能城市建设思路上的融合、建设路径上的一致、信息上的对称、进程上的同步。为智能城市建设输出"雄安标准"，打造"雄安样板"。

（二）推广服务贸易新业态、新模式应用

完善新区智能城市基础设施，逐步建立智能城市标准和规则，进一步催生一批数字经济领域市场主体。

通过铁海联运扩大海运集装箱流转范围

(重庆两江新区提供)

两江新区作为中新(重庆)战略性互联互通示范项目核心区,围绕建设"国际陆海贸易新通道",创新铁海联运方式,扩大海运集装箱流转范围,积极探索多式联运一单制和物流金融创新,实现内陆地区向南经北部湾通达世界各地,运行时间比经东部地区出海缩短10天,打通了内陆地区对外开放的新通道。

一、主要做法

(一)创新铁海联运模式

探索铁海联运海运集装箱"一箱到底"模式,推动相关主体获批无船承运人和国际船舶代理资质,签发无船承运人提单,按照市场化原则,以内陆取(还)箱点为基础,通过铁海联运向具备条件的内陆地区加强海运集装箱供给,为内陆地区货主进出口运输提供便利。

(二)推行多式联运一体化运营

建立跨区域多式联运运营中心,构建多式联运管理信息系统,实施全程"一次委托"、运单"一单到底"、结算"一次收取"服务模式。

(三)探索物流金融创新

在全国率先启动物流金融创新试点,构建集中统一的动产抵(质)押登记信息服务系统、物流全过程监管动态跟踪服务系统、开放式投融资对接服务系统、物流及供应链普惠性融资增信服务系统。与传化、宝能等知名大型物流企业开展金融合作,开发多项国际陆路贸易供应链融资新产品。

二、实践效果

(1)2019年10月13日,西部12个省区市、海南省、广东省湛江市共同签署了《合作共建西部陆海新通道框架协议》,国内共建多式联运机制基本形成。

(2)中远海运等物流企业为世界500强在渝国际物流分拨中心提供欧洲—中国—东盟的"门到门"+多式联运"一单制"跨境、跨区域全程供应链物流服务。2018年8月9日,首张铁海联运提单成功开具。截至2019年10月底,已签发多式联运"一单制"提单10批次,货值约80万美元。

(3)开展物流金融创新试点,交易结算金额达120亿元。

三、下一步工作思路

(1)继续探索多式联运组织模式,在"一单制"基础上完善全程无缝运输服务。

（2）建立多式联运服务规则，加强铁、公、水、空运输方式在一体化组织中货物交接、合同运单、信息共享等方面的制度对接和统一规范。

（3）建立智能转运系统，充分利用大数据、物联网等技术，提升多式联运换装转运的自动化水平。

创新国际物流运输模式　促进贸易通关便利化

(成都市提供)

近年来，成都市深度融入"一带一路"和长江经济带建设，强化中欧国际班列、成都国际铁路港、四川自贸试验区青白江片区等平台支撑，对接国际物流通道，优化提升国际出口通关能力，采用航空、铁路、海运等多种物流形式，极大地拓宽了物流渠道，提高跨境贸易通关便利化水平，推动成都从"内陆之城"跃升为"口岸之城"。

一、主要做法

(一) 开展国际物流"多式联运"

成都国际铁路港创新采用"多式联运"模式，打造成都天府国际空铁公多式联运物流港、西部（成都）汽车物流多式联运中心，构建成都至北部湾出海口的"陆海新通道"，降低国际贸易风险和运输成本，推动国际铁路运输通道向国际贸易通道转变。

(二) 采用宽轨段"三列并两列"运输

在宽轨段起始口岸将国内始发的三列中欧班列合并为两列，集并运输到宽轨段终点口岸，再换装还原为原来的三列中欧班列。

(三) 发挥空闲舱位的中途运输作用

积极探索蓉欧班列集拼集运模式，利用去程、回程班列空闲舱位，搭载目的地为乌鲁木齐的集装箱，解决蓉欧班列运输途中无法更换等因素造成的空箱浪费问题，实现物流运输服务效益最大化。

(四) 拓展保税物流功能

四川自贸试验区青白江片区依托成都铁路保税物流中心（B型），积极开展保税货物仓储、物流业务，推动外贸发展。在此基础上，2019年12月国务院批准设立成都国际铁路港综合保税区。

(五) 加入"安智贸"试点城市

成都成为"中国—欧盟安全智能贸易航线试点计划"试点城市之一，加入"安智贸"的国际朋友圈，确定将中欧班列（中国成都—波兰罗兹）铁路线路及相关企业纳入"安智贸"，试点企业将享受互认国家或地区海关提供的通关便利措施。

(六) 推进"一单到底，两段结算"机制改革

以中欧班列承运方站到站运输成本比例对应测算进口企业站到站国际、国内段运费，依托成都国际班列公司的直接销售单位，每季度对外公布中欧班列（成都）运费。

二、实践效果

(一) 提升物流运输效能

通过多式联运、集拼集运等方式,提高了蓉欧快铁的货物承载量,增强物流运输效能。2019年,成都国际铁路港已有26个境外直达站点,覆盖15个国内沿海、沿边城市。其中中欧班列(成都)已累计开行超4 600列,累计带动进出口货值超200亿美元。

(二) 节约物流运输成本

中欧班列(成都)探索集拼集运、赋予铁路运单融资结算功能、宽轨段"集并运输"等新模式,提高了中欧班列往返重载率,提升了效率、降低了成本。例如,采用宽轨段运输模式之后,优化列车编组,有效节约运力资源,相应节省了宽轨段的运输成本,全程物流成本下降5%~10%。

(三) 强化节点辐射作用

通过物流通道建设,成都作为"一带一路"和长江经济带重要节点的区位优势进一步凸显,城市门户枢纽地位和对外开放水平继续提升,区域贸易节点的辐射作用进一步发挥。

三、下一步工作思路

(1) 构建更加开放的现代物流经济体系,面向"一带一路"沿线国家和城市,增强国际多边贸易体系建设,助力成都构建外向型经济发展模式。

(2) 打造"一带一路"国际多式联运综合试验区,以天府新区(成都片区)和成都天府国际空港、成都双流国际航空港、成都国际铁路港、成都国际公路港的"一区四港"为核心,着力构建多式联运体系、综合交通体系、国际供应链体系、金融服务体系、开放环境体系"五大体系",拓展内陆地区开放发展新空间,推动建立陆上国际贸易新规则,加快提升城市门户枢纽能级和对外开放水平。

创新铁路提单交易模式和规则

(重庆两江新区提供)

随着中欧班列的常态化运行,重庆围绕国际铁路联运先行先试,创设铁路提单并赋予融资结算功能,明确相关规则,形成陆上贸易的新型经营模式,推动贸易和融资需求形成良性互动,促进国际铁路联运行业发展,带动运输、金融、保险、结算等服务贸易相关行业发展。

一、主要做法

(一)创设铁路提单的物权属性

国际两大货运公约均以铁路运单作为基础,收货人只能凭身份提货而不能凭单提货,没有实现货物和权利的分离,不便于转卖,不能融资。铁路提单借鉴海运提单的部分功能,明确把铁路提单正本作为境内交收货物的唯一凭据,选定具有较强风险管控能力的中国外运作为货代方,确保货物到达后"货单一致",创设出铁路提单作为物权凭证的控货功能。

(二)创新以铁路提单的流转代替货物流转的交易模式

架设货物由货代方控制和运输、货权(提单)由银行控制和流转的分离通道,形成货物和货权在运输环节分离、在境内交收环节合并的机制。创新铁路提单内容,提单正面明确发货、控货、收货、指示转让等全流程操作信息,背面条款重点明确货主可按照银行指示转让货物权利,实现铁路提单在境内外金融机构和相关贸易主体之间安全、快捷、便利的流转功能。

(三)大力推广铁路提单的市场应用,形成规则共识

成立重庆物流金融公司来具体"操盘",通过与承运人、货代方、银行、进出口企业约定"指示提单"的方式,与工商银行、中国银行等银行机构及大型贸易企业签署铁路提单国际信用证融资增信合作协议和货物进口业务合作协议,与中国银联等20家金融机构及32家制造、物流、商贸大型企业签署战略合作协议,使铁路提单运行模式得到多方认可,构建各方共同遵守的"约定"规则。

二、实践效果

(1)开具"铁路提单国际信用证",并实现批量化运用。截至2020年7月,已累计签发铁路提单48份,融资结算金额突破1亿元,解决了传统铁路运单必须依附于运输合同(相对人)(身份)才能取货导致的货物无法流转问题,推动并实现跨境铁路提单融资、结算便利化、常态化。

(2)《国际货运代理铁路联运作业规范》等3项国家标准已于2020年3月31日通过国家市场监督管理总局、国家标准化管理委员会审批并发布,将于2020年10月1日起正式实施。

(3)全国首例铁路提单物权纠纷案公开宣判,对铁路提单及其基本交易模式予以肯定,并明确铁路提单交易的相关规则,促进贸易、运输、金融等相关行业主体厘清铁路提单的相关法律问题,

稳定市场主体对铁路提单的预期，为探索建立"一带一路"陆上贸易规则提供了有益经验。

三、下一步工作思路

（一）创新市场化运用

以中欧班列（重庆）和西部陆海新通道为重点，将铁路提单从国际跟单信用证逐步应用到托收、汇兑等结算方式，丰富铁路提单的应用场景和融资功能。

（二）加大推广力度

加大铁路提单宣传推广和使用力度，持续推动铁路公路运输单证标准化建设区域合作项目，委托行业协会开展国际陆路单证标准化体系成果的宣传和推广，为标准的正式实施做好准备。

（三）强化法治保障

优化国际铁路运输单证的陆上使用法治环境，探索铁路提单物权化规则，努力提高我国在国际陆上贸易规则中的话语权。

（四）扩大探索范围

围绕陆上贸易的相关环节全方位探索，与多式联运规则、物流金融创新等进行有效对接。

打造智慧物流服务平台

(苏州市提供)

苏州工业园区搭建智慧物流服务平台（以下简称平台），建设物流大数据合作示范系统，通过挖掘苏州物流行业数据要素市场价值，（联动）（赋能）苏州"产业大脑"建设功能，增效大物流、大交通的江苏现代综合交通运输体系建设。

一、主要做法

平台统一汇总物流政策及信息，重点标注园区公共仓库设施电子标识，对接航运中心、职能部门物流大数据资源，聚集国内外物流运输时效及报价。平台包括3个核心模块。

（一）枢纽设施链模块

凭借开放式地图电子坐标，采集场所地理区位、业主信息、仓库概况、商务信息等16个大类61个分类仓库信息，通过查询区域或指定坐标方式，锁定匹配仓库数据，提升航运中心运输时效，替用户快速规划仓库资源，规避物流场所信息不对称，提升物流资源的公共效用。

（二）物流产业链模块

按照世界银行合规标杆，整合口岸、职能部门数据，柔性管理进出口"港"到"门"全程时效状态，主动推送货物实时追踪、全程监控和在线查询功能。根据登录权限，提供月进出口国别贸易总量，梳理供应链动态趋势。

（三）物流价值链模块

以平台对接的四大运输方式（航空、船舶、铁路、陆路）一般价格为基准，覆盖国内外区间运输时间及散货、整箱运输成本，一键式实现枢纽点到点运输方式资源配置，提供物流多路径选择方式，为客户推荐最优价值供应链解决方案。

二、实践效果

（一）整合相关行业数据，促进贸易便利化

平台建立物流大数据库，通过匹配智能模型、对标标杆物流行业指数，利用大数据提高企业供应链决策水平和政府监管水平，优化整体营商环境，促进贸易便利化。截至2020年3月底，平台累计发布1 530篇文章，内容涵盖海关通告、行业动态、政策解读、政府资讯等方面；标注国内仓库地理信息284处，覆盖仓库总面积337.8万平方米；收集国内外货运时效及报价162 446条。

（二）助力企业应对疫情影响，促进复工复产

随着新冠肺炎疫情在全球蔓延，国际航空货运遇到严峻挑战。平台为企业提供工业园区仓库资

源汇总信息,为直通港、中亚班列、包机出口提供园区企业国际货量及航线汇总数据,提升疫情期间的国际物流应急能力,帮助企业减少疫情对生产经营的影响,助力企业复工复产。截至2020年3月底,平台共发布疫情特刊60篇。

(三)打造物流预警体系,促进产业发展

平台打造物流预警体系,以园区高端制造及国际贸易货运需求为预测基本面,联动航运枢纽及职能部门物流数据,辅助制造业实时物流监控,实现智能路径优化,促进企业物流成本降低和物流效率提升,为企业开展精益生产和国际贸易提供保障。

三、下一步工作思路

(1)继续完善平台模块,持续增量和增效"政务舆情",实时联动"枢纽设施"仓储电子信息。

(2)有效利用外部联盟机制,夯实"物流产业""物流价值"的节点状态和价格体系数据库。

(3)推动"直通港""园区班列"新业务网上订舱功能,实现物流价值链数据多元化和物流产业链背书功效,以平台沉淀大数据流支撑政府决策,使片区的数"字"物流真正成长为数"智"物流。

船舶边检查验"零待时"

(广州市提供)

广州依托国际贸易"单一窗口"平台和国家移民管理局政务服务平台，对出入境（港）船舶实行24小时随报随检，简化修造船厂、石化电厂等特定类型码头监管措施，全面推行国际航行船舶网上申报边检手续，提高了口岸通关效率，降低了企业经营成本，助推地方经济发展和营商环境改善。

一、主要做法

（一）全面推行网上申报边检手续

广州边检总站全面推行国际船舶航行网上申报边检手续，通过优化内部流程，整合报检、视频监控、船舶外勤监护等系统功能，利用信息手段完成查验环节，实现"让数据多跑路，让群众少跑腿"。

（二）出入境（港）船舶24小时随报随检

边检机关在下属各口岸实行出入境（港）船舶24小时随报随检，通过对辖区代理公司和码头公司进行诚信等级和安全等级评定，开展三方共管，实现对出入境船舶的风险评估和差异化管理，经边检机关预检无异常的船舶到港后即可上下人员和装卸货物。

（三）简化特定类型码头监管措施

对于在口岸修造船厂停泊维修的船舶，登轮作业人员免办登轮证，搭靠船舶免办船舶搭靠证。对于停靠封闭性好、企业自管严的石化电厂等企业专用码头船舶，边检机关依托视频监控系统进行监管，便利船舶及时开展作业。

二、实践效果

（一）大幅提升口岸通关效率

当前广州边检总站下属各口岸出入境（港）船舶边检无纸化申报率达100%，平均到港作业"零待时"率达到99.6%，船舶候检时间平均节省了约1.5小时。

（二）切实降低企业成本

船舶维修工期平均缩短13天，为船舶维修相关企业每天减少投入25名人员，船舶作业更加便利，年均节约费用近百万元。

（三）有效提高通关便利化程度

随着港口边检管理改革的逐步深入，珠江口锚地候泊船舶由2次申报查验变为1次。石化电厂等特定类型码头则依托"边检主导、企业协管、船方自管"的监管模式，进一步简化了船舶在港期间的管理流程。

三、下一步工作思路

（1）针对南沙口岸班轮较多、船舶快进快出的特点，依托国家移民管理局研发的港口边检综合信息管理系统，进一步加强船舶动态风险评估结果应用。在对高风险船舶加强监管的同时，不断便利中低风险船舶的查验监管，进一步提升口岸船舶尤其是班轮的通关效率。

（2）加强国际贸易"单一窗口"平台的应用，探索提升预检反馈和联网核放功能的应用范围。在服务好国际航行船舶的基础上，向往来港澳的小型船舶、邮轮、游艇帆船等船舶类型延伸，提升口岸通关效率。同时依托该平台落实好口岸船舶联合登临检查机制，切实降低企业成本，节省船舶候检时间。

（3）加强与船方及其代理公司业务的衔接和指导，提升船舶和船员基础信息录入精准度，确保边检预检和风险评估质量，提高出入境（港）船舶到港作业"零待时"率。

探索国际远程会诊和国际医生执业资格互认模式

(陕西西咸新区提供)

西咸新区沣东新城按照深化服务贸易创新发展试点要求，持续推进卫生健康领域开放和创新发展，在全省率先搭建了"中英联合诊疗"平台和医疗服务大数据中心，开展国内外远程医疗咨询、3D成像会诊、健康管理等服务，并探索出了跨国医生资质、诊疗方案与医嘱互认的新模式，为患者提供了更为高效、便利、经济的看病方式，有效集聚了国际优质医疗资源，助力远程医疗健康发展。

一、主要做法

（一）搭建远程视频会诊平台

沣东新城有关部门与伦敦大学附属医院、西安交通大学、专业医疗科技公司在中英两国间建立起远程视频会诊平台，通过3D虚拟成像、三维数字重建等技术全方位展现患者病灶部位，实现数字化分析与诊断和中英两国医生同步同频诊断，共同研究精细化诊疗方案。该平台集聚了中英两国优质医生资源和医疗设备，帮助患者对接英国等海外权威专家，为患者提供远程诊疗、第二诊疗意见、后续跟踪服务和健康管理等医疗服务。

（二）探索外国医生远程诊疗备案制

根据国家出台的《外国医师来华短期行医暂行管理办法》，外国医师参与远程诊疗，原则上要参照来华短期行医相关规定办理注册手续，并提交相应的申请材料、执业资质等材料，审批时限和程序较为复杂。根据远程诊疗特点，沣东新城教育卫体局等有关部门在执行国家对外国医师来华短期行医管理规定的基础上，探索优化外国医师参与远程诊疗的审批模式，即从参照外国医师来华短期行医实施注册制试点调整为临床交流备案制，外国医师只需要提供合法行医权和本国医疗机构的邀请协议，经中方医疗专家团队审核审验，确定远程诊疗过程的诊疗范围、诊断权限、医嘱采纳等初步意见，并在沣东新城教育卫体局备案后方可开展远程诊疗。

（三）突出跨国高质量的精准医疗

在远程会诊之前，平台将根据患者情况确定医疗原则，双方专家在会诊前审核患者病历资料，定制个性化治疗方案，会商联合诊疗意见。若是中方患者，原则是以中方团队意见为主，英方团队意见为辅；在诊疗过程中，治疗标准、药方、医嘱等按就高不就低的原则进行，即按照中英两国药品法典标准高的一方执行。同时，为确保医疗安全，诊疗过程、医疗文书、用药情况等全部接入陕西省互联网医疗服务监管平台，由沣东新城教育卫体局实施全过程监督，以确保诊疗效果、用药科学、诊疗可溯，切实降低医疗风险。

二、实践效果

(一) 提供优质的跨国医疗资源

平台自建成以来,已在中英两国建立了 2 个诊疗中心,成功实现了 50 多个跨国远程诊疗案例,患者满意率达 100%。平台通过 3D 影像等科技手段,提高了远程医疗的精准性,为患者提供更为高效、便利、经济的看病方式。

(二) 简化远程诊疗医师审批模式

将外国医师参与远程诊疗的备案审批模式调整为临床交流备案制,既简化了外国医师参与远程诊疗的审批手续,实现了资格互认,确保行医合法性和合规性,又在风险可控的前提下,明确了外国医师在远程诊疗中的职责,最大限度降低医疗风险。

(三) 实现全过程监管与健康跟踪服务

在诊疗过程中平台将各类诊疗数据纳入省级互联网医疗服务监管平台,确保诊疗全过程可监督、可追溯。同时,平台突出健康跟踪管理,确保诊疗效果高于传统模式,医疗风险低于传统模式,有利于后期更大范围的推广复制。

三、下一步工作思路

(1) 把握远程医疗服务的特点,重点强化与国内三甲医院、国内外院士团队的合作,在风险可控可防的前提下,扩展远程医疗的范围和类别,持续完善远程诊疗系统和后期健康管理功能,实施更加复杂的临床诊断,为患者提供更加优质的医疗服务。

(2) 制定更加详细的国际医生执业互认流程和标准、国际远程视频会诊的行业流程,为医疗健康行业的跨国交流与合作提供更多的改革成果。

创新服务贸易国际化人才服务机制

(杭州市、武汉市、成都市等试点地区提供)

国际化人才是服务贸易创新发展的重要支撑要素。在深化服务贸易创新发展试点工作中,各地坚持将人才资源作为首要创新资源,聚焦国际化人才发展需求,着力优化育才、引才、用才国际化环境,探索构建全方位的人才服务保障体系,为推动服务贸易高质量发展提供了强有力的人才保障。

一、主要做法

(一) 创新高层次人才引进和激励政策

各地围绕服务贸易发展谋划人才布局,实施各类创新人才支持计划,将服务贸易人才列入支持范围,加强对服务贸易国际化人才的引进和激励。南京市成立高层次人才举荐委员会,推行高层次人才举荐机制,拓展优秀人才成长"绿色通道"。杭州市实施"高层次人才特殊支持计划",遴选支持和培育服务贸易领域的领军人才和青年拔尖人才。武汉市实施"黄鹤英才"计划,开展"楚才回家"招才引智活动,设立 11 亿元规模的光谷人才基金。成都市实施"蓉贝"百千万引育计划,吸引软件人才集聚,着力打造"程序员之都"。

(二) 优化国际化人才配套服务

各地结合实际推出创新服务举措,优化国际化人才创新创业环境,不断提升自然人移动便利化水平,畅通外籍高层次人才来华创新创业渠道。武汉市设立国际人才自由港外籍人才服务"单一窗口",完善留学生创业园建设,推出"光谷翻译官"等外籍人才服务智能平台。广州实施粤港澳大湾区"青年职业发展 5A 行动"和"1234N"计划,鼓励港澳青年赴穗创新创业。成都市积极推进宜居宜业国际化社区建设,构建高标准服务配套体系,为提升城市国际化水平"筑巢引凤"。苏州市建设高层次海外人才服务中心,公布"金鸡湖人才"服务清单,实现人才服务"一网通办"。

(三) 多措并举加强服务贸易人才培养

各地探索建立政校企合作机制,支持高校设置服务贸易相关专业和课程,加强专业化人才培养;积极推进教育国际化,发展留学生教育服务,加强国际化人才培养。武汉市、威海市结合产业发展需求,支持校企合作建立服务贸易人才实训基地,加强复合型人才培养,为服务贸易企业输送高质量专业人才。杭州市实施服务贸易人才培育工程,建立"中非桥"跨境贸易服务平台,依托高校资源开展人才培训和服务。成都市、武汉市设立国际留学生政府奖学金,吸引优秀外国学生来华学习交流,不断扩大国际教育服务规模。

二、实践效果

(一) 高层次人才引进成效明显

通过实施高层次人才引进计划和激励措施,各地纷纷吸引服务贸易领域领军人才、拔尖人才集聚,吸引海外高层次人才来华创新创业,激发了各类优秀人才的创新活力,有力推动了当地服务贸易重点产业领域向高端化、国际化发展。武汉市集聚外籍外地院士等海内外高层次人才98人,引进和培养各类高层次创新创业人才3 000余人,累计吸引超过2万名人才回汉创新创业。

(二) 国际化创新氛围更趋浓厚

通过优化国际化人才创新创业环境,各地国际化人才居住、生活、学习、商旅等配套设施和服务持续完善,外籍高层次人才来华创新创业渠道进一步畅通,重视人才、鼓励创新的良好氛围日趋浓厚,成为吸引跨国企业的"强大磁场"。以成都市锦江区为例,通过大力发展商旅生态型国际化社区,依托市场力量、专业机构为外籍人士提供社会化、精细化服务,吸引了127家世界500强企业入驻。

(三) 服务贸易人才培养体系不断完善

通过发挥政府、高校、企业等多方作用,各地进一步完善服务贸易人才培养体系,每年向企业输送大批国际化、复合型人才,有助于解决服务贸易企业招人难、用人难问题。广州市与香港共建6个国际技能人才培训基地,打造30家青创孵化基地,已有超过280个项目团队入驻。武汉市"一带一路"服务贸易国际人才校企合作培养基地已为全球150多个国家培养了近7 000名各类人才。成都市教育服务国际化水平持续提升,目前外籍高校留学生人数超万人。

三、下一步工作思路

(一) 进一步完善服务贸易人才服务体系

引导各地加强实践探索,遵循市场规律,聚焦产业导向,进一步完善人才培养体系,健全人才服务政策,优化人才服务环境,加快国际人才自由港建设,推动服务贸易高层次人才培养、招才引智向国际化延伸,为推动服务贸易高质量发展提供人才保障。

(二) 进一步提升服务贸易人才便利化水平

支持各地引进重点领域发展所需要的境外高层次人才和紧缺人才。提升自然人移动等方面的便利化水平,健全境外专业人才流动机制,不断畅通外籍高层次人才来华创新创业渠道,推动职业资格互认。加强对海外人才在项目申请、成果推广、融资服务等方面的支持力度。

(三) 进一步发挥服务贸易对就业的促进作用

鼓励各地出台创新举措,优化政府、高校、企业等多方协作机制,充分发挥服务贸易领域促进大学生就业创业的作用;积极应对新冠肺炎疫情影响,切实做好高校毕业生就业创业服务工作。

打造一站式综合金融服务平台"金融超市"

(深圳市提供)

深圳市宝安区紧密围绕企业融资难题,从金融服务供给侧改革入手,联合各金融机构共同打造一站式综合金融服务平台"金融超市"。现有银行、证券、担保、风险投资等各类入驻机构共96家,为企业在诞生、担保、融资等各个环节提供全方位融资服务。

一、主要做法

(一)开设"线上+线下"服务大厅

线上服务大厅主要收集和展示各类金融产品和服务,收集企业融资需求,智慧匹配金融产品,形成融资供需网上一体化平台。线下服务大厅目前已有银行、担保、券商等金融服务机构入驻。通过汇聚金融服务机构,驻点为企业提供融资咨询、洽谈等对接业务,"面对面"解决企业融资需求,推动解决企业和金融服务机构之间信息不对称的问题。

(二)开通绿色通道,优化审批流程

积极推动银企合作,协调交通银行、建设银行、农村商业银行、深圳担保集团等金融机构对企业开通绿色通道,缩短审批时间。联合43家金融机构发布房租贷、复工贷等100多款抗疫专项产品,通过增加授信额度、降低贷款利率、延长还款期限等方式为企业纾困减负。对企业获得的银行新增贷款(展期视同新增),按其6个月内实际支出利息给予50%、最高30万元的补贴。

(三)完善工作制度,畅通对接渠道

建立金融超市入驻机构评价积分管理制度,通过设置积分指标体系,根据其出勤率、参会率、特别贡献率等赋予相应积分,积分达到一定的标准分值后,可以根据分值享受相应的激励和待遇。培育"移动金融超市服务点",延伸服务触角,送服务到园区、到企业,让企业不出园区就可获得便捷的金融服务,打通联系服务企业"最后一公里"。

二、实践效果

(一)优化服务企业效率

通过大幅优化贷款审批流程,企业提交的材料由原来的11项减少到6项,审批时间从原来的4个月减少到2个月。2019年,553家企业获得贷款利息补贴8 782.1万元,109家企业获得贷款担保手续费补贴1 010.8万元。

(二)加强银企对接,促成交易

2019年,金融超市共举办85场融资培训、项目路演、主题沙龙、银企对接会、移动金融超市等

活动,服务企业超过6 000次,促成融资业务715笔,金额74.8亿元。

(三) 有效提升贷款质效

通过金融超市启动贷款备案工作,及时掌握企业贷款动态。目前贷款备案企业2 260家,涉及贷款额332.49亿元。

三、下一步工作思路

(一) 完善金融超市线上平台

完善金融超市线上平台功能,引入互联网、大数据、区块链、物联网、贷后风险监控平台等相关功能,联合线下服务平台构建一体化金融产品服务体系,实现企业融资、对接、跟踪、补贴全链条的融资服务,努力把金融超市打造成企业融资的帮手、金融机构展业的助手和政府服务的抓手,为各类企业提供多元化、专业化和一体化的金融服务。

(二) 建立多渠道融资服务机制

充分发挥各类商会、协会的桥梁对接作用和移动金融超市服务点的辐射作用,整合各自优势资源,建立多渠道融资沟通途径,服务好各类企业不同阶段的融资需求。每年对金融机构进行表彰,鼓励和引导金融机构把服务民营企业和小微企业放在重要位置。

(三) 将金融超市打造为金融服务产业集聚地

从供给侧引导金融资源支持实体经济发展,为不同发展阶段的企业提供债权和股权融资对接、信用评级、融资担保、行业咨询、投融资政策支撑等一站式服务;引入一批供应链金融机构,推动银行与创新型金融服务机构强强联合,丰富企业融资渠道。

探索"杭信贷"融资闭环模式

(杭州市提供)

融资难、融资贵、融资慢、融资繁等问题,一直是中小微企业面临的痛点与难点。受全球新冠肺炎疫情影响,包括服务贸易企业在内的众多中小微外贸企业面临资金周转困难,解决融资问题成为企业最迫切的需求。杭州市打造"政策性信保+银行授信+政策风险担保"的融资闭环模式,进一步畅通金融血脉,为中小微企业提供纯信用、免抵押、成本低、速度快的融资服务,助力企业解决"卡脖子"问题。

一、主要做法

(一)"政银企保"四方联动,打造融资闭环

"杭信贷"由杭州市商务局、科技局、金融办等部门牵头,由中国出口信用保险公司浙江信保营业部(以下简称浙江信保)提供保险风险保障,引入政策性担保公司提供补充担保,由中国工商银行、浙商银行、杭州银行等合作银行快速放贷,形成融资闭环。

(二)加强部门联动,打通关节卡点

有关部门积极响应"最多跑一次"的改革要求,运用数字赋能手段,让企业"多走网路,少走马路"。依托杭州金融综合服务平台,企业可以通过"杭州e融"网站"杭信贷"专题页或"杭州e融"App,向银行进行申请和递交材料。

(三)加强银保合作,快速响应融资需求

不断提高银保联动水平,在已有银保合作基础上,畅通融资渠道。银行一次授信后,向中小微外贸企业发放出口信用保险项下的纯信用免抵押贷款,方便企业申请,单笔最快3天便可取得贷款。

(四)引入政策性担保,推动纯信用贷款

引入政策性担保公司,对浙江信保赔付比例以外和免责赔付部分的贷款本金100%兜底担保,提高资金安全保障。

(五)降低申请门槛,控制融资成本

2019年度有出口实绩且进出口额在6 500万美元以下的企业可申请;银行贷款利率不超过央行基准利率的120%,担保机构向企业收取的担保手续费年化费率不高于0.5%,总体贷款成本年化率控制在5.5%以下。

二、实践效果

（一）为企业解决融资难问题

自"杭信贷"融资业务启动以来，有关部门已向 1 000 多家企业进行了宣传推广，银行对接目标客户近百家，完成企业授信金额 2 亿元以上，放款金额近 2 000 万元，贷款利率均在央行基准利率以下。

（二）本金全兜底，融资无抵押

创新性引入政策性担保公司，实现对浙江信保项下贸易融资银行贷款本金全额兜底和无抵（质）押担保；银行规避了风险，可提高额度、放宽条件为企业提供无须保证金和抵押物的纯信用贷款。

（三）授信额度高，放款速度快

银行采用"池融资"模式，将企业零散、小额的应收账款汇聚成池，再设置总授信额度，有利于简化银行审批流程、提升审批效率，单个客户的最高授信额度可达 1 000 万元。企业通过"杭州 e 融"平台申请，银行一次性授信通过后，最快可在 3 天内放款。

三、下一步工作思路

（一）深入推广信保保单融资

加大宣传推广力度，设立政策风险担保资金，扩大出口信保覆盖面和"杭信贷"惠及面。借助杭州数字经济和专业展会平台优势，探索市场化的保单融资增信闭环服务。

（二）制定保单融资标准

探索并总结保单融资经验做法，制定"政策性信保+银行授信+政策风险担保"的市场化融资标准模式，力争形成可复制、可推广的国家标准。

应收账款融资服务助力中小微企业发展

(武汉市提供)

武汉市在深化服务贸易创新发展试点中，为缓解中小微企业"融资难、融资贵"问题，以推动中征应收账款融资服务平台（以下简称平台）创新应用为抓手，切实深化供应链金融创新服务工作，引导金融机构盘活企业存量资产，支持服务贸易企业开展动产融资，取得较好成效。

一、主要做法

（一）完善机制，发挥部门协调联动合力

深化"政府主导、人行牵头、多方联动、分工协作"的工作机制，多部门联合印发并实施《武汉市小微企业应收账款质押融资工作实施方案（2018—2020年）》，建立"政银企"多方联动的工作协调机制、考核督导机制、保障激励机制，确保推动该项工作有领导、有组织、有协同、有保障。

（二）强化督导，保障平台交易扩面增量

加强工作督导、平台推广与应用工作，引导商业化金融机构根据市场化原则，积极开展应收账款融资；组织开展经验交流与政策宣讲，引导企业在平台登记注册；表彰先进、树立标杆、宣传典型，进一步激发金融机构推广应收账款融资服务的积极性。

（三）以点带面，推进重点企业与平台对接

推进核心大企业和重点银行与平台进行系统对接，发挥核心企业的引领作用，撬动更多核心企业及供应链中小微企业在平台开展融资。多次组织银企对接会，开展经验交流及政策宣讲，深入企业调研，了解平台推广应用的难点、痛点，打消核心企业对加入平台的顾虑。

二、实践效果

（一）平台应收账款融资规模连年攀升

2015—2019年，平台累计为中小微企业提供融资3 655笔，融资额2 379.6亿元，分别占五年来平台融资成交总笔数和总金额的63.82%、52.58%，有效带动了供应链上中小微企业融资。平台应收账款融资成交规模逐年提升，2019年平台线上完成应收账款融资交易2 027笔，成交金额1 585.82亿元，分别较上一年增长19.72%和21.15%。

（二）核心企业系统对接进展顺利

中国人民银行武汉分行指导多家供应链核心企业与人民银行征信中心签署合作协议，推动20多家供应链核心企业在平台登记注册，带动产业链上下游近百家中小微企业在平台进行应收账款质押融资。东风汽车等企业与平台实现系统对接并成功交易。

(三) 平台动产融资内涵不断丰富

平台开展知识产权质押和股权质押融资业务，进一步丰富平台动产融资功能，盘活服务贸易企业无形资产，为企业业务发展注入"助推剂"。目前，平台共计为企业提供知识产权质押贷款和股权质押贷款超过3 000万元，帮助一批服务贸易企业解决了融资难题。

三、下一步工作思路

(一) 健全应收账款融资协调合作机制

充分发挥人民银行、国资、经信、商务等政府有关部门的合力，共同推动应收账款融资，支持中小微企业发展取得新实效。

(二) 助力中小微企业复工复产

武汉市将在做好疫情防控工作的同时，充分挖掘平台动产融资功能，持续推动服务贸易领域企业复工复产和持续健康发展。

(三) 引导更多核心企业加入平台

进一步发挥各级政府部门的指导作用，引导更多核心企业加入平台。加强对已经实现系统对接的核心企业的跟踪督导和服务，持续开展融资业务。